# SOCIOLOGIA GERAL

**VOL. 1: LUTAS DE CLASSIFICAÇÃO**

**Dados Internacionais de Catalogação na Publicação (CIP)**
**(Câmara Brasileira do Livro, SP, Brasil)**

Bourdieu, Pierre, 1930-2002
  Sociologia geral, vol. 1 : lutas de classificação : Curso no Collège de France (1981-1982) / Pierre Bourdieu ; tradução de Fábio Ribeiro. – Petrópolis, RJ : Vozes, 2020.

  "Edição estabelecida por Patrick Champagne, Julien Duval, Franck Poupeau e Marie-Christine Rivière"
  Título original: Sociologie générale – Vol. 1 – Cours au Collège de France (1981-1982)
  Bibliografia.

  2ª reimpressão, 2023.

  ISBN 978-65-571-3051-3

  1. Sociologia I. Título.

20-43313
CDD-301

Índices para catálogo sistemático:
1. Sociologia  301

Cibele Maria Dias – Bibliotecária – CRB-8/9427

# Pierre Bourdieu

# SOCIOLOGIA GERAL

## VOL. 1: LUTAS DE CLASSIFICAÇÃO

### Curso no Collège de France (1981-1982)

Edição estabelecida por
Patrick Champagne, Julien Duval, Franck Poupeau e
Marie-Christine Rivière

Tradução de Fábio Ribeiro

Petrópolis

© Éditions Raisons d'agir/Éditions du Seuil, Novembro 2015.

Tradução do original em francês intitulado
*Sociologie générale – Vol. 1 – Cours au Collège de France (1981-1982)*
Esta edição segue a divisão proposta pela edição em inglês publicada em cinco
volumes pela Polity Press.

Direitos de publicação em língua portuguesa – Brasil:
2020, Editora Vozes Ltda.
Rua Frei Luís, 100
25689-900 Petrópolis, RJ
www.vozes.com.br
Brasil

Todos os direitos reservados. Nenhuma parte desta obra poderá ser reproduzida ou
transmitida por qualquer forma e/ou quaisquer meios (eletrônico ou mecânico,
incluindo fotocópia e gravação) ou arquivada em qualquer sistema ou banco de dados
sem permissão escrita da editora.

**CONSELHO EDITORIAL**

**Diretor**
Volney J. Berkenbrock

**Editores**
Aline dos Santos Carneiro
Edrian Josué Pasini
Marilac Loraine Oleniki
Welder Lancieri Marchini

**Conselheiros**
Elói Dionísio Piva
Francisco Morás
Gilberto Gonçalves Garcia
Ludovico Garmus
Teobaldo Heidemann

**Secretário executivo**
Leonardo A.R.T. dos Santos

*Editoração*: Fernando Sergio Olivetti da Rocha
*Diagramação*: Sheilandre Desenv. Gráfico
*Revisão gráfica*: Nilton Braz da Rocha
*Capa*: Renan Rivero

ISBN 978-65-571-3051-3 (Brasil)
ISBN 978-2-02-127978-8 (França)

Este livro foi composto e impresso pela Editora Vozes Ltda.

Os editores agradecem a Bruno Auerbach, Donald Broady,
Christophe Charle, Johan Heilbron, Thibaut Izard e Remi Lenoir
por suas contribuições à edição desta obra[1].

---

1. O tradutor gostaria de agradecer à Professora Marion Demossier, da Universidade de Southampton, e a Juliana Miraldi, doutora em Sociologia pela Unicamp, pelo auxílio com questões que surgiram nesta tradução [N.T.].

# Sumário

*Nota dos editores*, 9

**Ano letivo 1981-1982**, 13

## Aula de 28 de abril de 1982, 15

Ensinar a pesquisa, 16
A lógica da pesquisa e a lógica da exposição, 20
O que é classificar?, 21
Classificar os sujeitos classificadores, 24
Divisões construídas e divisões reais, 25
O insulto, 28

## Aula de 5 de maio de 1982, 31

O ato de instituição, 32
O insulto, uma conduta mágica, 36
A codificação dos indivíduos, 40
Recortar a realidade, 42
O exemplo das categorias socioprofissionais, 45

## Aula de 12 de maio de 1982, 47

Classificação objetiva e objetividade, 48
Indicadores objetivos e estratégias de representação de si, 50
Parênteses sobre a história monumental, 52
As artimanhas da razão sociológica, 54
Uma definição objetiva dos indicadores objetivos?, 58
O momento objetivista, 60
O geometral de todas as perspectivas, 62
O problema da amostragem, 65

## Aula de 19 de maio de 1982, 67

A definição legítima do princípio de definição, 68
As operações de pesquisa como atos de constituição, 70
As classificações como objetivo de lutas, 73
O objetivismo e sua objetivização, 76
A boa classificação e o viés escolástico, 78
Classificação teórica e classificação prática, 81

## Aula de 26 de maio de 1982, 85

Superar as alternativas, 85
Realidade e representações da realidade, 88
A autonomia do social e o problema da tomada de consciência, 92
O direito, caso particular do efeito de teoria, 97
As palavras como senso comum, 99

## Aula de 2 de junho de 1982, 103

O ato de consagração, 104
A luta simbólica sobre a classificação, 107
O capital simbólico, 111
A manipulação das fronteiras entre os grupos, 115
Defender seu capital, 118

## Aula de 9 de junho de 1982, 127

A acumulação do capital simbólico, 128
Os nomes e títulos como formas de objetivação, 130
A oficialização, 133
A institucionalização do capital simbólico, 137
Os dois corpos, 139
Sobre os imaginários homologados, 144

## Aula de 16 de junho de 1982, 147

Agir "em nome de...", 147
Sobre a delegação, 152
O Estado e o perspectivismo, 155
O problema da verdade sobre o mundo social, 158
A validação pelo consenso ou pelas provas objetivas, 162

*Situação do Curso de Sociologia Geral na obra de Pierre Bourdieu*, 165

*Anexos* – Resumos dos cursos publicados no *Anuário do Collège de France*, 179

*Índice de nomes*, 183

*Índice de conceitos*, 187

# Nota dos editores

Este livro prossegue com a publicação dos ensinamentos de Pierre Bourdieu no Collège de France. Alguns meses depois de sua última aula nessa instituição em março de 2001, Bourdieu publicou, com o título *Ciência da ciência e reflexividade*[2], uma versão condensada de seu último ano de ensino (2000-2001). Depois de seu falecimento, dois livros foram publicados: *Sobre o Estado* em 2012 e *Manet: uma revolução simbólica* em 2013, que correspondem aos cursos que ele proferiu, respectivamente, nos períodos 1989-1992 e 1998-2000[3]. Este volume começa a publicação do "Curso de Sociologia Geral", segundo o título que Bourdieu manteve para seus cinco primeiros anos letivos no Collège de France. Ele reúne as aulas do primeiro ano, a saber, oito aulas com duração de cerca de uma hora apresentadas entre abril e junho de 1982. Os quatro anos seguintes serão publicados posteriormente em quatro outros volumes.

A edição deste "Curso de Sociologia Geral" conforma-se às escolhas editoriais que foram definidas quando da publicação do curso sobre o Estado que visavam conciliar a fidelidade e a legibilidade[4]. O texto publicado corresponde à retranscrição das aulas como elas foram ministradas. Entretanto, a passagem do oral ao escrito foi acompanhada por uma leve reescrita que buscou respeitar as disposições que Bourdieu aplicava quando ele próprio revisava suas conferências e seminários: correções estilísticas, suavização dos resíduos do discurso oral (repetições, tiques de linguagem etc.). Em casos excepcionais, suprimimos certas digressões, às vezes porque eram improvisadas demais, mas com maior frequência porque o estado das gravações não permitia reconstituí-las de maneira satisfatória. De

---

2. *Para uma sociologia da ciência*. Lisboa: Ed. 70, 2004 [Trad. de Pedro Elói Duarte] [*Science de la science et réflexivité*. Paris: Raisons d'Agir, 2001].

3. *Sobre o Estado*. São Paulo: Companhia das Letras, 2014 [Trad. de Rosa Freire d'Aguiar] [*Sur L'État*: cours au Collège de France 1989-1992. Paris: Seuil, 2012]. • *Manet*: une révolution symbolique. Paris: Seuil, 2013.

4. Cf. a nota dos editores em *Sobre o Estado*. Op. cit., p. 13-15 [7-9].

modo geral, as palavras ou passagens que eram inaudíveis ou que correspondiam a uma interrupção momentânea das gravações são assinaladas por [...] quando se mostraram impossíveis de restituir com segurança. A divisão em seções e parágrafos, os subtítulos e a pontuação são dos editores. Os "parênteses" nos quais Bourdieu se afasta de sua proposta principal são tratados de maneiras diferentes dependendo de sua extensão e da relação que têm com o contexto. Os mais curtos são colocados entre hífens. Quando esses desenvolvimentos adquirem uma certa autonomia e implicam uma ruptura no fio do raciocínio, eles são assinalados entre parênteses e, quando são muito longos, podem tornar-se o objeto de uma seção inteira. As notas de rodapé são, em sua maioria, de três tipos principais. O primeiro indica, quando foi possível identificá-los, os textos aos quais Bourdieu se referiu explicitamente (e às vezes implicitamente); quando pareceu útil, adicionamos curtas citações desses textos. O segundo visa a indicar aos leitores os textos de Bourdieu que, anteriores ou posteriores aos cursos, contêm aprofundamentos sobre os pontos abordados. O último tipo de notas fornece elementos de contextualização, por exemplo em relação a alusões que poderiam ser obscuras para leitores contemporâneos ou pouco a par do contexto francês.

Em anexo, foi reproduzido o resumo do curso como publicado em *L'Annuaire du Collège de France – Cours et travaux* [*O anuário do Collège de France – Cursos e trabalhos*].

***

## NOTA DO TRADUTOR

Reforçando o que foi dito pelos editores, gostaria de fazer uma observação sobre o caráter deste texto, que é razoavelmente diferente de um livro acadêmico tradicional. Pierre Bourdieu é conhecido por um estilo um tanto obscuro de redação, especialmente em suas primeiras obras, sobre as quais ele dizia que "o que é complexo só se deixa dizer de maneira complexa" (*Choses dites*, p. 66). Este curso de sociologia, por ser uma transcrição de suas aulas com uma intenção didática muito mais preponderante, é uma mudança radical para Bourdieu. Os editores franceses escolheram manter grande parte da oralidade dessas aulas, opção que segui aqui e que considero ser a grande virtude deste texto para um público mais geral (e também especializado): um Bourdieu mais claro e até mais "humanizado".

Por isso, peço que se tenha isso em mente durante a leitura: neste texto há gírias, construções verbais não eruditas, piadas, trocadilhos, jogos de palavras, próclises no lugar de ênclises, entre outros traços de oralidade. No que concerne à tradução, sempre que possível – algumas poucas obras não foram localizadas – adicionei referências a edições em língua portuguesa nas notas de rodapé. As referências aos originais estão sempre entre colchetes. Também acrescentei notas de esclarecimento de contexto para um público brasileiro quando necessário.

# Ano letivo

# 1981-1982

# Aula de 28 de abril de 1982

Ensinar a pesquisa – A lógica da pesquisa e a lógica da exposição –
O que é classificar? – Classificar os sujeitos classificadores –
Divisões construídas e divisões reais – O insulto

Eu intitulei a matéria que darei neste ano e nos anos seguintes de "Curso de Sociologia Geral". É um título extremamente presunçoso se nos concentrarmos em "sociologia geral" e extremamente modesto se enfatizarmos "curso". A própria noção de "curso" como ela me parece se definir sociologicamente implica necessariamente um coeficiente de modéstia. O que tentarei fazer poderia ser entendido como um curso sobre minha própria obra. Evidentemente, eu não sou a melhor pessoa para fazer um curso sobre o que faço, porque existe, na minha visão, uma espécie de antinomia entre o ensino e a pesquisa, entre a complexidade pelo menos subjetiva da pesquisa e a simplificação imposta pelo próprio gênero do curso. Assim, o que apresentarei não será um curso propriamente dito, e sim um curso no sentido mais modesto do termo: se eu quisesse dar a definição plena do título que propus, deveria apresentar uma espécie de axiomatização de meu próprio trabalho, mostrar a articulação entre os conceitos fundamentais e a estrutura das relações que unem os conceitos. No fundo, eu quis me aproveitar do álibi do curso em sua definição social para tentar fazer algo que de outra forma não ousaria, a saber, tentar apresentar os contornos fundamentais do que tento fazer.

Nestes próximos anos, abordarei sucessivamente um certo número de noções-chave tanto em seu funcionamento conceitual quanto em sua função técnica na pesquisa: a noção de campo, parte situando-a em referência à noção de campo físico e parte investigando as relações entre o campo físico e o campo definido como campo de lutas. Em seguida, examinarei as relações entre a noção de campo e a noção de *habitus*, o que me conduzirá a examinar a questão da motivação ou da determinação das práticas; mais precisamente, tentarei dizer o que me parece ser a lógica da ação como ela surge da articulação entre a noção de campo e a de *habitus*. Por fim, tentarei mostrar as relações entre as diferentes espécies de campo e as diferentes espécies de capital. Por enquanto tudo isso não é mais do que títulos de capítulos. Mas eu quis evocá-los para ressituar o que farei nas aulas deste ano: refletir sobre o que me parece ser um preâmbulo a qualquer tentativa de teorização nas ciências sociais, a saber, a relação entre o sujeito científico e seu objeto, e mais precisamente a relação entre o sujeito científico como sujeito cognoscente [*sujet connaissant*] e seu objeto como conjunto de sujeitos agentes [*sujets agissants*].

Para colocar essas questões de maneira não excessivamente teórica, gostaria de voltar a uma operação fundamental de toda ciência social, a operação de classificação. Toda ciência social, devido às necessidades da análise estatística e da comparação das análises estatísticas entre classes construídas, é obrigada a recortar suas populações e seus objetos em classes, e eu gostaria de interrogar essa operação comparando-a à que ocorre nas ciências da natureza, como por exemplo a biologia, a zoologia e a botânica, e tentando determinar mais precisamente a relação entre a classificação que o cientista produz, as condições sob as quais ele produz essa classificação e as classificações que os agentes sociais utilizam em sua prática.

## Ensinar a pesquisa

Eu gostaria de me aproveitar do fato desta ser uma primeira aula para tentar – a título de *captatio benevolentiæ* [atrair a benevolência], como diziam os oradores clássicos – justificar por antecipação meu modo de fazer. Eu não sei se o modo pelo qual tentarei atuar é ordinário ou extraordinário, mas é o único possível para mim. Sempre dizendo que um curso nunca é mais do que um curso, mas agindo para que este curso seja o mínimo possível como um curso, eu gostaria de neutralizar o efeito de neutralização que o ensino exerce quase inevitavelmente, mesmo quando chamado de "ensino de pesquisa", que tem alguma coisa um tanto fictícia: nós trabalhamos no vácuo, apresentamos os resultados de uma pesquisa sem comunicar as maneiras de pesquisar. Eu não escaparei à regra, até devido à estrutura do espaço onde falo, à diferenciação da plateia etc. Mas eu gostaria de tentar, na medida do possível, nos limites permitidos à liberdade dos agentes sociais, neutralizar esses efeitos antecipando-os de dois modos: por um lado, tentando partir das coisas em si, quer dizer, de minha experiência de pesquisador e dos trabalhos que estou fazendo ou de experiências sociais diretamente acessíveis à maioria dos participantes; e, por outro lado, contando com a colaboração dos ouvintes: serei inevitavelmente condenado ao monólogo – é a lógica própria desta situação – mas gostaria que uma forma de diálogo pudesse se instaurar, sob a forma por exemplo de questões que poderão ser feitas oralmente no final da aula ou por escrito no começo da aula seguinte, de maneira que eu possa eventualmente corrigir impressões, responder a objeções ou a questões – ou dizer que não sei responder a essas perguntas, o que sem dúvida acontecerá com muita frequência. Isto não é de maneira nenhuma uma exortação retórica; eu gostaria muito de receber interpelações, como se diz, sob a forma de bilhetes para os mais tímidos ou sob a forma de conversas ao final da sessão para os outros.

Assim, essa vontade de escapar o máximo possível da lógica do curso resultará num certo número de consequências no que concerne à retórica do meu discurso. O paradigma da aula é a aula de agregação[5], cuja análise sociológica realizei[6] e contra o qual eu gostaria de me defender. É um exercício feito para ser totalmente inatacável; aquele que o pronuncia está a salvo de todos os golpes. Mas fazer pesquisa é completamente oposto, é não se enfeitar, é se expor com seus pontos fracos, suas fraquezas – uma definição de progresso científico é precisamente que baixemos a guarda, que possamos receber golpes. Romper com a aula à francesa implica um certo modo de expressão às vezes hesitante e aos tropeços, que, na retórica francesa, chamamos de "pesado", "longo", "vagaroso". Se for necessário, não hesitarei em andar aos tropeços – mas não o farei de propósito. O ensino à

---

5. A aula de agregação faz parte dos concursos do mesmo nome da França para a contratação de professores universitários e também dos cursos de segundo grau de preparação para a universidade [N.T.].

6. Cf. a aula inaugural de Pierre Bourdieu no Collège de France intitulada *Aula sobre a aula* (*Lições da aula*. São Paulo: Ática, 2001 [Trad. de Egon de Oliveira Rangel] [*Leçon sur la leçon*. Paris: De Minuit, 1982.]). Desde 1967, ele evocava os "exercícios de agregação", especialmente em "Sistemas de ensino e sistemas de pensamento" (In: *A economia das trocas simbólicas*. São Paulo: Perspectiva, 1992, p. 203-229 [Trad. de Sergio Miceli] ["Systèmes d'enseignement et systèmes de pensée". In: *Revue Internationale des Sciences Sociales*, XIX (3), p. 367-388]). Sobre o lugar da agregação no sistema escolar francês, cf. *A reprodução*. Petrópolis: Vozes, 2011 [Trad. de Reynaldo Bairão] [*La reproduction*. Paris: De Minuit, 1970], esp. p. 183-186. Ele desenvolveu em seguida sua análise do ensino "à francesa" como se pode apreender nas aulas preparatórias nas *Grandes Écoles* ["Grandes Escolas", as principais instituições francesas de ensino superior – N.T.] em *La Noblesse d'État* [A nobreza do Estado]. Paris: De Minuit, 1989, esp. p. 7-181.

francesa, devido ao desejo de encorajar a rapidez, a elegância, a distinção, a leveza, habitua as pessoas a contentarem-se com os discursos que tocam de leve nas verdades, em particular as verdades sociais, e que alimenta muito o sentimento de inteligência em todos os sentidos do termo: aqueles que os produzem e aqueles que os recebem têm a sensação de serem inteligentes, e ambos têm o sentimento de uma grande inteligência, de uma grande intercompreensão.

No trabalho de pesquisa como eu o concebo, muitas vezes é necessário se sentir burro, incapaz, incompetente, idiota (eu voltarei a essa palavra, "idiota", que é de grande importância social). A melhor filosofia ensina a se colocar em estado de disponibilidade total, em estado de ignorância. Isso aparece muito nas dissertações, causando bom efeito ("só sei que nada sei"), mas se pratica pouco. Na sociologia, essa virtude da ignorância, da "douta ignorância", como dizia Nicolau de Cusa[7], é especialmente importante para conseguirmos interrogar as coisas mais banais, como farei hoje, por exemplo, com a noção de "direito" (o que é o direito? O que quer dizer "quem tem direito" ["*qui de droit*"]?) e com a noção de "nomear" (o que quer dizer a "nomeação" em frases que lemos todos os dias e que deveriam nos fazer pensar, como "o presidente da República nomeou um de seus amigos para o Banco da França"?). Segundo a oposição clássica e escolar, esse peso tão antitético à graça (como a escola a define) será às vezes sofrido e quase sempre deliberado, desejado e, já que tenho autoridade para isso, deverá ser aceito por meus ouvintes.

Naquilo que direi, os resultados – que, e digo isso com sinceridade, são provisórios em diferentes graus – parecem-me menos importantes do que uma certa maneira de pensar. Invocarei o exemplo do livro de Benveniste, *O vocabulário das instituições indo-europeias*[8], que resulta de um curso de vários anos no Collège de France e que é, para mim, uma ilustração do que se faz de melhor nessa casa. Esse livro certamente me parece admirável pelos resultados que produz, mas também pelo modo de pensar que coloca em operação. Podemos lê-lo desordenadamente ou começando pelo fim, a ordem da obra não é de modo algum a ordem do curso;

---

7. NICOLAU DE CUSA. *A douta ignorância*. Porto Alegre: EDIPUCRS, 2002 [1440] [Trad. de Reinholdo Aloysio Ullman] [NICOLAS DE CUES. *De la docte ignorance*. Paris: Flammarion, 2013].

8. P. Bourdieu publicou esse livro em sua coleção "Le sens commun". BENVENISTE, É. *O vocabulário das instituições indo-europeias* – Vol. I: Economia, parentesco, sociedade; Vol. II: Poder, direito, religião. Campinas: Unicamp, 1995 [Trad. de Denise Bottmann] [*Le Vocabulaire des institutions indo-européennes* – Vol. I: Économie, parenté, société; Vol. II: Pouvoir, droit, religion. Paris: De Minuit, 1969].

a ordem importa pouco, mas em cada um desses fragmentos descobrimos a operação do mesmo *modus operandi* que, uma vez adquirido, torna-se propriedade do leitor que pode aplicá-lo a objetos que Benveniste – infelizmente – não abordou e continuar ele mesmo o livro.

Em minha opinião, o papel de um curso ideal é o de poder transmitir aquilo que chamamos estupidamente de um método (mas essa é uma palavra tão usada que não entendemos mais o que quer dizer: não é um dogma, nem teses – já houve uma época em que os filósofos ofereciam teses... esse não é meu estilo). Meu objetivo é oferecer modos ou maneiras de pensar que possam ser adquiridos mesmo sem percebermos, através do fato de vê-los funcionar com seus fracassos. Vocês podem ver o que meu discurso tem de estratégico: eu peço a vocês que aceitem de antemão os fracassos do discurso e talvez até que acreditem que eles são intencionais, o que certamente não será verdade em todos os casos. Se eu quisesse fazer um discurso da moda – já que tudo pode ser dito de modo a causar estranhamento (eu quase disse modo parisiense) – eu teria feito uma fala rápida sobre a noção de desordem. Eu teria dito: "farei desordem, serei desordeiro etc." Mas eu não farei essa fala porque ela tornaria estranha uma coisa que é completamente verdadeira.

Gostaria de terminar este preâmbulo com uma última observação. Eu abordarei essa operação fundamental da pesquisa que é a nomeação, a classificação, e eu me servirei dela para atacar indiretamente um problema fundamental da sociologia, o das classes sociais. Há aqui uma contradição pedagógica, mas para que aquilo que quero fazer funcione completamente, será preciso que ao mesmo tempo vocês ignorem completamente o que tenho em mente (e que é tentar resolver com vocês, diante de vocês, o problema das classes sociais) e que vocês conheçam meu motivo oculto, que vocês saibam o que procuro. Portanto, gostaria de ao mesmo tempo fazer esquecer e fazer saber.

Existem muitos cursos sobre as classes sociais e, se alguns de vocês ficarem decepcionados com minhas aulas, eu lhes darei bibliografias absolutamente notáveis sobre esse problema. O que nos falta, em minha opinião, é um trabalho que busque, se não resolver o problema como dizemos de modo um tanto arrogante, pelo menos recolocá-lo de maneira que não saibamos mais tudo que achávamos que sabíamos no começo. Se eu puder invocar uma outra grande sombra, seria a de Wittgenstein: precisamos muito desse tipo de pensador que nos faz desaprender tudo que sabemos ou que acreditamos saber e que nos faz sentir, sobre um problema como o das classes, que não sabemos nada, ou muito pouco, ainda que todo sociólogo digno desse nome seja capaz de fazer um curso magnífico sobre as classes sociais[9].

Aqui, seria preciso fazer uma sociologia do que significa, na iniciação intelectual de todos os intelectuais, a passagem obrigatória, mais ou menos longa, mais ou menos profunda, mais ou menos séria, mais ou menos dramática, pelo marxismo. Seria possível fazer uma obra de sociologia do conhecimento sobre esse sentimento que temos, há uns vinte anos já, de saber o que é preciso pensar sobre as classes sociais: essa experiência coletiva que é compartilhada por quase todo mundo e que tem valor de instituição torna imensamente difícil esse trabalho, que deveria ser banal, de retomar quase como do zero o problema das classes e se perguntar o que é classificar. Que relação existe entre uma classe social e uma classe zoológica, botânica etc.?

## A lógica da pesquisa e a lógica da exposição

Essas são as perguntas, mais ou menos triviais, que formularei neste primeiro curso, partindo, nem que seja por necessidade de persuasão e de convicção, das mais evidentes para as mais surpreendentes. Hoje tentarei formular as perguntas, deixando claro que essa problemática é um pouco manipulada na medida em que só pude formular parte dessas perguntas *ex post*, ou seja, depois de ter refletido e trabalhado nelas etc. Um dos problemas da comunicação científica, com efeito, é que muitas vezes somos obrigados, pelas necessidades da comunicação, a recontar as coisas numa ordem que não é a ordem genética. Todos os epistemólogos dizem que a lógica da pesquisa e a lógica da exposição do discurso sobre a pesquisa são totalmente diferentes, mas as necessidades da lógica da exposição se impõem tão fortemente a eles que eles constituem um tipo de discurso sobre a pesquisa sem nada em comum com o que se realmente faz na pesquisa. Eu mesmo, nas obras desse tipo (*O ofício de sociólogo*[10]), distingui fases

---

9. Cf., p. ex., o curso de Georges Gurvitch: *As classes sociais*. São Paulo: Global, 1982 [*Études sur les classes sociales*. Paris: Gonthier, 1966]. • ARON, R. *La Lutte des classes*. Paris: Gallimard, 1964.

10. BOURDIEU, P.; CHAMBOREDON, J.-C. & PASSERON, J.-C. *O ofício de sociólogo*. Petrópolis: Vozes, 2004 [Trad. de Guilherme João de Freitas Teixeira] [*Le Métier de sociologue*. Paris: Mouton-Bordas, 1968].

pelas necessidades da comunicação (por exemplo: "é preciso conquistar o objeto e depois construí-lo") que jamais existem dessa forma na prática. Da mesma maneira, com muita frequência só sabemos formular claramente os problemas que respondemos depois de ter encontrado a resposta: a resposta ajuda a reformular a pergunta de modo mais potente e por consequência começar a discussão. Essa problemática é a ilustração perfeita do que eu dizia agora há pouco: meu curso será uma espécie de compromisso entre a realidade da pesquisa (pode acontecer de eu me dizer: "mas, no fundo, o que é nomear, o que é uma nomeação?") e as necessidades da exposição que me conduzirão a desenrolar como uma série de problemas algo que não havia aparecido dessa forma.

## O que é classificar?

Para expor de forma simples a temática da investigação de hoje, as perguntas que tentarei responder são mais ou menos as seguintes: "O que é classificar? O que é classificar quando se trata do mundo social?" O lógico pode responder à pergunta da classificação em geral e a sistemática biológica a responde muito bem quando se trata da zoologia ou da botânica, o que pode, aliás, ser muito útil para nós, sociólogos, por nos fazer enxergar que nas ciências sociais isso não é tão simples[11]. Quando se trata do mundo social, com efeito, classificar é classificar sujeitos que também classificam[12]; é classificar "coisas" que têm como propriedade serem sujeitos de classificação. É preciso então investigar as classificações cujos sujeitos são os sujeitos sociais. Tratam-se de classificações botânicas ou zoológicas, ou seriam classificações de uma outra ordem? Será que todas as classificações têm o mesmo peso? (Vocês verão imediatamente como uma problemática construída *ex post* é fictícia porque ela contém necessariamente a resposta. É muito difícil fazer uma pergunta sem dar sua resposta, o que prova que a pergunta não

---

11. Sobre a questão da classificação, cf. BOURDIEU, P. *A distinção*: crítica social do juízo. Porto Alegre: Zouk, 2006 [Trad. de Daniela Kern & Guilherme J.F. Teixeira], esp. p. 434-447 [*La Distinction*: critique sociale du jugement. Paris: De Minuit, 1979, p. 543-564]. A comparação entre biologia e zoologia e as ciências sociais não é examinada em *A distinção*, e sim em "Espaço social e gênese das 'classes'". In: *O poder simbólico*. Rio de Janeiro: Bertrand Brasil, 1998 [Trad. de Fernando Tomaz, p. 133-161] ["Espace social et genèse des 'classes'". In: *Actes de la Recherche en Sciences Sociales*, 52-53, jun./1984, p. 3-15]. A pergunta "O que é classificar?" é igualmente o objeto do n. 50 (nov./1983) de *Actes de la Recherche en Sciences Sociales.*

12. Reconhecemos aqui um dos eixos do trabalho de Pierre Bourdieu em *A distinção*, em que ele afirma que "o gosto classifica e classifica aquele que classifica".

foi construída dessa maneira senão, por definição, não haveria pesquisa, o que seria belo demais para ser verdade.)

A pergunta da classificação, como é feita na sociologia, obriga a nos perguntarmos quem classifica no mundo social. Será que todo mundo classifica? Será que classificamos a todo instante? Como classificamos? Será que classificamos do mesmo modo que o lógico quando ele classifica, a partir de definições, conceitos etc.? Continuando, se todos classificam, será que todas as classificações, e, portanto, todos os classificadores, têm o mesmo peso social? Para citar exemplos de contextos muito diferentes, será que o administrador do Insee[13] que classifica segundo uma taxonomia científica ou semicientífica tem o mesmo peso do inspetor dos *Impôts*[14] que classifica quando diz: "para além dessa faixa de renda, você paga tal quantia"? Será que as classificações do sociólogo que constrói a categoria dos agentes que têm estas e aquelas propriedades estão no mesmo plano que as classificações do pregador que distingue os hereges dos crentes?

Perguntar se todas as classificações têm a mesma força social conduz a uma pergunta muito difícil: será que todas as classificações têm a mesma capacidade de se autoverificarem? Os políticos, por exemplo, têm o poder de enunciar proposições sobre o mundo social dotadas de fortes pretensões de existência, investidas de uma espécie de força autovalidadora. As classificações sociais podem se distribuir desde a classificação completamente gratuita (voltarei a ela com o exemplo do insulto) até as classificações que, como se diz, têm força de lei.

Ora, o que há de comum entre a classificação do sociólogo ou do historiador (isso me parece se aplicar a todas as ciências sociais) e as classificações do botânico, por exemplo? Eu direi coisas triviais sobre as classificações botânicas, primeiro porque isso não é meu ofício, e também porque esse não é o objeto próprio de minha pesquisa. Eu as utilizarei unicamente, como disse há pouco, para fazer aparecer aquilo que há de específico na classificação sociológica. Os botânicos estabelecem classes com base em critérios que podem ser, segundo seu próprio vocabulário, mais ou menos naturais ou artificiais. A botânica e a zoologia distinguem duas grandes espécies de classificação, e essa é uma distinção útil

---

13. Instituto Nacional de Estatística e Estudos Econômicos, na sigla em francês [N.T.].
14. Direção Geral dos Impostos, órgão francês equivalente à Receita Federal brasileira [N.T.].

para os sociólogos: as classificações artificiais que eles chamam de sistemas, e as classificações naturais que chamam de métodos.

As classificações que eles chamam de *artificiais* têm como critério uma característica escolhida mais ou menos arbitrariamente ou segundo uma finalidade estabelecida por decisão, e o princípio de escolha é a facilidade ou a rapidez na determinação das espécies. Como o ideal é classificar muito rápido, eles tomam uma característica visível, propriedades aparentes, como a cor do olho... Se eles escolhem um critério profundo como a taxa de ureia no sangue, a classificação fica muito menos cômoda.

As classificações *naturais* apoiam-se não mais sobre um critério mais ou menos arbitrário mas cômodo, e sim sobre um conjunto de critérios. Elas tomam como critérios todos os órgãos considerados em sua ordem de importância real para o organismo. As classificações naturais levam em conta vários caracteres elementares: por exemplo, a forma, a morfologia, a estrutura, a anatomia, o funcionamento, a fisiologia, a etologia. E as classificações mais naturais são aquelas que conseguem levar em conta as correlações entre os diferentes critérios considerados.

Assim, com base nesse conjunto de critérios fortemente correlacionados entre si, estabelecem-se classes que chamaremos de "naturais" (a palavra "natural" é perigosa e, na sociologia, ela resultará em problemas); elas são fundamentadas na natureza das coisas ou, como se dizia na Idade Média, *cum fondamento in re* ("com fundamento nas próprias coisas"). Todos os elementos de uma classe assim estabelecida terão entre eles mais semelhanças do que com os elementos de qualquer outra classe e uma classificação natural será uma pesquisa dos conjuntos de caracteres responsáveis pela maior fração possível da variação observada. Um dos problemas dos classificadores é portanto encontrar aquilo que chamam de "caracteres essenciais", ou seja, as características distintivas mais poderosas de modo que as propriedades importantes sejam de alguma forma totalmente dedutíveis desse grupo de critérios ligados entre si. Um certo tipo de sistemática utiliza os métodos da análise fatorial e da análise de correspondências para tentar produzir classificações, reunindo o universo dos critérios considerados pertinentes e suas relações entre si. Este relato parecerá completamente sumário para aqueles familiarizados com o tema, mas ele me parece suficiente para as necessidades da comparação com as ciências sociais.

## Classificar os sujeitos classificadores

De certa maneira, poderíamos retomar tudo isso que foi dito e atribuí-lo à sociologia. O sociólogo, como o botânico, está em busca de critérios correlacionados entre si de modo que, a partir de um número de critérios suficientes, ele busca se apropriar de todos os critérios para reproduzir o universo das diferenças constatadas. Isso, por exemplo, é o que tento fazer em *A distinção* com a noção de classe construída[15] que engloba um sistema de critérios: as características econômicas, sociais, culturais, o gênero; a partir de um sistema finito de critérios ligados entre si que tentei definir da maneira mais econômica possível (todo critério que não trouxesse informações suplementares em relação ao sistema de critérios mantidos foi descartado), devemos poder relatar de modo completo e econômico a totalidade das diferenças pertinentes da qual queremos dar conta. Até aqui, não há diferença.

A verdadeira diferença para mim parece estar no fato de que, entre os critérios que ele pode empregar para elaborar seu sistema de critérios e sua taxonomia, sua divisão em classes, o sociólogo encontra duas categorias de critérios. Para ilustrar: estou trabalhando sobre os professores da Universidade de Paris, e mantenho critérios como a idade, o gênero, o estabelecimento onde eles lecionam, o fato de serem ou não agregados, o pertencimento a este ou aquele sindicato, o fato de escreverem *"Que sais-je?"*[16], o fato de publicarem [nas editoras] Klincksieck ou Belles Letres etc.[17] Quando eu tomo esses critérios como objetos, e não mais como instrumentos de recorte da realidade, descubro uma grande diferença entre esses instrumentos com os quais recorto: por exemplo, "agregados"/"não agregados" correspondem a grupos. Alguns critérios estão constituídos na realidade (a palavra "constituir" é importante, há "constituição" dentro dela), eles são constitutivos da realidade, eles a recortam, e existem pessoas que têm interesses na existência desse recorte: existe um presidente da Sociedade dos Agregados que é plenipotenciário e que poderá falar pelo conjunto dos agregados.

---

15. Cf. BOURDIEU, P. *A distinção*. Op. cit., em particular p. 101-103 [117-121], para a noção de classe construída.

16. "O que sei?", famosa coleção francesa de livros introdutórios sobre temas acadêmicos para o público leigo [N.T.].

17. A pesquisa a que P. Bourdieu se refere aqui foi publicada em *Homo academicus*. Florianópolis: UFSC, 2011 [Trad. de Ione Ribeiro Valle e Nilton Valle] [Paris: De Minuit, 1984]. Em particular, sobre os pontos abordados aqui, cf. p. 27-43 [17-33].

Por outro lado, antes do movimento feminista o recorte masculino/feminino era o que causava menos problemas para os estatísticos, ainda que, se refletirmos, podemos ver que existe um contínuo e que a diferença entre os sexos é recortada arbitrariamente pela sociedade; para retratar em detalhes as estruturas reais, seria preciso distinções muito mais sutis. Um outro exemplo, as faixas etárias, das quais, de modo geral, os estatísticos não se cansam. (Um ponto interessante para estudo é a correlação entre as posições sociais dos classificadores e as características sociais de sua classificação. As classificações burocráticas, como aquelas empregadas pelo Insee, criam pouquíssimos problemas para aqueles que as produzem, mas criam muitos para aqueles que refletem sobre elas. Alphonse Allais[18] se divertia com o fato de que para uma criança de menos de três anos havia um desconto na passagem de trem, mas acima disso não havia desconto, e ele perguntava o que acontecia se um pai de família viajava no dia do aniversário de seu filho: será que o pai de família deveria disparar o alarme para declarar que seu filho passou de três anos e exigir pagar um suplemento?[19] Os humoristas são aliados dos sociólogos porque eles fazem perguntas que a rotina ordinária faz esquecer.) Em todos os casos em que existe um contínuo, as taxonomias e as classificações jurídicas cortam: acima/abaixo, masculino/feminino. O direito recorta, fatia o interior dos contínuos.

## Divisões construídas e divisões reais

Quando o sociólogo não se faz a pergunta do estatuto de realidade das classificações que emprega, do estatuto jurídico dos critérios que emprega, ele mistura constantemente dois tipos de classes. A maioria das "tipologias" na sociologia é resultado de uma mistura epistemologicamente monstruosa, na minha visão. Eu me recordo por exemplo de um trabalho sobre os universitários que misturava oposições formais do gênero "cosmopolita/local" e oposições fundamentadas na realidade e ligadas a divisões reais (como *jet sociologist* ["sociólogo a jato"], na origem de uma oposição entre "professor itinerante" e "professor que não se move")[20].

---

18. Escritor e humorista francês do século XIX [N.T.].

19. Cf. ALLAIS, A. "Un honnête homme dans toute la force du mot" ["Um homem honesto com toda a força da palavra"]. In: *Deux et deux font cinq*. Paris: Paul Ollendorf, 1895, p. 69-72.

20. Cf. GOULDNER, A.W. "Cosmopolitans and Locals: Toward an Analysis of Latent Social Rules" ["Cosmopolitas e locais: para uma análise de regras sociais latentes"]. In: *Administrative Science Quarterly*, n. 2, dez./1957, p. 281-307. Cf. tb. *Homo academicus*. Op. cit., p. 33-34 [23-34].

Em outras palavras, as tipologias muitas vezes misturam divisões construídas com divisões emprestadas da realidade. Eu me recordo que, na época das primeiras imitações americanas da antropologia estrutural, Lévi-Strauss comentou o artigo de um etnólogo que colocou no mesmo plano oposições emprestadas da realidade da mitologia ou dos rituais ("seco/úmido" etc.) e oposições muito complexas (que eu teria dificuldade de reinventar... do gênero "puro/impuro", por exemplo) de um nível completamente diferente de construção e de elaboração. Na sociologia, não colocar o problema do estatuto "ontológico" das classificações que empregamos nos leva a colocar no mesmo saco princípios de divisão que têm estatutos de realidade muito diferentes.

Para voltar à comparação com a classificação biológica, eu diria que a sociologia encontra "coisas", que podem ser indivíduos ou instituições, que já estão classificadas. Por exemplo, para classificar os professores do ensino superior por instituição, encontraremos a categoria das universidades e a dos grandes estabelecimentos. De modo geral, um dos instrumentos para se apropriar dessas classificações consiste em fazer sua história: quando elas apareceram, quando elas foram inventadas? É uma invenção burocrática ou tecnológica recente? Elas correspondem a histórias diferentes? Sejam pessoas ou instituições, os objetos dos sociólogos se apresentam como já classificados. Eles são portadores de nomes e de títulos que são tanto indicadores de pertencimento a classes quanto nos dão uma indicação do que significa classificar na existência ordinária. Se aquilo que o sociólogo encontra se apresenta como já classificado, é porque ele lida com sujeitos classificadores.

Na vida cotidiana, uma instituição (ou um indivíduo) jamais se apresenta como uma coisa – ela nunca se apresenta em si mesma e para si mesma – mas sempre dotada de qualidades, ela já é qualificada. Por exemplo, uma pessoa que age, como se diz, "na qualidade de" ["*ès qualités*"] (voltarei posteriormente a essa expressão que me parece conter uma filosofia social bastante profunda), um professor catedrático, um padre, um funcionário, apresentam-se dotados de propriedades sociais e de qualidades sociais que podem ser lembradas por todo tipo de signo, signos cujo portador é o agente social em questão, como a vestimenta, as insígnias, as decorações, os galões etc. Esses signos ou essas insígnias também podem ser incorporados de forma a se tornarem quase invisíveis, como a distinção, a eloquência, a elegância verbal, a pronúncia legítima... isso é extremamente importante: as propriedades incorporadas são quase invisíveis, quase naturais (e é aqui que reencontraríamos a classificação natural). Elas funcionam como a base da previsão social. Estou antecipando um pouco as respostas, já que gostaria apenas de propor perguntas, mas é evidente que a vida social só é possível porque não paramos de classificar, o que quer dizer fazer hipóteses sobre a classe (não somente no sentido social) na qual classificamos a pessoa com quem estamos lidando. Como se diz, "é preciso saber com quem estamos lidando". Essas propriedades podem ser ainda mais invisíveis e [situarem-se] fora do portador: elas podem estar na situação ou na relação entre as duas pessoas presentes, como os sinais de respeito. Na palavra "respeito" encontramos a percepção, e as propriedades que servem de base à classificação são as propriedades que se impõem ao olhar, e que impõem um certo olhar e, ao mesmo tempo, o comportamento adequado.

Na existência cotidiana, os agentes classificam. É preciso classificar para viver e, para parodiar a frase de Bergson de que "é o capim em geral que atrai o herbívoro"[21], podemos dizer que é o outro em geral que visita o sujeito social. Em outras palavras, nós lidamos com pessoas sociais, ou seja, pessoas nomeadas (é preciso usar a palavra "nomear" no sentido forte, no sentido de "o presidente da República nomeou..."), designadas por um nome, constituídas por um nome que não apenas as designa, mas as faz serem quem são. Eu retornarei a esse ponto.

Para ajudar a compreensão, empregarei a analogia muito reveladora da atribuição. Na expressão "juízo de atribuição", a palavra "atribuição" tem um sentido muito preciso na tradição da história da arte: é o fato de dar um nome a um quadro, a um autor. Todos sabemos que dependendo do autor que designamos a uma obra, a percepção da obra muda, e também sua apreciação não apenas subjetiva mas também objetiva e objetivamente quantificável pelo preço do mercado. Os amadores ou os profissionais, aos quais pertence o poder de mudar a atribuição de uma pintura holandesa de terceira categoria, têm um poder de classificação eminente que tem efeitos sociais muito importantes. Algumas classificações que atuam no mundo social são do mesmo tipo. Por exemplo, as nomeações de funcionários feitas pelo Conselho dos Ministros[22] são atos executivos que têm força

---

21. BERGSON, H. *Matéria e memória*. São Paulo: WMF Martins Fontes, 2010 [Trad. de Paulo Neves], p. 186 [*Matière et mémoire*. Paris: Alcan, 1903, p. 173]. Sobre essa fórmula, cf. tb. LÉVI--STRAUSS, C. *O pensamento selvagem*. Campinas: Papirus, 1990 [Trad. de Tânia Pellegrini], p. 157 [*La Pensée sauvage*. Paris: Plon, 1962, p. 180].

22. Órgão do poder executivo francês responsável pela nomeação de funcionários de alto escalão do governo [N.T.].

de lei e acarretam todo tipo de consequências palpáveis: marcas de respeito, salários, aposentadorias, deduções salariais, formas de tratamento etc. – tudo isso são tipos de tratamentos sociais no sentido mais amplo do termo. As classificações com as quais lidamos no mundo social, as qualidades que o sociólogo encontra no estado de bens constituídos, são então denominações que produzem, de certa maneira, as propriedades da coisa nomeada e lhe conferem seu estatuto.

## O insulto

Eu gostaria, para ilustrar mais completamente esse primeiro tema, de evocar rapidamente um artigo que acaba de ser reproduzido num livro de Nicolas Ruwet: *Gramática dos insultos e outros estudos*[23]. No fundo, recolocarei as mesmas perguntas a partir de um terreno diferente (com a intenção marginal de mostrar a que ponto as fronteiras entre as disciplinas são muitas vezes fictícias; o que direi ilustrará a vacuidade de certas divisões que são caso de vida ou morte para algumas pessoas, como entre a sociologia, a pragmática, a sociologia da linguagem, a linguística...).

Nesse artigo, Nicolas Ruwet responde a um texto de Milner dedicado aos insultos[24] e àquilo que ele chama de "substantivos de qualidade". Esses substantivos de qualidade são tipicamente aquilo que a lógica aristotélica chamara de *categoremas*. "Categorema" vem de *katégoreisthai*, que, no sentido etimológico, quer dizer "acusar publicamente"[25]: estamos então bem próximos ao insulto. Uma categoria, um categorema, é uma acusação pública. A palavra "pública" é fundamental: ela quer dizer "não vergonhoso", "que ousa se nomear", em oposição às denúncias vergonhosas que não ousam se proclamar. O categorema é uma acusação pública

---

23. Cf. RUWET, N. "Grammaire des insultes". In: *Grammaire des insultes et autres études*. Paris: Seuil, 1982, p. 239-314. Primeira publicação: "Les noms de qualité en français – Pour une analyse interprétative" ["Os substantivos de qualidade em francês – Para uma análise interpretativa"]. In: ROHRER, C. (org.). *Actes du Colloque Franco-allemand de Linguistique théorique*. Tübingen: Niemeyer, 1977, p. 1-65.

24. MILNER, J.-C. "Quelques opérations de détermination en français – Syntaxe et interprétation" ["Algumas operações de determinação em francês – Sintaxe e interpretação"]. Universidade de Paris VII, 1975 [Tese de doutorado de Estado]. P. Bourdieu retoma, de modo resumido, a análise do insulto em *A economia das trocas linguísticas*. São Paulo: Edusp, 1996 [Trad. de Sergio Miceli et al.], esp. p. 59-60, 81-82 [*Ce que parler veut dire* – L'économie des échanges linguistiques. Paris: Fayard, 1982, p. 71-72, 100; reeditado em *Langage et pouvoir symbolique*. Paris: Seuil, 2001, p. 107, 111, 128, 156, 180, 307, 312].

25. Para explicações sobre esse ponto, cf. a aula seguinte, p. 35.

que, então, corre o risco de ser reconhecida ou rejeitada. De passagem, Ruwet observa que, quando chamo alguém de "idiota", comprometo apenas a mim, enquanto quando chamo alguém de "professor", não corro grandes riscos (é verdade que se um intelectual de esquerda diz: "você não passa de um professor", isso pode se tornar uma injúria!). Consequentemente, os "substantivos de qualidade" distinguem-se semanticamente dos substantivos ordinários como "policiais" ou "professores" pelo fato de serem não classificadores. Ruwet escreve um pouco depois que "professores" e "policiais" têm uma "'referência virtual' própria", eles remetem a "uma classe 'cujos membros são reconhecíveis por características objetivas comuns'"[26].

Mais rapidamente: existe um consenso sobre o *census* [a categoria de recenseamento]; todos estarão de acordo para pensar um policial como um policial, enquanto que nem todos estarão de acordo para pensar como idiota alguém que eu chame de idiota, a não ser – e é isso que o linguista esquece – que eu tenha autoridade para chamar os outros de idiotas, se eu for professor, por exemplo [*risos*], em cujo caso isso tem consequências sociais evidentes. (Eu disse professor por maldade mas poderia ter dito psiquiatra... e isso é bem pior...) Ruwet recusa a distinção de Milner entre os "substantivos de qualidade" e, por exemplo, os substantivos de profissão. Ele diz que essa não é uma diferença léxica e que poderíamos, no nível semântico, evitar as análises de Milner. Eu abandono o debate linguístico, mas mantenho o problema colocado que, na minha opinião, é capital. O texto célebre de Austin sobre os performativos teve para mim importância muito grande[27]. Ele me despertou um pouco do sono [dogmático] em que vivemos enquanto sociólogos porque estamos, como todos os objetos sociais, acostumados com as palavras. Nós não nos surpreendemos mais com o que a rotina do uso ordinário das palavras nos impõe.

Assim como Austin restituiu em toda a sua força a investigação sobre o discurso que pretende agir (do qual o insulto é um caso particular), também o debate

---

26. A citação exata (In: RUWET, N. "Grammaire des insultes". Loc. cit., p. 244) é: "Os primeiros teriam uma 'referência virtual' própria que faltaria aos segundos. A referência virtual própria de *professor, policial* etc. define uma classe 'cujos membros [são] reconhecíveis por características objetivas comuns'" (MILNER, 1975, p. 368).

27. AUSTIN, J.L. *Quando dizer é fazer*. Porto Alegre: Artes Médicas, 1990 [Trad. de Danilo Marcondes de Souza Filho] [*How to Do Things with Words*. Oxford: Clarendon Press, 1962]. P. Bourdieu discute as teses de Austin em *A economia das trocas linguísticas*. Op. cit., p. 60-63 e 87-89 [108-110, 161-169].

entre Milner e Ruwet tem o mérito de despertar o sociólogo que poderia esquecer que, em última instância, as classes com que ele lida são categoremas entre os quais está o insulto. Esse é um problema frequente da análise sociológica. Por exemplo, quando ele é obrigado a empregar alguns dos categoremas insultantes da existência cotidiana, o sociólogo utiliza aspas (como faz o [jornal] *Le Monde* quando relata falas suscetíveis de serem percebidas como injuriosas). Quando o sociólogo encontra o insulto como um categorema que só envolve seu autor, um categorema sem autoridade, não autorizado, ele toma distância empregando aspas; mas, com "professor", ele não as utilizará porque sabe que tem a ordem social do seu lado.

Eu cito Milner: "Não existe uma classe: 'idiota', 'cafajeste' etc., cujos membros sejam reconhecíveis por características objetivas comuns; a única propriedade comum que poderíamos lhes atribuir é que proferimos, a seu respeito, num enunciado singular, o insulto em questão"[28]. Essas palavras são performativos, performativos do insulto. O que é muito interessante é que a própria palavra "idiota" está na lógica em questão: "idiota" vem de *idios* (ἴδιος), que quer dizer "singular". O idiota é aquele que profere um insulto contra não importa quem, não importa o quê, sem ter autoridade para fazê-lo. É aquele que se expõe a ficar preso na idiossincrasia, na solidão absoluta daquele que não tem ninguém para apoiá-lo. É o inverso de um enunciado performativo bem-sucedido que é pronunciado sob condições tais que aquele que o enuncia tem autorização para pronunciá-lo e tem, ao mesmo tempo, todas as chances de ver seu enunciado passar a ato. Em outras palavras, as classificações que quem insulta profere são suscetíveis de serem devolvidas. É a resposta comum ao insulto: "Idiota é você". Ela retorna para o idiota: "Idiota é quem diz", como dizem as crianças. Em outras palavras, existem classificações que envolvem apenas seu autor, que são de alguma forma da conta do autor. Se esse autor é um autor profético que tem uma *auctoritas*, que é o autor de sua autoridade, sua classificação poderá se impor, mas, fora desse tipo de caso, um ato de imposição de sentido, se é autorizado apenas pelo sujeito singular que o profere, está destinado a aparecer como idiota.

Na próxima aula tentarei mostrar como a lógica do insulto e a lógica da classificação científica representam os dois polos extremos do que pode ser uma classificação no universo social.

---

28. MILNER, J.-C. "Quelques opérations de détermination en français – Syntaxe et interprétation". Op. cit., p. 368. Apud RUWET, N. "Grammaire des insultes". Loc. cit., p. 244.

# Aula de 5 de maio de 1982

O ato de instituição – O insulto, uma conduta mágica – A codificação dos indivíduos – Recortar a realidade – O exemplo das categorias socioprofissionais

Em sua argumentação, Nicolas Ruwet indicou que a aceitação da distinção proposta por Milner entre os substantivos de qualidade e os substantivos ordinários significaria no fundo ignorar aquilo que a semântica poderia trazer para o problema. E ele indica, contra Milner, que a distinção entre os classificadores como "professor" e "policial" e os não classificadores repousa sobre exemplos extremos. Assim, Ruwet critica Milner por utilizar polos extremos de um contínuo no qual teríamos, numa das pontas, "professor" e "policial", quer dizer, os substantivos de profissão e, na outra ponta, as injúrias caracterizadas como "idiota" e "cafajeste". Milner insiste então no fato de que "idiota" ou "cafajeste" não remetem a classes claramente definidas sobre as quais um conjunto aleatório de locutores poderia chegar a um acordo; ao mesmo tempo, o utilizador de um insulto encontra-se de certa forma exposto e se coloca como o único garantidor de sua classificação. Em outras palavras, aquele que insulta é um classificador que corre riscos extremos.

Eu não tratarei a fundo o problema do insulto, se é que sou capaz de fazê-lo. O que me interessa nesse exemplo é que ele recoloca uma coisa que os sociólogos e outras pessoas muitas vezes esquecem, a saber: que os problemas de classificação não são necessária e exclusivamente problemas de conhecimento. O insulto é tipicamente uma dessas classificações práticas nas quais o classificador coloca tudo o que é, tudo o que sabe de si mesmo; ele se arrisca sem ter o sentimento de realizar um ato de conhecimento. Esse tipo de observação *in vitro* é importante porque é o oposto das observações que os sociólogos frequentemente produzem, quando por exemplo pedem a seus entrevistados para se tornarem classificadores. Eu gostaria de ter podido trazer para vocês questionários produzidos por sociólogos patenteados, homologados, que pedem a seu objeto, ou seja, seus entrevistados, para se classificarem (é uma pena, às vezes jogamos no lixo coisas ruins mesmo que elas sejam extremamente úteis como documentos). O sociólogo aplica de certa forma seu estatuto de professor do mundo social para pedir [...] ao objeto da análise científica para classificar a si mesmo: "a que classe você acha que pertence?", "Na sua opinião, quantas classes existem?", "Se dividirmos a sociedade em cinco classes, em qual você se colocaria?", "Você acha que pertence à classe média?" Nessa situação, o que as pessoas respondem não revela muita coisa: para se livrar de uma pergunta idiota, damos uma resposta na qual justamente minimizamos uma chance de ser idiotas – pois uma informação importante para aqueles que são sociólogos aqui é que os entrevistados têm mil maneiras de dizer ao sociólogo que ele é um idiota, em geral de modo muito educado e altamente eufemístico.

O problema do insulto nos faz perceber que a operação da classificação na vida cotidiana é uma operação prática, ou seja, envolvendo fins, envolvendo aquele que envolve os fins. É uma operação arriscada na qual aquele que emite seu juízo expõe-se a ser julgado; como eu disse na última aula, a resposta que as crianças dão – "Idiota é você!" – mostra que existe toda uma retórica do insulto. Essa espécie de luta simbólica da qual o insulto é um momento nos lembra – e acho que não devemos nos esquecer disso – que os problemas de classificação não são apenas aquilo que os cientistas e os pesquisadores consideram, para quem os problemas de classificação são problemas intelectuais, problemas de juízo.

## O ato de instituição

Eu me estenderei um pouco mais ao utilizar uma nota de Ruwet: "'*Você é um imbecil*, diz Milner, não é, apesar da aparência, um paralelo de *Você é um professor* [...]. Essa primeira frase, diferente da segunda, tem por sua própria enunciação efeitos pragmáticos necessários: é um insulto'. Daí a aproximação com os performativos [que Milner faz]. No entanto, se pensarmos em situações (bastante excepcionais) nas quais uma frase como *Você é um professor* seria natural, essa frase teria também uma significância performativa (ainda que não necessariamente insultante) – por exemplo, ela poderia querer dizer algo como *Eu te nomeio professor*"[29]. Essa nota é o centro do que eu diria se tivesse que fazer uma teoria do insulto (eu

---

29. RUWET, N. "Grammaire des insultes". Loc. cit., p. 302, nota 14.

acho interessante que o linguista coloque numa nota, de passagem, aquilo que me parece central: isso descreve muito bem as relações entre disciplinas vizinhas, relações entre pontos de vista que se ignoram quase completamente).

Essa observação me parece importante porque a frase "Você é um cafajeste" pode ter um estatuto equivalente a "Você é um professor", desde que "Você é um professor" seja utilizada num caso bem particular. Com efeito, nós não utilizaríamos "você" [*on ne le tutoierait pas*]. Para nomear alguém como professor, diríamos: "O senhor [*vous*] é nomeado professor", entregando-lhe um diploma, como em algumas universidades americanas ou, num rito codificado, entregando ao candidato um título que dá direito a exercer a função de professor. Se dizemos "Você é um professor" num ato de nomeação, realizamos um ato de instituição. A observação de Ruwet, se tomada ao pé da letra, indica que o insulto ("Você é um idiota") e a nomeação ("Você é um professor") são dois elementos da mesma classe. É a classe dos atos de nomeação que chamarei de "classe dos atos de instituição", quer dizer, dos atos através dos quais significamos alguma coisa para alguém, deixando claro que a palavra "significar" deve ser compreendida tanto no sentido da teoria linguística, como sinônimo de ato de comunicação ("eu significo isto ou aquilo" pelo fato de fazer gestos), quanto no sentido em que "eu te significo alguma coisa" quer dizer "eu te convoco", "eu te mando", "eu te ordeno" a ser aquilo que eu digo que você é. Acho que essa é uma definição correta do performativo. (Eu não vou me perder em nuanças sutis sobre os diferentes sentidos da palavra "performativo", limito-me por enquanto ao sentido original que Austin deu a essa palavra, na época em que ele tinha controle sobre ela antes de sua apropriação pelas implicâncias dos linguistas. Esclareço isso para aqueles que possam achar minhas proposições provisórias simples demais.) Então a injúria e a nomeação pertenceriam à mesma classe dos atos que podemos chamar de "instituição", positivos ou negativos. O ato de instituição positivo consiste, por exemplo, em designar alguém como digno de ocupar uma posição. Os atos de instituição negativos (talvez fosse melhor dizer de destituição ou de degradação) consistem em remover de alguém a dignidade que lhe foi dada. A injúria ou o insulto poderiam então ser uma subclasse dessa classe dos atos de destituição, ela também subclasse dos atos de instituição positivos ou negativos num sentido amplo.

Um dos problemas que quero propor através desses exemplos é a questão de saber o que são esses atos com os quais um indivíduo ou um grupo ou, na maioria das vezes, um indivíduo designado por um grupo institui um outro indivíduo ou uma coisa como consagrada, como nomeada. Vocês verão que essa pergunta muito geral é importante para o problema da classificação, porque o sociólogo encontrará constantemente em seu objeto indivíduos instituídos, classificados. A dificuldade da sociologia, como eu disse na aula passada, está no fato de que os agentes sociais com os quais o sociólogo lida já estão classificados, e o sociólogo precisa saber que lida com pessoas classificadas. Vocês verão que isso terá consequências importantes.

Se o insulto pertence à classe dos performativos compreendidos como um rito de instituição – com o primeiro Austin, repito – a injúria ocupa, no interior dessa classe de ritos de instituição, uma posição particular. Uma observação de Ruwet mostra que ele a percebeu, ainda que não faça sociologia (eu acho que ele sempre faz sociologia sem saber disso, o que mostra que é melhor saber o que fazemos quando fazemos análises linguísticas e sobretudo pragmáticas): ele observou que o insulto tinha a particularidade de expor aquele que [o profere]. Aquele que [o profere] assume um risco. O insulto tem então uma particularidade dentro da classe dos ritos de degradação, que foram descritos por um etnometodólogo americano, Garfinkel, num artigo em que analisa o rito no qual se retiram as insígnias de ombro de um oficial[30]. O rito de degradação oficial só pode ser realizado por um personagem oficial. Podemos dizer que, para degradar, é preciso ser general, é preciso ser graduado, enquanto para insultar um motorista na rua podemos ser um simples *idios* (ἴδιος), um simples particular. Ao dizer: "você é idiota" digo que sou um particular, eu me exponho. Assim, a injúria ou o insulto [remetem a] um rito privado, *idios* (ἴδιος), um rito singular, um rito que envolve apenas seu autor – a etnologia conhece muito bem esse gênero de ritos: eles são, por exemplo, os ritos de magia amorosa que são clandestinos, ocultos, realizados à noite, em grande maioria pelas mulheres nas sociedades nas quais a divisão sexual do trabalho designa o papel ruim para as mulheres, como ocorre com frequência. E esses ritos privados opõem-se aos ritos públicos, oficiais, realizados por todo o grupo, ao menos em presença de todo o grupo e por um indivíduo designado pelo grupo, quer dizer, alguém que está autorizado a falar pelo grupo, que tem autoridade para fazer em nome do grupo um ato de degradação.

---

30. GARFINKEL, H. "Conditions of successful degradation ceremonies" ["Condições de cerimônias de degradação bem-sucedidas"]. In: *American Journal of Sociology*, 61, 1956, p. 420-424.

Na aula passada eu invoquei a etimologia da palavra "categoria" que remete a Heidegger: categoria vem de *katégoreisthai* que quer dizer "acusar publicamente", e podemos pensar em nosso promotor público [*accusateur public*][31]. O promotor é alguém que classifica e que diz "Você está condenado a tantos anos", "Você está relegado" etc., e sua classificação tem força de lei. Aquele que é classificado por um promotor público, mandatário de todo o grupo e que pronuncia seu veredito diante de todo o grupo, em nome do grupo, não tem o que discutir. Ele é estigmatizado objetivamente, enquanto aquele que é classificado por uma pessoa comum que está de mau humor pode responder.

Vemos que por trás do problema da classificação existe o problema fundamental da autoridade invocada por aquele que classifica na classificação. A análise do insulto permite formular um certo número de perguntas: as classificações podem ser classificações práticas; podemos fazer atos de classificação na prática mais ínfima, mais cotidiana, mais banal. É preciso se perguntar sobre a relação que esses atos estabelecem com os atos de classificação feitos pelo cientista; estes atos de classificação colocam a questão da autoridade com a qual eles se autorizam e, ao mesmo tempo, levam a colocar ao sociólogo a questão da autoridade com a qual essas classificações se autorizam. Em outras palavras, quando fazemos a pergunta da qualificação, precisamos saber que está em jogo uma questão de autoridade. É isso que nos lembra o exemplo da injúria.

Nós poderíamos aprofundar um pouco mais a análise da injúria e do insulto (esse não é meu objetivo, mas seria interessante ver se essas duas palavras são sinônimos perfeitos...). A injúria, nessa lógica, aparece como uma tentativa ou uma pretensão – Ducrot, falando sobre o performativo, fala da pretensão a exercer uma autoridade[32]. A palavra "pretensão" é interessante porque tem conotações psicológicas. A injúria aparece então como uma tentativa ou pretensão de destituir – que é o oposto de instituir – para desqualificar, para desacreditar (uma palavra importante

---

31. Heidegger enfatiza que *katègoria* vem de *kata-agoreuein*, que significa "acusar publicamente" (ou, de modo ainda mais preciso, "acusar na ágora"). Cf. "Ce qu'est et comment se détermine la *Physis*" ["O que é e como se determina a *Physis*"] (1958). In: *Questions II*. Paris: Gallimard, 1968, p. 199-200.

32. Referindo-se especialmente ao exemplo da "réplica de uma mãe a seu filho que 'desonrou' uma garota e que precisa 'reparar o erro': 'Você tem que se casar com essa garota'", Oswald Ducrot fala de uma "pretensão expressa de possuir este ou aquele poder" (DUCROT, O. "Illocutoire et performatif" ["Ilocucionário e performativo"]. In: *Linguistique et sémiologie* – Travaux du Centre de recherches linguistiques et sémiologiques de Lyon, n. 4, 1977, p. 36).

já que nela existe a "crença": desacreditar é retirar de alguém aquilo que a crença comum lhe designa), por um ato mágico (*mágico*, voltarei a esse tema) de nomeação que só envolve seu autor, mas que o envolve completamente, a ponto de ele poder se arriscar, como se diz, a quebrar a cara. Podemos arriscar a vida ao se fazer insultar por um insulto: numa sociedade de honra, um insulto contra a mãe da pessoa insultada, por exemplo, pode colocar em risco a vida de seu autor – são então coisas muito sérias. E se, ao falar do insulto, quisermos colocar o problema das relações entre o cientista e a política (muitas vezes colocado em termos bastante retóricos e rituais), creio que enxergaríamos melhor que no fundo uma classificação científica envolve muito seu autor enquanto sujeito científico e não o envolve enquanto sujeito político.

## O insulto, uma conduta mágica

O insulto pode então ser descrito – e voltarei mais tarde a essas propriedades – como uma conduta mágica. Aquilo que digo sobre o insulto, se admitirmos que ele é um performativo, poderia valer também para o conjunto de performativos: é uma conduta mágica que visa a agir sem agir, a agir sem ato, a agir de maneira simbólica, à maneira da maldição ou da bênção. Além disso, é uma conduta mágica exercida a título pessoal. Em oposição ao rito de degradação, ela não tem garantia institucional, não tem autorização nem autoridade, como o juízo de gosto que é uma outra forma de classificação – o juízo de gosto muitas vezes é um juízo de desgosto. Com frequência, quando digo "desgosto" na verdade digo que não gosto do gosto dos outros. Vocês podem verificar isso em suas revistas semanais ou jornais diários na seção de moda ou em qualquer outra seção em que o juízo de gosto esteja envolvido. O juízo de gosto é quase sempre um juízo de desgosto indireto. Como o insulto, ele envolve o interlocutor, ele compromete o ofensor que se classifica ao classificar. Da mesma maneira, o insulto envolve o ofensor que se expõe ao agredir. Esse ato mágico é portanto um ato de magia privada que se opõe ao rito oficial de destituição, de acusação legítima, como aquele [realizado] por exemplo pelo promotor público.

Terceira característica, essa conduta mágica exercida a título pessoal sem garantia institucional detém uma força (será preciso voltar a esse problema que Austin e depois dele os linguistas chamam de força ilocucionária, a força inscrita no discurso). Esse ato simbólico detém uma força que depende, em parte (e enfatizo que em parte, numa pequena parte) da forma. Bizarramente, quando falam do performativo, os linguistas que li (e não li poucos) esquecem que a força social, o grau em que o insulto acerta na mosca, como se diz, em que ele atinge o alvo, depende de sua forma. Utilizo um exemplo do livro de Jacques Cellard, *Ça ne mange pas de pain*[33], que reúne toda uma série de expressões populares com sua origem histórica[34]. Cellard menciona uma injúria ritual que todos vocês certamente conhecem: "*Arrête ton char, Ben Hur!*"[35] Ele mostra que esse insulto, no qual "*char*" se escreve c-h-a-r, é resultado de uma evolução de "*Arrête ton charre!*", de "*charrier*" [exagerar]: chega de malícia, chega de se gabar. Temos aí uma evolução clássica da expressão popular que todos os etnólogos constataram: as locuções se perpetuam através dos séculos, sofrendo uma transformação permanente que é a própria condição de sua conservação. Não entendemos mais "*charre*", e sim "*char*". A evolução é normal, mas aquele que insulta quer colocar a plateia ao seu lado, ou seja, dar força a seu insulto e, como essa força só pode vir do grupo de espectadores, é preciso trabalhar a *forma* do insulto: ao se dizer "*Arrête ton char, Ben Hur!*", cria-se uma espécie de referência falsamente nobre, um pouco ridícula, deslocada no meio popular, uma espécie de barbarismo às avessas, de barbarismo chique. Cria-se uma cumplicidade que está no princípio de uma força.

Isso que digo sobre o insulto e a injúria é exatamente o que dizem os especialistas sobre o papel do poeta nas sociedades arcaicas. É bizarro falar isso sobre o insulto, mas eu acho, sem fazer populismo, que existe uma criação popular que tem o mesmo princípio que a criação poética e que consiste em fazer uma variante pessoal, mas evidentemente conforme às normas do grupo, sobre um tema impessoal, comum, conhecido por todos. Nas sociedades chamadas de arcaicas, o poeta é aquele que sabe se apropriar de uma fórmula conhecida por todos (poderia ser, entre os gregos, um verso de Simônides [de Ceos] que atravessou os séculos e que é sempre retrabalhado com um pequeno deslocamento[36]); o poeta é aquele

---

33. Literalmente, "isso não come pão" – expressão francesa equivalente à expressão brasileira "não custa nada" [N.T.].

34. CELLARD, J. *Ça ne mange pas de pain* – 400 expressions familières ou voyoutes de France et du Québec [*Isso não come pão* – 400 expressões populares ou grosseiras da França e do Québec]. Paris: Hachette, 1982.

35. Literalmente, "pare sua carruagem, Ben Hur!" – expressão francesa que significa algo como "pare com isso; não exagere; conta outra" [N.T.].

36. Cf. BOURDIEU, P. "Leitura, leitores, letrados, literatura". In: *Coisas ditas*. São Paulo: Brasiliense, 1990 [Trad. de Cássia R. da Silveira e Denise Moreno Pegorim], esp. p. 136 [*Choses dites*. Paris: De Minuit, 1987, p. 134].

que, no momento oportuno, consegue se reapropriar de uma fórmula conhecida por todos ao fazê-la sofrer uma modificação que ele adapta ao presente e que lhe garante a aprovação dos espectadores, ou seja, que deixa os espectadores felizes.

Essa é tipicamente a definição de uma conduta carismática – é uma palavra que vem de Weber, para quem não sabe (*charisma*: a graça, o dom, para falar de forma simples). A autoridade carismática se opõe à autoridade do tipo burocrático[37]. O general que degrada é um mandatário delegado pelo grupo e pode não ter nenhum carisma: ele pode ser corcunda, deformado, manco, e ainda assim [realizar] um ato de degradação porque não é [realizado em seu nome]; através dele, é o grupo mandatário que [realiza] esse ato mágico. No caso do *idios logos*, do idiota singular que só tem sua própria força, o único modo de ter um pouco de força ilocucionária é o carisma, ou seja, uma espécie de virtuosismo (Weber fala de "virtuosismo religioso"[38]) que consiste em fazer, no caso particular, que o lugar-comum, o *topos*, sofra uma modificação que o transforme em alguma coisa de singular e ao mesmo tempo evidentemente de comum, porque se ninguém entendesse o trocadilho, se ninguém soubesse quem é Ben Hur, isso não funcionaria. É preciso então que seja ao mesmo tempo singular e comum, e é assim que o idiota, o singular, o autor da injúria consegue fazer toda uma mesa de restaurante rir, colocar aqueles que riem ao seu lado e adquirir uma autoridade que é necessariamente coletiva, que é a de um grupo. Não me estenderei mais, mas creio que essa análise conduz a temas importantes. No caso do insulto, o classificador afirma uma pretensão à autoridade simbólica e a afirma em conta própria, por um trabalho com a língua através do qual ele se faz conhecer e reconhecer como mestre da linguagem. É uma coisa importante para uma história social do insulto e evidentemente para o problema que quero propor.

Eu não estenderei a análise do insulto que não fiz, como disse, por si mesma. Lembrem-se do que fiz na última aula: eu tentei situar o problema da classificação como ele se coloca para o sociólogo em relação ao problema da classificação como ele se coloca aos zoólogos ou aos botânicos, ao usar o exemplo do insulto para fazer surgir uma dificuldade particular, ou, mais exatamente, para fazer aparecer de modo mais concreto, digamos menos escolar, todo o tema que propus: a saber,

---

37. Cf. WEBER, M. *Economia e sociedade*. Vol. 1. Brasília: UnB, 1991 [Trad. de Regis Barbosa e Karen Elsabe Barbosa] [*Wirtschaft und Gesellschaft*. Tübingen: Mohr, 1922].

38. Ibid., capítulo "Os caminhos de salvação e sua influência sobre a condução da vida".

que no caso do sociólogo o ato de classificação era uma espécie de intervenção num jogo social que consiste, por um lado, num jogo de classificação recíproca. E para fazer sentir o que poderia ser esse jogo de classificação recíproca, da classificação ao infinito na qual todos são ao mesmo tempo classificadores e classificados, classificados por suas próprias classificações, eu utilizei o exemplo do insulto. O exemplo do insulto tem como função mostrar que o ato científico de classificação, como operado pelo sociólogo, deve levar em conta os atos de classificação preexistentes e que não são necessariamente inspirados por um desejo de conhecimento, como os do sociólogo – atos de classificação que podem ser inspirados por um desejo de ação, ou de influência, de imposição, de abolição do poder.

Outra pergunta: qual é o estatuto da classificação feita pelo sociólogo em relação à do botânico, por um lado, e à daquele que insulta, pelo outro? O sociólogo está do lado de quem insulta ou do botânico? Uma dificuldade da produção do discurso sociológico tem a ver com o fato de que os discursos sociológicos com muita frequência são lidos com as disposições com as quais lemos discursos classificatórios nos sentidos ordinários, de modo que, muitas vezes, eles são lidos como insultos. Seria preciso utilizar exemplos muito precisos, mas vocês serão capazes de encontrá-los.

Assim, a análise do insulto coloca aos meus olhos a questão do estatuto social do discurso científico sobre o mundo social, ou seja, da ciência que pretende ter um discurso neutro, universal, um discurso que Austin teria chamado de constativo e que não pretende transformar o mundo mas sim enunciar o "estado das coisas", como dizem os filósofos da linguagem. Ordinariamente, o mundo social ordinário é o local do performativo. Posso estar dizendo isso de modo um tanto precoce, mas estou disposto a defender a tese de que os enunciados da existência ordinária quase nunca são constativos. Mesmo nos enunciados mais anódinos existem efeitos de imposição, efeitos de intimidação, de blefe simbólico; em outras palavras, as relações de força simbólica se mascaram (num adjetivo, num silêncio, numa careta) sob um disfarce do discurso de aparência mais rigorosamente constativa. Se isso for verdade, podemos dizer que o discurso científico será um discurso de ambição constativa sobre o performativo e, num universo dedicado aos performativos –, estou usando uma outra linguagem para dizer o que acabei de falar – ele estará exposto a reatuar como performativo.

Darei um exemplo. Ao analisar a expressão "a sessão está aberta", os linguistas mostram que essa expressão pode ser compreendida de duas maneiras. Primeiro, de maneira constativa – entro na sala com alguém e digo: "Olha, a sessão está aberta"; enuncio um fato. Ou, segundo, posso ser o presidente da sessão e dizer: "A sessão está aberta". Eu mudei de tom, mas poderia dizer isso usando exatamente o mesmo tom. [Ao dizer] "a sessão está aberta" no modo performativo, [ao enunciar] esse tempo verbal no modo performativo, ou seja, com autoridade, tendo permissão para fazê-lo, tendo autoridade para fazê-lo e estando autorizado a fazê-lo, eu não me contento em constatar que a sessão foi aberta, eu faço a abertura da sessão. E, simultaneamente, essa frase é um rito de abertura, um rito inaugural, sem o qual a sessão não existiria enquanto aberta, ou seja, não existiria.

Todo o meu curso deste ano poderia ser resumido assim: "Existem duas classes sociais" pode ser entendido exatamente como "A sessão está aberta", de duas maneiras: ou posso dizer "existem duas classes sociais, isso é um fato, não há o que fazer", apenas constatando que existem duas classes sociais; ou posso dizer "existem duas classes sociais" se eu tiver autoridade para fazê-lo e se o fato de dizer isso puder contribuir para fazê-las existir. Quando, por exemplo, em nome do marxismo, alguns sentem-se autorizados a dizer "existem duas classes sociais", eles estão na lógica do performativo, e o problema da verdade dessa proposição é muito mais um problema de verificação do que de validação. Em outras palavras, ao funcionar como performativo, a frase "existem duas classes sociais" pretende se autoverificar e, se ela for pronunciada por alguém que tem direito, ou seja, pela pessoa que tem a possibilidade, por exemplo, de deflagrar uma luta de classe contra classe, ela estará verificada. Então a pergunta é: será que o poder performativo de verificá-la, de fazer com que ela se torne verdadeira através do fato de dizê-la, é independente da função constativa? No caso das classes sociais, basta que eu tenha autoridade para [fazê-las acontecer ao afirmar sua realidade ou é preciso] que na realidade já exista um começo da verdade? Enuncio imediatamente esse problema central de forma talvez um pouco elíptica ou profética, mas gostaria que vocês o mantivessem em mente durante toda a minha fala, porque eu me distanciarei dele apesar de tê-lo o tempo todo na cabeça: o que quer dizer a expressão "existem duas classes sociais"?

## A codificação dos indivíduos

Ainda estou nos preâmbulos de minha análise. Depois de analisar as relações entre a classificação sociológica e a zoológica, depois de examinar o problema da injúria, gostaria de propor um último problema e abordar um terceiro e último caso que fará surgir um outro conjunto de problemas que me parecem envolvidos quando falamos de classes – de classes sociais, classes sexuais ou classes etárias. O problema que proporei é extremamente simples. Ele se coloca a todos os sociólogos que realizam operações de codificação. Codificar é tipicamente uma operação de classificação pois trata-se de distribuir indivíduos em classes, de atribuir-lhes propriedades; temos um indivíduo que é uma realidade composta (qualquer um de vocês é um indivíduo que tem um nome, um título e qualidades, como se diz na justiça), e codificar um indivíduo é de certa maneira atomizá-lo, decompô-lo, analisá-lo numa série de propriedades autônomas, independentes e suscetíveis de serem traduzidas numa categoria simples. A operação de codificação, numa pesquisa completamente ordinária, como a pesquisa sobre os professores na qual trabalho neste momento, sustenta-se no fato de que tratam-se de indivíduos que foram questionados e que produziram um certo número de propriedades; eles disseram sua idade, seu sexo, sua profissão, a profissão de seus pais, seus diplomas, o local onde estudaram, ocasionalmente sua opinião política. Quais critérios classificatórios tenho o direito de manter? Quais critérios classificatórios tenho interesse em manter para dividir essa população segundo suas articulações internas? Esse é o problema que o codificador se coloca: não se deve aplicar divisões formais e dividir coisas que não devem ser divididas, e sim dividir as classes que realmente existem na realidade. Só podemos codificar uma realidade se ela já for conhecida, o que traz o problema do círculo hermenêutico, um problema tão antigo quanto as ciências humanas, mas que a cada geração a ignorância dos iniciantes redescobre como um grande mistério e uma grande objeção ao progresso das ciências sociais. Eu digo que na verdade é um problema muito fácil de resolver – o que não quer dizer que não seja um problema muito grave – desde que ele seja enunciado como eu o farei.

Então quais são os critérios classificatórios que devem ser mantidos? A idade, o sexo etc.? Todo bom pesquisador que já realizou vários projetos tem arquivos de códigos e sofre a tentação de codificar de uma vez por todas a idade, o sexo etc. Existe um lado repetitivo na pesquisa que faz com que não formulemos todas as perguntas que deveríamos formular. [...] Eu já disse na última aula, e repito pela segunda vez sabendo que isso será desagradável para quem escuta [de novo], mas tenho consciência disso e creio que tenho uma certa justificativa para me repetir. Penso que, contrariamente ao que costuma-se acreditar, esse retorno reflexivo sobre a prática científica não é nem uma questão de honra espiritualista do cientista que faz epistemologia de noite, no fim da carreira para se dar um suplemento de alma, nem um desperdício de tempo, interesse e inteligência, pelo menos nas ciências sociais (eu não sei nas outras, mas nas ciências sociais isso me parece absolutamente fundamental). Em todo caso, essa é minha experiência: todos os progressos técnicos importantes nascem de reflexões aparentemente bastante estranhas àquilo que se impõe pela urgência do momento, ou seja, como codificar da maneira mais econômica possível? Será que é preciso codificar menos de 15 mil, de 15 mil a 70 mil, de 15 mil a 30 mil, de 30 mil a 40 mil? Será que isso está bem distribuído na população, será que na minha curva... etc.?

## Recortar a realidade

Reflexões como essa que farei me parecem ter uma fecundidade científica indiscutível, ao menos na minha experiência. Isso não é filosofia no sentido pejorativo do termo. O problema é descobrir os critérios pertinentes (voltarei a essa palavra), os critérios que recortarão a realidade em função de divisões preexistentes, que estão de alguma forma pontilhadas na realidade. É preciso encontrar os critérios que, na realidade, dividem realmente os grupos e não critérios formais construídos devido às necessidades da causa. Mas será que todos os critérios disponíveis têm o mesmo estatuto de realidade social, funcionam com a mesma força? Em minha pesquisa de critérios, será que colocarei no mesmo plano, por exemplo, "professor agregado da universidade" e "filho único"? Será que esses critérios terão a mesma força social, a mesma força preditiva? Um dos grandes problemas do sociólogo é maximizar o rendimento de seu questionário. Qualquer um que faça questionários – para quem não sabe, digo que isso é importante – sabe que a regra principal ao elaborar um questionário é obter o máximo de informações pertinentes (do ponto de vista que acabei de colocar) com o mínimo de perguntas: não podemos desperdiçar as perguntas, é preciso ter uma estratégia; e se não temos, por um lado, o princípio explícito segundo o qual é preciso maximizar o rendimento das perguntas e [por outro lado] princípios estratégicos explícitos para saber em que sentido devemos orientar a interrogação para obter o máximo de informações com o mínimo de perguntas possíveis, corremos o risco de elaborar questionários catastróficos que não serão sequer utilizáveis por outras pessoas. Maximizar o lucro da interrogação supõe então também se perguntar sobre a potência dos indicadores utilizados.

O que significa a "potência dos indicadores"? Se vocês repensarem o que acabei de dizer sobre o insulto e a degradação oficial, isso poderia ter algo a ver com a potência social dos indicadores. Darei um exemplo: há uma diferença entre o número de anos de estudo e o título escolar. Eu entendo se vocês não a enxergarem imediatamente porque é apenas ao fazer a reflexão que acabo de descrever que ela me apareceu, depois de ter utilizado esses dois indicadores por anos sem me questionar. O número de anos de estudo é um ótimo indicador quando se trata de medir um certo tipo de coisas como o grau de exposição (no sentido em que falamos de uma placa sensível exposta) ao ensino. O diploma é uma coisa completamente diferente: ele mede uma sanção social. Vamos supor duas pessoas igualmente cultas, uma completamente autodidata sem nenhuma sanção escolar, sem nenhum certificado, sem nenhum título escolar, e outra que tem a mesma quantidade de saber adquirido mas cujo saber é mensurável por teses, por títulos escolares. Do ponto de vista dos usos sociais dessa cultura equivalente, teremos diferenças enormes: num dos casos, com uma simples apresentação do título, obteremos cargos, privilégios, isenções, vantagens, salários etc., mesmo na hipótese em que a cultura está em declínio – o que acontece; no outro caso, seremos obrigados a provar nossa cultura, exibir nossa cultura. Como no insulto, seremos reduzidos a nós mesmos, seremos *idios*. Será que, quando escolho meus critérios, não estou condenado a me apoiar nas classificações sociais preexistentes, e nas mais potentes? Será que aquilo que por muito tempo eu chamava de um "bom questionário", quer dizer, um questionário que acumula o máximo de informações pertinentes com o mínimo de perguntas possíveis, com o mínimo de equívocos e desperdício possível, não seria um questionário que acumulará informações conservando o efeito de todas essas classificações fortes, de todas as classificações sociais, das quais a classificação escolar, numa sociedade como a nossa, tem um lugar completamente à parte? Isso não é um problema, mas acho que é melhor saber que a questão existe. Estenderei o exemplo do corpo de professores: utilizarei entre os indicadores um título como o de agregado, por exemplo. Eu já o evoquei na última aula: temos aqui uma propriedade socialmente constituída e, para o agregado, é uma propriedade garantida juridicamente por um trabalho de certificação. O mundo social inteiro está por trás desse título que dá uma garantia (voltarei a esse ponto). Além disso, o conjunto de indivíduos com essa marca, assim constituídos como agregados, ou seja, separados da multidão (a operação de classificação se enuncia na própria palavra), consagrados (também voltarei a isso) por um ato de magia social que todo ato de divisão implica, vai se sentir ligado a todos os indivíduos da mesma classe. Existe uma Sociedade dos Agregados, ou seja, um grupo que tem um porta-voz que pode falar em nome do grupo, de modo que os membros do grupo assim constituídos podem estimar ter um lucro por fazer parte do grupo. Eis um critério.

Outro exemplo: o sexo como um indicador quase automático. Será que o estatuto desse indicador é o mesmo a partir do momento em que existe um movimento feminista? Deixarei vocês refletirem sobre isso. Será que a existência de um movimento feminista não aproximou o indicador masculino/feminino do indicador agregado? Outro exemplo: a classe etária. Aqui, os classificadores profissionais ficam felizes porque aparentemente isso não coloca um problema, mas de modo geral ela é o arbitrário puro do classificador, pois trata-se de um critério tipicamente formal; em todo caso, ele não existe como o critério de grupos como "agregados" ou "*normaliens*"[39]. Existe apenas no discurso uma oposição jovem/velho que pode ser constituída em certas épocas, em geral pelos adultos com o objetivo de manipulação (como os agrupamentos de juventude na era pré-hitlerista, por exemplo), mas podemos ver bem que o estatuto preditivo e constitutivo desse critério não é o mesmo que o dos outros.

Eu poderia continuar com a religião, um critério sobre o qual eu realmente poderia falar por duas horas[40], mas fico com medo de aborrecê-los e repetir coisas que já indiquei antes. Um critério como a religião é muito difícil de manipular porque ele pode funcionar como emblema ou como estigma. A lógica do estigma e a lógica da injúria ("Você é um...") são evidentemente muito próximas e os grupos estigmatizados são muitas vezes utilizados como portadores de injúrias. Outro exemplo: a origem geográfica[41]. Como o sexo, há alguns anos os movimentos regionalistas não eram levados em conta, de modo que, tratando-se de uma região como o sul do Loire, vocês não teriam pensado "Occitânia", como hoje podem. Poderíamos continuar...

---

39. Alunos da ENS (École Normale Supérieure), uma das *Grandes Écoles* francesas responsável pela formação da maioria dos intelectuais desse país [N.T.].

40. Bourdieu estava prestes a publicar, com Monique de Saint Martin, "La sainte famille – L'épiscopat français dans le champ du pouvoir" ["A santa família – O episcopado francês no campo do poder"]. In: *Actes de la Recherche en Sciences Sociales*, n. 44-45, nov./1982, p. 2-53.

41. Sobre esse ponto cf. "A identidade e a representação" ["L'identité et la réprésentation"]. In: *O poder simbólico*. Op. cit., p. 107-132 [281-292].

Esse exemplo é um pouco pesado e desajeitado, mas penso naqueles entre vocês que são profissionais da prática sociológica e conhecem o que digo, mas talvez se esqueçam. Em todo caso, eu me autorizo pelo fato de eu mesmo ter muitas vezes esquecido disso que acabei de dizer para me sentir no direito de dizê-lo.

## O exemplo das categorias socioprofissionais

Darei um último exemplo entre esses problemas de classificação: o da categoria socioprofissional. Um debate ritual divide o mundo dos sociólogos ou, mais exatamente, aqueles que são profissionais o bastante para se colocarem problemas de classificação (infelizmente, essa não é a totalidade da classe...): uns se dizem partidários da classe social no sentido marxista, outros da CSP (categoria socioprofissional), ou seja, da taxonomia complexa, fria e burocrática praticada pelo Insee ("quadro médio", "empregado de escritório", "empregado de serviço", "empregado de comércio" etc.). É um debate acadêmico e eu estaria disposto a apostar que 50% da energia pedagógica gasta na França para ensinar sociologia está dedicada a essa distinção – então vocês podem me dar cinco minutos sobre esse assunto [*risos na sala de aula*]. Aqui também existem bibliografias inteiras sobre esse debate CSP/classes sociais que é importante. Tudo o que direi durante esse curso será uma tentativa de explodir essa oposição e questioná-la como acabo [de questionar] outros critérios (a idade, o sexo, "agregado" etc.). Precisamos primeiro perguntar o que são os grupos produzidos pelas duas classificações. Será que eles correspondem a grupos reais, a alguma coisa como a Sociedade dos Agregados, por exemplo? Em seguida, será que às classes produzidas por esses dois princípios de classificação ("classe" e "CSP") correspondem "realidades" do tipo de grupos que apresentem os sinais através dos quais reconhecemos um grupo, como a existência de organizações permanentes ou duradouras, de mandatários duradouros que podem falar em nome do grupo, de plenipotenciário, de porta-voz etc.?

Em segundo lugar, onde se produzem essas classificações? Quem as produz? Qual é o lugar dos produtores dessas classificações no espaço dos classificadores? Estamos falando mais sociologicamente (as pesquisas sobre "classes sociais" seriam mais do lado da universidade) ou estamos falando de categorias socioprofissionais (isso seria mais do lado do Insee, do lado da administração)? Esses dois princípios de classificação estão ligados a funções sociais e a usos sociais diferentes. As CSP são fabricadas para as necessidades da administração econômica, ou seja, para garantir uma previsibilidade máxima quanto às condutas de consumo etc. As classes sociais têm uma gênese social e funções sociais diferentes; elas se situam num espaço diferente, geram mais lucro num terreno diferente, o terreno da discussão marxológica. Ao tomar o terceiro caso, o da codificação, eu queria dizer, como já havia demonstrado a respeito do insulto, que existem diferenças consideráveis segundo os categoremas que utilizo quando categorizo, quando classifico, quando faço uma codificação ordinária da pesquisa ordinária. Os categoremas são poderes, *credentials* [credenciais] como dizem os anglo-saxões. São títulos de crédito (um diploma é um título de crédito), dívidas, transações na sociedade; ter um título escolar quer dizer, em muitas circunstâncias – que devem ser definidas – oficiais e garantidas pelo Estado, ter o direito de reivindicar legitimamente as vantagens associadas a esses títulos (o título escolar, de nobreza, de propriedade). Entre as propriedades que manterei para caracterizar os indivíduos, algumas são de poderes (aliás, a palavra *knowledge* pode-se traduzir por "poder" no sentido de "dar o poder", de alguém "fundamentado de poder"). Eu acho que, para uma sociologia do poder, a palavra "poder" nesse sentido é importante – são poderes garantidos por quem? A pergunta é importante. Reencontramos o problema que coloquei a respeito da injúria, no qual quem insulta é garantido por si mesmo e quem degrada é garantido por toda a ordem social. O detentor de um título escolar garantido universalmente é garantido por toda a ordem social. O detentor de um *diplôme maison*, o *ingénieur maison*[42] tem um título de circulação [de importância] somente local. O autodidata que fez cursos por correspondência da Escola Universal[43] não é garantido por ninguém.

Existe então um contínuo entre as propriedades garantidas socialmente, desde aquelas que são garantidas de maneira universal até aquelas que são muito pouco garantidas, que valem num pequeno grupo restrito, que permitem apenas impressionar a família. Essa é uma primeira coisa. Em seguida, ao lado desses critérios socialmente garantidos que são, do ponto de vista do sociólogo, os mais poderosos para compreender, para realmente classificar, conformemente às articulações, existem outros que o pesquisador produz porque seu conhecimento do real os introduz a partir da ideia de que são eficientes, ainda que não sejam certificados nem oficiais.

---

42. Tipo de diploma, normalmente de Engenharia, que pode ser obtido através de experiência prática no trabalho, sem frequentar a universidade [N.T.].

43. Organização que oferecia cursos técnicos por correspondência, cujos certificados não tinham reconhecimento legal [N.T.].

# Aula de 12 de maio de 1982

Classificação objetiva e objetividade – Indicadores objetivos e estratégias de representação de si – Parênteses sobre a história monumental – As artimanhas da razão sociológica – Uma definição objetiva dos indicadores objetivos? – O momento objetivista – O geometral de todas as perspectivas – O problema da amostragem

Meu preâmbulo um pouco longo demais talvez tenha deixado mais perguntas do que respostas nas suas mentes. Mas, com o risco de prolongá-lo um pouco, eu gostaria de me justificar, porque penso que ainda não terminamos com as perguntas tendo em vista aquilo que creio ser a dificuldade objetiva das perguntas que tentei propor. Eu voltarei ainda muitas vezes a essas perguntas e lembro que, como disse na primeira aula, meu desejo não é na verdade transmitir saberes realizados e prontos mas sim uma maneira de pensar, uma maneira de fazer perguntas. O que causa a dificuldade do que direi hoje é que a maioria das perguntas que poderíamos chamar de metodológicas ou epistemológicas como as que farei são ao mesmo tempo questões políticas. Tentarei mostrar a vocês que problemas completamente formais e abstratos (por exemplo, como fazer uma amostragem? É preciso incluir esta ou aquela população na amostra? etc.) têm seu equivalente no terreno político e isso é, ao que me parece, uma das dificuldades específicas da sociologia. Mesmo sem saber disso, sempre fazemos política quando fazemos sociologia. É importante saber disso para evitarmos fazer política no mau sentido do termo e, como vocês verão com frequência no meu modo de contar o que conto, é muito difícil fazer sociologia e ter uma boa consciência positivista. Um sociólogo não pode viver sua prática de modo feliz e triunfante. Talvez eu esteja universalizando uma propriedade singular, mas queria dizer isso explicitamente porque vocês inevitavelmente o sentiriam, e acho que é importante que vocês saibam que eu sei disso.

## Classificação objetiva e objetividade

O que eu gostaria de abordar hoje é o primeiro momento de minha análise da classificação: o que é uma classificação objetiva? Para indicar rapidamente o caminho que seguirei, tentarei responder a essa pergunta de um ponto de vista que poderíamos chamar de objetivista ou na lógica de uma física social, [ao considerar que] os problemas de classificação se colocariam ao sociólogo nos mesmos termos que eles se colocam a um físico, ou de qualquer forma a qualquer pessoa que trate das coisas passíveis de serem tratadas como realidades físicas. Em seguida, tentarei mostrar como essa perspectiva objetivista conduz a perigos se esquecermos que, na prática, os objetos classificados também são classificadores. Farei então uma espécie de crítica da postura objetivista de maneira a introduzir uma descrição da lógica prática da classificação. Depois tentarei mostrar como podemos fazer uma teoria da classificação que integre ao mesmo tempo a perspectiva objetivista e a prática. Eis, de modo geral, o caminho.

O que é então uma classificação objetiva? Na sociologia, empregamos a palavra "objetivo", no sentido francês, em circunstâncias muito diferentes. Dizemos por exemplo que "o diploma é um indicador objetivo da posição na distribuição do capital cultural", que "a pronúncia é um indicador objetivo do pertencimento à classe" etc., falamos do "sentido objetivo" de uma prática, da "verdade objetiva" de uma prática. Por exemplo, tenho a intenção de daqui a pouco ler para vocês um texto em que percebi, para minha surpresa, que empreguei a palavra "objetivo" três vezes. Essa palavra trivial que passa completamente desapercebida carrega toda uma filosofia social, uma filosofia política, e seria muito importante fazer uma espécie de história de seus usos sociais. Em geral, nos usos políticos, é uma palavra muito marcada. É um categorema no sentido forte, é uma acusação; quando digo a alguém que ele é "objetivamente" alguma coisa, isso não é bom para ele. É muito importante saber disso porque temos aqui uma das seduções da posição do sociólogo, mas também uma das razões objetivas pelas quais o sociólogo horroriza muita gente, justificadamente.

A palavra "objetivo" funcionará como acabei de dizer, em suas conotações político-terroristas, policiais, se não tivermos em mente essas conotações sociais que são muito importantes. Poderíamos construir um falso discurso sociológico que teria todas as aparências e que seria composto de usos selvagens da palavra "objetivo". Depois de expor os usos das palavras "objetivo", "objetivismo", "sentido objetivo", "culpabilidade objetiva", "erro objetivo" etc., eu gostaria de indicar em que [elas me parecem] legítimas na prática científica ordinária. Por exemplo, a noção de "indicadores objetivos" designa de modo geral características, índices, sinais [...], símbolos, todo tipo de coisas que revelam alguma coisa que aquele que as [manifesta] ignora. Trata-se então de enfatizar aquilo que uma conduta revela, mais do que aquilo que ela proclama. É o direito que se dão todas as ciências sociais e que relaciona sua fase objetivista à lógica do processo. É preciso ter em mente que a ciência social se parece em muitos aspectos com um processo. Quando eu ensino sociologia, frequentemente comento um texto muito interessante em que Claude Bernard fala das relações entre o biólogo e a natureza e diz: "muitas vezes é preciso pregar o falso para saber o verdadeiro"[44]. Um bom sociólogo, na minha opinião, numa certa fase de seu trabalho precisa sem dúvida esconder o que procura para ter alguma chance de encontrá-lo. Ele deve obter de seu investigado coisas que esse investigado ignora na prática.

O indicador objetivo é então um índice que revela alguma coisa que as pessoas não sabem e através do qual elas se revelam. Penso, por exemplo, na fórmula de Panofsky a respeito do arcobotante que, até o ápice do gótico, estava escondido sob os tetos: "chega um momento no qual acabamos vendo aquilo que o arcobotante trai e, assim, aquilo que ele proclama"[45]. O papel de toda ciência é tentar ir além daquilo que a coisa em questão entrega sobre si mesma: isso vale para o arcobotante, para um manuscrito, para uma entrevista, para uma conduta, para um léxico etc. Isso é ainda mais importante quando a coisa em questão resiste: quando é a Igreja, ou o episcopado, ou um secretário-geral do episcopado, ou seja, pessoas que [ocupam posições] fortes [nessas] instituições, e que têm as estratégias incorporadas que compõem essas instituições, é evidente que a relação de investigação é uma relação de força simbólica na qual o sociólogo, para obter a verdade, precisa esconder o que procura. Existem mil maneiras de se chegar à sociologia, mas muitas vezes

---

44. A citação completa é a seguinte: "O experimentador que se encontra diante de fenômenos naturais parece um espectador que observa cenas mudas. Ele é de certa maneira o juiz de instrução da natureza. [...] Esses fenômenos naturais são personagens cuja linguagem e costumes nos são desconhecidos [...] e cujas intenções, entretanto, queremos saber [...]. Ele emprega todos os artifícios imagináveis e, como se diz vulgarmente, pleiteia muitas vezes o falso para saber o verdadeiro" (BERNARD, C. *Introduction à l'étude de la médecine expérimentale* [Introdução ao estudo da medicina experimental]. Paris: Garnier-Flammarion, 1966 [1865], p. 64.

45. PANOFSKY, E. *Arquitetura gótica e pensamento escolástico*. São Paulo: Martins Fontes, 1991 [Trad. de Wolf Hörnke, p. 41] [*Architecture gothique et pensée scolastique*. Paris: De Minuit, 1967 [1951], p. 111]. A citação exata é: "Os arcobotantes em Caen e Durham, que ainda se encontram encobertos pelos telhados das naves laterais, faziam uma coisa antes mesmo de lhes ser permitido dizê-la. Ao final, os arcobotantes aprenderam a falar".

chegamos com uma espécie de ingenuidade humanista e acreditamos que olhando nos olhos do entrevistado podemos saber a verdade. Eu creio que é preciso renunciar a essa visão agradável para a ética mas cientificamente estéril. Trata-se, de certo modo, de enganar ou ser enganado. Quando interrogamos um patrão sobre o patronato ou um bispo sobre o episcopado, corremos todos os riscos de sermos manipulados simbolicamente[46]. Um critério objetivo quer dizer: ele me conta tudo aquilo que me conta mas eu não presto atenção ou olho algo diferente do que ele me entrega.

## Indicadores objetivos e estratégias de representação de si

Isto posto, podemos ir bem rápido. Um indicador objetivo representa no fundo aquilo que permite contornar as estratégias de apresentação de si no sentido de Goffman[47]. Essas estratégias valem para os sujeitos individuais – penso num texto de Balzac sobre um de seus heróis que, toda vez que vai se encontrar com alguém, faz uma pose. Na vida existem situações em que posamos de pé para um retrato. Existe também uma sociologia das estratégias de apresentação de si que são estratégias coletivas. Todos nós fabricamos estratégias individuais a partir de um arsenal de estratégias coletivas que não sabemos muito bem como adquirimos.

Mas também existem estratégias de apresentação de si muito mais inquietantes para o sociólogo, e que são feitas por grupos. Elas fazem parte do problema. Darei uma ilustração do que é um indicador objetivo a partir da apresentação de si pela qual todo grupo tenta impor sua própria definição objetiva. Eu disse em outra ocasião que o dominante é aquele que é capaz de impor sua própria percepção de si mesmo[48]. É o papel do retrato, do busto, da estátua equestre: o

---

46. Para detalhes sobre a relação de investigação no caso das pesquisas sobre o patronato e o episcopado, cf. BOURDIEU, P. & SAINT MARTIN, M. "Le patronat" ["O patronato"]. In: *Actes de la Recherche en Sciences Sociales*, n. 20, 1978 (em particular p. 78). • BOURDIEU, P. & SAINT MARTIN, M. "La sainte famille". Art. cit. (esp. nota 51, p. 34).

47. GOFFMAN, E. *A representação do eu na vida cotidiana*. Petrópolis: Vozes, 1985 [Trad. de Maria Célia Santos Raposo] [*The Presentation of Self in Everyday Life*]. Nova York: Doubleday, 1959].

48. Encontraremos exemplos em *A distinção*. Op. cit., p. 144, 194, 202 [169, 225, 236]. Para uma apresentação clara do problema a partir do caso "inverso", cf. "Une classe objet" ["Uma classe objeto"]. In: *Le Bal des célibataires* [O baile dos solteiros]. Paris: Seuil, 2002, p. 249-259. Cf. tb. a apresentação de si diante da objetiva de uma câmera fotográfica em *Un art moyen* – Essai sur les usages sociaux de la photographie [Uma arte média – Ensaio sobre os usos sociais da fotografia]. Paris: De Minuit, 1965, p. 32-106. • Com BOURDIEU, M.-C. "Le paysan et la photographie" ["O camponês e a fotografia"]. In: *Revue Française de Sociologie*, vol. VI, n. 2, 1965, p. 164-174.

dominante é aquele que, como nos mosaicos bizantinos, é capaz de te obrigar a olhá-lo de longe, de frente, de face, com respeito, a distância etc. Ele tem o domínio da relação subjetiva que os outros podem travar com ele. No fundo, essa é a própria definição da violência simbólica. Isso é verdade tanto para os indivíduos como *a fortiori* para as instituições que, ao se apresentarem, apresentam as normas de sua própria percepção e dizem: "eu exijo ser olhada com respeito, isto é, a distância, daqui ou de lá, deste ou daquele jeito, mais de perfil do que de frente..." A partir do ponto em que sabemos que é através das estratégias de apresentação de si que os indivíduos ou as instituições escapam à objetivação, as estratégias de imposição da imagem de si tornam-se indicadores. Podemos aprender muito sobre um indivíduo ou sobre a instituição através da análise das estratégias que eles empregam para que não aprendamos sobre eles o que eles não querem dizer. A história comparada das estratégias de representação de si, por exemplo no retrato, na carta oficial ou no *Who's Who* [Quem é quem], em que se pede que as "personalidades" se apresentem, seria um belíssimo objeto de estudo. Uma personalidade é alguém que deve se apresentar de uma certa maneira, que deve dizer sobre si mesma algumas coisas e não outras.

Enxergar aquilo que chamo de indicadores objetivos não é algo que ocorre com facilidade. Por exemplo, se tomarmos um grupo como os bispos, sobre os quais trabalho no momento, ou os professores do ensino superior[49], encontramos imediatamente imagens que podem ser percebidas legitimamente pelo sociólogo como estratégias que ele deve levar em conta e que são destinadas a antecipar de alguma forma [sua] visão [...]. Por exemplo, os bispos "avançam mascarados" [*s'avancent masqués*] por trás da imagem de sua unidade. Ao comentar uma pesquisa sociológica sobre a [revista] *Informations Catholiques Internationales* [Informações Católicas Internacionais], um cônego diz que os bispos são todos parecidos, que há apenas pequenas diferenças mas que, em última instância, elas não são tão graves. Os sociólogos que usam *Informations catholiques internationales*, os mesmos dados, acabam dizendo que "é uma população bastante homogênea"[50], retraduzindo isso na linguagem científica ao falar de "moda", de "mediana", mais

---

49. Cf. *Homo academicus*. Op. cit.

50. P. Bourdieu pensa sem dúvida num artigo de Émile Poulat: "Le catholicisme français et son personnel dirigeant" ["O catolicismo francês e seu corpo diretor"]. In: *Archives de Sociologie des Religions*, n. 19, 1965, p. 177-124. Cf. BOURDIEU, P. & SAINT MARTIN, M. "La sainte famille". Art. cit., p. 4.

do que simplesmente de "média". É com isso que o sociólogo tem de lidar. Essa estratégia de manipulação da imagem de si pode ser muito sofisticada quando é operada por uma instituição que tem consciência de si e do fato de que seu poder tem base simbólica. Uma instituição cujo domínio do mundo social depende do poder simbólico terá um interesse extremo em dominar sua imagem de si, quer dizer, as bases do poder simbólico. Ao mesmo tempo, no caso da Igreja, trata-se de estratégias em dois níveis: existirão as estratégias de apresentação (as conferências de imprensa etc., das quais não é qualquer pessoa que participa), mas poderão também existir estratégias de manipulação do próprio grupo. Isso quer dizer que poderá haver a eleição de um arcebispo de Paris que tenha um sotaque do interior, se for bom que o arcebispo de Paris, enquanto porta-voz, tenha a aparência de ter vindo do povo. Diante disso, o sociólogo precisa se dar os meios de romper essa tela de ideias recebidas – é esse seu ofício, ele não pode ser ingênuo – o que não quer dizer que ele seja necessariamente redutor, mal-intencionado ou desconfiado.

Eu falei da manipulação consciente e explícita do discurso sobre a instituição, da manipulação da própria instituição, que é realizada através da escolha dos agentes que são colocados em primeiro ou em segundo plano. Eu recomendo o artigo de Sylvain Maresca em *Actes de la Recherche en Sciences Sociales* sobre as diferentes maneiras de vestir adotadas pelo representante do sindicato dos camponeses[51]: ele muda de roupa dependendo de quem encontra, se é um camponês ou um negociador. A manipulação não é uma questão simplesmente de ideologia, ou seja, de "ideias", do "discurso", do "verbo", ela se inscreve na própria coisa que se apresenta preparada para a percepção.

## Parênteses sobre a história monumental

Um grau a mais: se houver historiadores entre vocês, eu me dirijo especialmente a eles. Historiadores encontram textos que são monumentos – eu recomendo o texto de Nietzsche sobre a história monumental[52]. Monumentos são coisas

---

51. MARESCA, S. "La représentation de la paysannerie – Remarques ethnographiques sur le travail de représentation des dirigeants agricoles" ["A representação do campesinato – Observações etnográficas sobre o trabalho de representação dos dirigentes agrícolas"]. In: *Actes de la Recherche en Sciences Sociales*, n. 38, 1981, p. 3-18.

52. NIETZSCHE, F. *Sobre a utilidade e a desvantagem da história para a vida*. São Paulo: Hedra, 2017 [Trad. de André Itaparica] ["Vom Nutzen und Nachteil der Historie für das Leben", 1874].

que deixamos para lembrar a memória, a posteridade, de como éramos bons, como éramos belos, como éramos justos. [...] O que resta é objeto de um tratamento consciente e/ou inconsciente cujo princípio podemos supor que seja a produção de uma imagem legítima de si. No livro de [inaudível[53]] sobre a civilização romana, há uma descrição do trabalho de Augusto, [que mostra] como um poder manipula antecipadamente sua própria percepção em vida e também póstuma. Augusto é um exemplo muito interessante porque ele trabalhou, de certa forma, para a posteridade. Existem pessoas que são capazes de produzir uma imagem eterna com vias de se garantir uma forma de eternidade social que é a eternidade do documento ou do monumento.

As instituições passam seu tempo [trabalhando para sua posteridade], e o sociólogo cai o tempo todo em duas armadilhas inversas: ou uma instituição oferece documentos e diz: "olhe isso, isso interessa para você, olhe", ou ela recusa documentos dizendo que "isso é secreto", "isso não é bom", "você vai contar" etc. Ou, pior ainda, ela não tem documentos para te oferecer, e se você não fizer certas perguntas, toda uma parte da realidade não será constituída. Estou dizendo isso muito rapidamente mas isso é fundamental, pelo menos para mim em minha experiência de pesquisador. Eu acho, por exemplo, que toda a sociologia da Igreja (é preciso prestar atenção nas proposições que começam com "toda"...) é em grande parte comandada por esses dois tipos de manipulação que a "Igreja" (palavra que deve ser posta entre aspas para lembrar que trata-se de designar um conjunto complexo) aplica aos dados disponíveis sobre ela mesma, sobre os leigos, sobre os clérigos, sobre os praticantes e sobre os não praticantes.

Para falar de modo um pouco mais preciso, direi simplesmente que um dos problemas centrais da Igreja, que foi a primeira instituição a ter um aparelho de sociólogos internos (a universidade nem sempre tem), era conhecer os comportamentos dos leigos[54]: por que eles comparecem cada vez menos à missa? Por que alguns continuam a comparecer? Com esse gênero de problemas, a Igreja mediu, com a ajuda de leigos ou através de suas próprias forças, as características

---

53. Não foi possível identificar esse nome, mas talvez se trate da análise de "Res gestae Divi Augusti" ["Atos do Divino Augusto"] por Paul Veyne em *Pão e circo* (São Paulo: Unesp, 2015. Trad. de Lineimar Pereira Martins [*Le Pain et le cirque*. Paris: Seuil, 1974].

54. P. Bourdieu pensa sem dúvida em trabalhos como os do Cônego Fernand Boulard (1898-1977), autor em particular de uma *Carte religieuse de la France rurale* (1947) [Mapa religioso da França rural].

dos praticantes; ela realizou *marketing* em matéria de serviço religioso. Ao mesmo tempo, ela atrai muito fortemente a atenção dos sociólogos pelo simples fato de lhes oferecer dados completos, o que os sociólogos adoram porque isso é muito mais agradável do que fabricá-los sozinhos. Mas ao fornecer documentos ou coisas, ela oculta todas as questões que ela não se coloca. Por exemplo, não há nenhuma pesquisa sobre a evolução por sexo ou por idade do número dos religiosos ou dos clérigos. Existe então uma infinidade de exigências de informações que são apagadas pelo fato de que a instituição se coloca como portadora de informações sobre ela mesma que ela lhe oferece. É por isso que é fundamental dizer que é preciso construir o objeto. Isso não é um preceito metodológico flutuando no ar. (O drama é que a maioria dos bons trabalhos históricos – os ingleses têm uma palavra[55] – "cai do céu": "caímos" nos arquivos de um grande editor genovês do século XVIII que vendia a *Enciclopédia*. E Darnton realizou uma análise disso que, aliás, é muito boa[56]. Mas, como isso cai já feito, não nos perguntamos: "Mas o que eu teria feito se tivesse que construir?", "O que seria necessário ter para que isso fosse interessante?" etc. Eu acho que essa é a armadilha fundamental para o sociólogo e, *a fortiori*, para o historiador que não tem essa escolha. Fecho esse parêntese que vai me atrasar no meu programa mas que pode, creio, ser útil para a prática.)

## As artimanhas da razão sociológica

Volto aos indicadores que chamamos de "objetivos", no jargão legítimo dos grupos de pesquisa. Esses indicadores oferecem informações sobre indivíduos, instituições, grupos etc. que eles não gostariam de dar ou que ignoram; a coisa mais importante é que a maioria das informações que interessam ao sociólogo não são secretas, elas estão no estado implícito, no estado prático, e ninguém as possui. É na interação entre alguém que as fornece sem saber que as dá e alguém que as capta [...] que a verdade científica pode ser produzida. As pessoas dão essas informações sem tomar conhecimento disso, e às vezes ao contrário do que

---

55. P. Bourdieu talvez pense na noção de *serendipity* [algo como "feliz acaso"].

56. DARNTON, R. *O iluminismo como negócio* – História da publicação da "Enciclopédia", 1775-1800. São Paulo: Companhia das Letras, 1996 [Trad. de Laura Teixeira Motta e Maria Lucia Machado] [*The Business of Enlightenment* – A Publishing History of the Encyclopédie, 1775-1800. Cambridge, MA: Harvard University Press, 1979]. P. Bourdieu voltará a esse exemplo mais tarde, na aula de 11 de janeiro de 1983, que será publicada no segundo volume desta série.

desejariam. Por exemplo, nos diálogos com os membros da Igreja, uma das artimanhas objetivas da razão sociológica consiste no fato de que os entrevistados escondem coisas que não perguntamos e não escondem coisas que procuramos: eles se enganam sobre o que é preciso esconder. Isso pressupõe ter uma problemática verdadeira e coloca também o problema – voltarei a isso – do mito da entrevista não guiada pelo sociólogo, "placa sensível" que escuta e grava. Se isso que eu disse for verdade, vocês verão imediatamente que esse mito do não guiado é com efeito a legitimação de todos os efeitos de imposição do objeto sobre o sujeito supostamente científico.

Os indicadores objetivos são portanto coisas que as pessoas entregam sem saber. Os sociolinguistas que vão bem além dos sociólogos mais sofisticados conseguem assim compreender coisas absolutamente incontroláveis: o número ou a natureza das ligações, o fato de empregar ou não um genitivo, de dizer "o senhor" ou "você" etc.[57] Os sociolinguistas situam-se então imediatamente num nível em que qualquer controle é impossível. Como todo comportamento social é necessariamente "multicodal" ["*multicodique*"] (é uma palavra bárbara que tomo emprestado dos linguistas e que significa que é impossível para um locutor controlar todos os níveis do código: se ele controla a sintaxe, perde o vocabulário; se controla o vocabulário, perde a pronúncia, e além disso a gesticulação pode estar em contradição com a pronúncia, com a sintaxe ou com a semântica), o sociólogo sempre tem, não importa o que você faça [enquanto entrevistado], muito a fazer, *a fortiori* se ele faz com que você fale sobre coisas como os seus gostos, por exemplo: se você controlar seus gostos musicais, vai se descuidar de seus gostos na pintura e, quando falar de culinária, trairá a verdade na música. Eis, de modo geral, por que a sociologia é possível e como ela ocorre.

Continuarei agora falando sobre a maneira de se declarar. Como as práticas de representação de si não são neutras, elas ainda são uma informação; mesmo a recusa a responder é muito interessante. [...] A partir do momento que você é convocado para uma investigação científica – e, aliás, isso é verdade de modo geral –, quando alguém fizer uma pergunta, você já era, mesmo que diga não. Você estará preso na dialética da honra[58]: a partir do momento em que você é desafiado, não

---

57. Cf., p. ex., LABOV, W. *Padrões sociolinguísticos*. São Paulo: Parábola, 2008 [Trad. de Marcos Bagno et al.] [*Sociolinguistic Patterns*. Filadélfia: University of Pennsylvania Press, 1973].

58. Cf. BOURDIEU, P. "Le sens de l'honneur" ["O senso da honra"] (1960). In: *Esquisse d'une théorie de la pratique*. Paris: Seuil, 2000 [1972], p. 15-60.

importa o que faça, você está frito. Da mesma maneira, o sociólogo começa um processo que é um golpe violento – voltarei a isso – e do qual não podemos sair a não ser dando informações objetivas.

Eu deveria passar mais rápido por esse tema, que no fundo é muito fácil, mas irei um pouco mais longe. Tomo como objeto o que é interrogar as pessoas sobre o que elas são, o que é tentar saber, a respeito das pessoas, uma verdade que elas ignoram ou escondem. Se o problema é o da classificação que coloquei no começo, posso falar com indivíduos, instituições, porta-vozes de instituições ou grupos; posso fazer entrevistas com indivíduos ou com coletivos. Entre as coisas que os sociólogos muitas vezes se esquecem de perguntar está a modalidade e a forma de suas perguntas. Por exemplo, quando se trata de obter uma informação sobre grupos, o que significa questionar indivíduos que compõem esses grupos, que pertencem a esses grupos? Explicarei imediatamente o que disse começando da seguinte maneira: a maioria das questões epistemológicas são ao mesmo tempo questões políticas. Por exemplo, frequentemente, em situações de greve, há um debate sobre a representatividade dos representantes sindicais da classe trabalhadora ou deste ou daquele grupo [...]: os poderes conservadores opõem aos delegados sindicais o recurso a uma consulta de tipo eleitoral, ou seja, singular, cada um sozinho na cabine de votação, em isolamento. Eles adorariam opor a verdade obtida da soma das vontades individuais, das escolhas individuais, à verdade do grupo ou sobre o grupo ou para o grupo que resulta do discurso do porta-voz do grupo que é autorizado a falar em nome do grupo. É o famoso debate das relações entre os aparatos políticos e sua base: será que o que diz Georges Marchais[59] coincide com o que obteríamos se fizéssemos uma sondagem representativa de todos os membros do Partido Comunista? Essa pergunta tipicamente política está no centro do problema que desejo colocar nesta série de aulas.

O sociólogo que deseja estudar as "classes sociais", as "classes etárias" ou as "gerações", e que toma por objeto de sua experimentação uma amostragem de indivíduos escolhidos ao acaso, toma partido metodologicamente mas também política e sociologicamente, quanto à realidade que interroga: ele se expõe a ser objetivamente portador de uma teoria implícita do grupo, o que é um problema quando se trata de estudar o que é um grupo. É isso que eu quero dizer: quando se trata de perguntar o que é um grupo como a Igreja, eu devo me perguntar se

---

59. Secretário-geral do Partido Comunista francês de 1972 a 1994.

seria bom questionar o conjunto dos leigos ou o conjunto dos clérigos? Já temos um problema de definição. Na história da sociologia da religião, alguns dizem que "a Igreja é o conjunto dos clérigos", outros dizem que "a Igreja é o conjunto dos clérigos e dos leigos". É uma luta política nas lutas internas da Igreja, e é uma luta científica. Escolher questionar indivíduos ou o porta-voz é uma luta científica. No direito canônico da Idade Média, dizia-se que a Igreja era os bispos; hoje ninguém mais diria isso. Será que devo questionar os bispos, o conjunto dos clérigos ou o conjunto dos fiéis? Imagino que muita gente diria: "Mas isso é simples, eu espero que Bourdieu não ignore que existem teorias da amostragem". Só que isso não é de modo algum uma questão de amostra. De fato, essas teorias da amostragem representativa dão uma representatividade estatística, mas será que a representatividade estatística não é precisamente aquilo que as instituições dignas desse nome podem transgredir ao ter representantes que podem ser representativos não estatisticamente, [ou seja] mesmo se não forem representativos estatisticamente? A história está cheia de discursos que não resistiriam à sondagem mais elementar.

Questionar as pessoas uma a uma é então uma operação importante para compreender *uma* verdade objetiva, por exemplo, das instituições ditas representativas. Mas seria um erro considerável acreditar que essa verdade objetiva da instituição representativa é a realidade completa da instituição na medida em que, precisamente, a verdade completa da instituição é que os representantes podem não ser representativos. Então, pode ser importante, numa pesquisa digna desse nome, juntar uma pesquisa dos indivíduos tomados um a um com uma pesquisa dos porta-vozes que também são, de uma outra forma, diferentemente, a instituição.

Escolhi deliberadamente esse exemplo porque queria mostrar a vocês que na própria atividade, na escolha de questionar fulano ou sicrano, o problema que quero discutir em todas estas aulas se coloca na prática: o que é um grupo? Quando um grupo começa a existir? Será que ele começa a existir quando alguém pode dizer que é esse grupo e que pode falar em nome desse grupo? Esse problema se coloca na própria maneira de abordar o objeto e podemos ter resolvido o problema catastroficamente, ou seja, impensadamente, antes mesmo de termos começado a colocá-lo. Assim, também existe uma verdade objetiva da prática do sociólogo. E, como eu sempre digo, uma das chances de escapar do erro científico é prestar atenção incessante a essa verdade objetiva que o sociólogo pode exibir na sua prática, nos seus produtos, nas suas conclusões – apesar de si mesmo.

Para recapitular esse primeiro ponto, eu diria que, para tentar escapar às imposições que seu objeto opera consciente ou inconscientemente, o sociólogo pode ou se voltar às pesquisas de tipo estatístico nas quais os indivíduos são compreendidos um a um e questionados de maneira a entregarem as verdades que ignoram, ou proceder da maneira que podemos chamar de etnográfica ou etnológica e analisar todo tipo de coisas: discursos que a instituição produz, sistemas jurídicos (como o direito canônico), conjuntos de rituais (as consagrações dos bispos). Muitas vezes colocamos essas abordagens, que raramente são feitas pela mesma pessoa, uma contra a outra, por razões estúpidas: devido às tradições históricas do ensino francês, temos etnólogos de um lado e sociólogos do outro, e ambos, seja para disfarçar seus limites, seja para transformar seus limites em questão de honra metodológica, orgulham-se de não fazer o que os outros fazem. Essas duas atividades que me parecem complementares são inspiradas pelo cuidado de compreender uma verdade objetiva. Mais exatamente, penso que é da confrontação entre essas duas verdades objetivas que são entregues pelas duas atividades que pode sair a verdade do que é um grupo, ou seja, uma espécie de relação complexa entre o que se exibe e o que se passa no nível do indivíduo, e o que se passa no nível dos corpos constituídos e no nível do Estado, da Igreja, da burocracia etc.

## Uma definição objetiva dos indicadores objetivos?

Meus questionamentos sobre os indicadores objetivos contêm implicitamente uma série de perguntas que espero que vocês tenham se feito: será que existe uma definição objetiva dos indicadores objetivos? Quando introduzo no meu questionário "escreveu '*Que sais-je?*'", que direito tenho de fazer esse ato de constituição (a palavra "constituição" pode ser entendida no sentido da tradição filosófica ou no sentido da tradição do direito constitucional), de constituir essa coisa como digna de ser destacada, percebida, registrada e como pertinente quando se trata de compreender o que se passa na instituição universitária?

Quando digo "objetivo", antes mesmo de refletir sobre isso, tenho em mente alguma coisa sobre a qual concordaria o conjunto de sociólogos dignos desse nome (e destaco aqui "dignos desse nome"). A objetividade se define pelo fato, como diziam os gregos, de *homologein* (όμολόγειν), "dizer a mesma coisa". "*Homologein*" é uma palavra importante na medida em que uma forma de homologação social concorre com a homologação científica; e um dos grandes problemas das ciências sociais é a relação de força entre o acordo dos cientistas e o acordo social sobre os critérios pertinentes, ou seja, especialmente importantes. Se eu admito que o acordo dos cientistas dignos desse nome define os critérios objetivos, eu postulo que existe, de alguma forma, um juiz a julgar os critérios; então estou ou numa lógica circular – o que pode ser incômodo – ou numa lógica que deve ser admitida como piramidal, tendo em algum lugar uma espécie de juiz supremo, uma instância que julga os juízos sobre a legitimidade dos critérios.

Comecei com uma formulação abstrata, e vou tentar ser mais concreto. De fato, penso que esse "*homologein*", esse "dizer a mesma coisa", não existe. Um *trend report* [relatório de tendências] sobre as classes sociais – existem muitos nas bibliotecas – mostraria que existem todas as posições possíveis sobre o problema das classes sociais: há aqueles para quem elas não existem, aqueles para quem existem muitas, aqueles que dizem que só existe uma etc. Como todas as posições são possíveis, o sociólogo não pode invocar o *consensus omnium*, o consenso dos cientistas, a homologação social do "objetivo" (entre aspas) através do consenso da comunidade científica. Esse é um longo debate que menciono por honestidade, porque é importante não mascarar o estado do debate no interior das ciências sociais e porque é central, em relação ao estatuto particular da ciência social, saber que esse consenso mínimo sobre uma coisa tão fundamental não existe. Para dizer as coisas como as vejo, o fato de que alguém ainda possa dizer que não existe classe social sem ser desqualificado como sociólogo me parece revelador do estado da autonomia relativa do universo científico, quando se trata das ciências sociais, em relação ao universo cognitivo. Mas não quero embarcar nesse debate que é por demais rotineiro; é um pouco o debate sobre as classes sociais como praticado nos seminários de segunda de manhã quando estamos um pouco... cansados.

Como se coloca concretamente o problema da homologação social do juízo objetivo sobre os critérios objetivos? Um critério poderia ser chamado de objetivo se todos os cientistas consultados fossem obrigados a considerá-lo como inevitável, pertinente, indispensável. Seriam eles obrigados pela força intrínseca de uma ideia verdadeira? Ou pelo protocolo social que rege o universo dos cientistas (se aquilo que penso é considerado ridículo pelo grupo, eu me rebaixo a seus olhos)? Uma ciência falsa pode se manter inteiramente com isso. Para ir aos dois extremos, seria uma restrição puramente social ou uma restrição de tipo puramente científico?

Para escapar desse estado do debate sobre as classes sociais no interior do universo científico, pode-se dizer que "um critério é objetivo quando ele é não subjetivo, ou seja, neutro, quando eu não envolvo valores no meu juízo": é o tema weberiano da neutralidade ética. Essa tese que descrevo de modo um tanto ridículo e caricatural pode evidentemente ter uma função social, ser uma arma política num dado momento, na medida em que o universo da sociologia precisa incessantemente conquistar sua autonomia diante de pressões externas. Weber, nesse texto de circunstância [...][60], queria afirmar que existia uma neutralidade ética, um papel do cientista. Mas isso não tem maior valor do que isso. É uma excelente estratégia política, que tem muita nobreza e é eticamente muito respeitável, mas não acredito que possamos construir uma ciência fundamentada em algo tão pobre e enganoso como a neutralidade ética.

## O momento objetivista

O que faz então o pesquisador? Zoologia. Ele não pode se contentar em dizer: "os critérios são objetivos porque são neutros". Quando digo que classifico os professores de Letras Clássicas segundo o fato de publicarem nas editoras Klincksieck ou Belles Lettres, eu não tenho nenhum interesse no negócio, não sou ligado a nenhum editor, não sou professor de Letras Clássicas, não tenho amigos num ou no outro lado; além disso, não sei bem o que quer dizer esse critério, mas ele me parece pertinente porque parece opor as pessoas. Assim, chego ao que é uma significação que considero objetiva: é um critério que me parece opor pessoas opostas, além disso, por um conjunto de critérios ligados entre si de maneira pertinente, significativa, de modo que, de alguma forma, isso fuja de mim, que não seja mais eu quem classifique, que eu me meta numa engrenagem de critérios que se reivindicam mutuamente, que são ligados por correlações que posso mensurar. Posso fazer

---

60. Referência à conferência feita por Max Weber em novembro de 1917, "Wissenschaft als Beruf" ("A ciência como vocação e profissão"), costumeiramente traduzida ao lado de uma outra conferência de Weber de 1919, "Politik als Beruf" ("A política como vocação e profissão") [*Ciência e política*: duas vocações. São Paulo: Cultrix, 1970 [Trad. de Leonidas Hegenberg e Octany Silveira da Mota]]. Uma nova tradução [francesa] desse texto apareceu sob o título *La Science, profession et vocation* (Marseille: Agone, 2005). Ela contém o longo ensaio que Isabelle Kalinowski juntou à sua tradução: "Leçons wébériennes sur la science et la propagande" (p. 65-274) ["Lições weberianas sobre a ciência e a propaganda"], no qual encontramos informações sobre as circunstâncias nas quais essa conferência foi apresentada e sobre as formas de profetismo professoral contra as quais Max Weber reagia ao propor a exigência de neutralidade.

uma métrica, distribuir pessoas, indivíduos ou mesmo instituições, porque pode se tratar tanto do Collège de France, da École des Hautes Études [ciências sociais], da École des Chartes [história], da Polytechnique [engenharia], de ministérios etc. Posso então distribuir as coisas sociais num espaço objetivo de modo que as relações que se instauram entre as coisas assim constituídas possam ser chamadas de objetivas porque são ao mesmo tempo necessárias e independentes (independentes, evidentemente, do ponto de vista do observador). Se construo, por exemplo, o espaço dos professores do ensino superior, poderíamos estar completamente convencidos de que o fato de eu estar nesse espaço não tem nada de embaraçoso, não intervém em nada na minha percepção com exceção do fato de que isso me ajudou a detectar indicadores ocultos que, se eu fosse um novato exterior ao campo, eu não teria pensado em mobilizar[61]. Posso então construir um espaço onde estou presente e ao mesmo tempo sou completamente ausente em termos de intervenção etc.; e esse espaço objetivo é composto de modo que não importa a pessoa no meu lugar, ou seja, com os dados e meu computador, ela encontrará o que encontro. Eis o que seria a afirmação objetivista, cientificista, o momento triunfante e divino da atividade científica. Eu voltarei a isso, mas já me estendi demais. Ainda assim, avançarei um pouco mais e voltarei a isso na próxima aula.

Esse momento objetivista e cientificista acaba constituindo um espaço dotado de uma objetividade que é quase a objetividade das coisas e no qual os indivíduos encontram-se distribuídos segundo leis que não conhecem e que o pesquisador faz aparecer, através de sua pesquisa, aos olhos das pessoas que são elas mesmas seu objeto. Quando o programa, o algoritmo, está estabelecido, ele pode realizar recortes de maneira mecânica no interior desse espaço (como fazem alguns métodos de análise classificatória). A classificação pode ser feita independentemente de qualquer sujeito e, em consequência, essas classificações têm a dureza e a opacidade das coisas; elas são no fundo leis, regras, constantes, relações análogas àquelas estabelecidas pelo físico. Estamos então no universo da física e temos conjuntos de critérios ligados entre si através de relações mensuráveis dotadas de um peso – penso aqui na [crítica que Antoine-Laurent de Jussieu à classificação] de Lineu: "*non numeranda, sed ponderanda*" ("não basta contar, é

---

61. P. Bourdieu pertence à população que ele toma por objeto em *Homo academicus*. Op. cit. (assim, o gráfico sobre o espaço das faculdades de Letras e Ciências Humanas na p. 288 [290] tem um ponto com seu nome).

preciso ponderar")[62]. Pode-se, para cada um desses critérios, atribuir um peso e dizer até que ponto ele contribui para produzir a classe e as relações que definem essa classe. Nesse tipo de classificação objetiva, os agentes sociais estão situados e tratamos de classes sociais objetivas. As classes sociais construídas do modo como são apresentadas em *A distinção*[63] são assim classes objetivas, ou seja, unidades que obtemos ao aplicarmos um conjunto de critérios ligados entre si e, ao mesmo tempo, são o conjunto das classes que obtemos ao aplicar à população em questão o conjunto de critérios, o conjunto dos princípios de distribuição ou de hierarquização pertinentes para estruturar, na realidade, essa população.

## O geometral de todas as perspectivas

Essa fase hiperobjetivista que é um pouco excessiva é evidentemente aquela do sociólogo censor (aquele que conta), do sociólogo em posição de sobrevoo. Minha descrição do sociólogo é tipicamente aquela de Hegel quando descrevia o saber absoluto, dizendo mais ou menos que cada sujeito social tem uma perspectiva sobre o mundo, e que a ideologia é precisamente o fato de que cada saber social é perspectiva. E a ciência, o saber filosófico ou científico, seria então, como teria dito Leibniz, o fato de ser capaz de se colocar no ponto geometral de todas as perspectivas[64], ou seja, o lugar geométrico de todas as perspectivas, o ponto de vista divino onde não há mais ponto de vista. Posso usar o exemplo daquilo que chamo de campo intelectual, esse espaço em cujo interior se disputam o que chamamos de lutas intelectuais (de publicações, de celebridade etc.). Eu posso, como

---

62. Em seu *Genera Plantarum*. Paris, 1789 (A frase foi notoriamente citada por Edmond Goblot em seu *Traité de logique* [Tratado de lógica]. Paris: Armand Colin, 1918, p. 147.

63. *A distinção*. Op. cit., em particular p. 97-98 e 107 [112-113, 128].

64. P. Bourdieu se referia com frequência (cf., p. ex., *Para uma sociologia da ciência*. Op. cit., p. 132 e p. 157 [186, 222]) a esse "geometral" (ou "lugar geométrico") que correspondia, para Leibniz, ao ponto de vista de Deus, apoiando-se na leitura feita por Maurice Merleau-Ponty: "Nossa percepção chega a objetos, e o objeto, uma vez constituído, aparece como a razão de todas as experiências que dele tivemos ou que dele poderíamos ter. P. ex., vejo a casa vizinha sob um certo ângulo; ela seria vista de outra maneira da margem direita do Sena, de outra maneira do interior, de outra maneira ainda de um avião. A casa *ela mesma* não é nenhuma dessas aparições; ela é, como dizia Leibniz, o geometral dessas perspectivas e de todas as perspectivas possíveis, quer dizer, o termo sem perspectivas do qual se podem derivá-las todas, ela é a casa vista de lugar algum" (*Fenomenologia da percepção*. São Paulo: Martins Fontes, 1999 [Trad. de Carlos Alberto Ribeiro de Moura, p. 103] [*Phénoménologie de la perception*. Paris: Gallimard, 1945, p. 81]).

quase sempre era feito no passado, escrever *O ópio dos intelectuais*[65], ou seja, dar um certo ponto de vista sobre os intelectuais de esquerda. Também posso, como fez um grande artigo de Simone de Beauvoir publicado quase na mesma época e intitulado "O pensamento de direita hoje"[66], falar apenas dos intelectuais do outro lado. Em outras palavras, dentro do campo intelectual é possível tomar um ponto de vista a partir de uma oposição no campo intelectual.

Ou então posso construir o campo intelectual como um espaço de concorrências no qual está em jogo a própria ideia de intelectual – uma das lutas no campo intelectual consiste em dizer: "Aquele ali é um intelectual, mas um intelectual de direita não é um intelectual". A partir do momento em que construí a noção de campo, posso tomar um ponto de vista sobre esses pontos de vista e construir até a própria ideia de luta para construir o campo intelectual. Coloco-me então numa posição quase divina, o que não exclui – sempre repito isso – o fato de que estou dentro do jogo, e aquilo que direi sobre esse jogo será imediatamente recuperado dentro do jogo em função da posição ocupada no jogo – e até melhor compreendido por aqueles que estão na posição de dominados no campo intelectual e que têm, de modo geral, mais interesse em entender a verdade científica.

(Esse é um problema muito interessante e muito importante: eu penso que há uma afinidade, que foi afirmada de modo teológico por Marx, entre a posição de dominado e a posição científica. Eu acho que isso pode ser fundamentado cientificamente, o que não quer dizer que basta ser dominado para ver a verdade científica. Mas uma vez que a verdade científica é produzida, os dominados num espaço a compreendem melhor e imediatamente se servem dela ao deformá-la, ao adulterá-la para que ela os expresse mais completamente. Isto é um parêntese mas é relativamente importante, poderei voltar a ele.)

Estou em posição divina, tenho o ponto de vista de todos os pontos de vista, constituo cada um dos pontos de vista enquanto tal, quer dizer, como uma visão parcial, unilateral, que deve o essencial de sua estrutura à posição no espaço que construí. Em outras palavras, eu construo ao mesmo tempo a tomada de posição e

---

65. *L'Opium des intellectuels*, ensaio de Raymond Aron publicado em 1955 pela Editora Calmann--Lévy [São Paulo: Três Estrelas, 2016 [Trad. de Jorge Bastos]], que é uma crítica bastante polêmica dos intelectuais de esquerda em geral e de Sartre em particular. Para os comentários de P. Bourdieu sobre esse livro, cf. em particular *As regras da arte*. São Paulo: Companhia das Letras, 1996 [Trad. de Maria Lucia Machado, p. 219 e 252] [*Les Règles de l'art*. Paris: Seuil, 1992, p. 317 e 365].

66. "La Pensée de droite, aujourd'hui", publicado em duas partes em *Les Temps Modernes* em 1955 (n. 112-113, p. 1.539-1.575, e n. 114-115, p. 2.219-2.261) [publicado em português como livro: *O pensamento de direita, hoje*. São Paulo: Paz & Terra, 1967 [Trad. de Manuel Sarmento Barata]]. Esse artigo foi uma resposta ao livro de Raymond Aron.

a posição a partir da qual essa posição é tomada ao restituir o ponto de vista. Para construir o ponto de vista como ponto de vista, evidentemente é preciso construir o espaço. A característica de um ponto de vista é se ignorar enquanto ponto de vista, é acreditar ser absoluto. O sociólogo vê visões – eu disse isso a propósito do campo intelectual, mas seria exatamente o mesmo problema a propósito das classes sociais – e terá uma visão da luta para ver o mundo social e uma visão do ponto de vista a partir do qual vemos o mundo social. Eu construirei o universo dos pontos de vista, em sua estrutura, seus limites, e direi: "A partir deste ponto de vista do mundo social, compreendo que só se pode ver dessa maneira, e compreendo que não se possa ver outro ponto de vista a não ser, por exemplo, dizendo 'são todos canalhas' etc."

Isto posto, esse é o alfa e o ômega da ciência? Será que paramos aí? Esse ponto de vista objetivo que tentei descrever seria um ponto de vista absoluto? Em última análise, o sociólogo não estaria diante desse espetáculo como diante de uma fotografia? Se ele enxerga o que acontece, se ele é mais forte, mais moderno, se suas estatísticas são melhor dominadas, ele pode ver o que as pessoas fazem, ou antecipar o que elas farão e ver que as pessoas que hoje estão aqui daqui a cinco anos estarão lá etc. Essa é uma das grandes tentações do sociólogo; quando alguém tem vontade de se tornar sociólogo, é para ter essa visão, para se sentir um pouco Deus (nem todo mundo busca isso, mas cada um o encontra onde pode...).

Eu desejo simplesmente indicar onde isso não funciona e esse será meu ponto de partida na próxima aula. Eu perguntei há pouco: "Será que existe um juiz para julgar os critérios?", e gostaria de ler, antes de terminar, um magnífico texto de Wittgenstein no qual ele fala do metro-padrão de Paris e pergunta: "Quem mede o metro-padrão?"[67] É uma boa metáfora da filosofia analítica. É uma maneira de pensar muito pouco disseminada sob nossos céus... é o mesmo problema de quando nos perguntamos se existe um juiz que julga os juízes[68], um princípio de legitimação dos princípios de legitimidade, ou um critério para discernir os critérios.

Essa visão pode parecer absurda e teórica, mas ela se coloca de modo totalmente concreto na prática científica através dos problemas de recorte dos objetos.

---

67. A citação será dada no começo da aula seguinte, p. 78.

68. "Quem será o juiz da legitimidade dos juízes" é o subtítulo que P. Bourdieu deu a um artigo sobre a ascendência crescente do campo jornalístico sobre o campo intelectual publicado em 1984: "Le hit-parade des intellectuels français, ou qui sera juge de la légitimité des juges?" ["A parada de sucessos dos intelectuais franceses, ou quem será o juiz da legitimidade dos juízes?"]. In: *Actes de la Recherche en Sciences Sociales*, n. 52, 1984, p. 95-100 [reimpresso em *Homo academicus*. Op. cit., p. 271-283 [275-286]].

Por exemplo – e eu acabei de dar os elementos da resposta a propósito do campo intelectual – uma das coisas em jogo no interior do campo intelectual é precisamente saber o que é um intelectual. Quando alguém começa um artigo escrevendo "Eu chamarei de intelectual aquele...", podemos parar aí, não vale a pena continuar lendo, já sabemos que não encontraremos ninguém mais do que aqueles que ele incluiu em seu artigo, ou seja, não será grande coisa... De fato, a característica do campo intelectual – basta já ter visto alguma vez um intelectual para saber – é precisamente lutar para saber o que é um intelectual, quer dizer, para impor a definição legítima de um intelectual para a qual só existe um representante legítimo: aquele que formula a definição. E isso é normal. Digo isso com um pequeno sorriso porque é engraçado, mas é completamente normal, é a lei do gênero. Mas a lei do gênero também é aquilo que é preciso esconder.

## O problema da amostragem

Darei um exemplo simples para terminar. Ao trabalhar com o patronato, tomei uma população de duzentos patrões das maiores empresas e, em minha definição, incluí os patrões da indústria e os banqueiros. Um de meus colegas historiadores (e isso não é acidente: isso jamais viria de um sociólogo, porque a sociologia ainda não está nesse grau de pesquisa do *homologein*) teve a precaução, antes de comparecer a uma discussão comigo sobre o patronato, de refazer minha análise estatística; e ele se encontrou de acordo comigo, bastante a contragosto, tirando uma exceção que ele não compreendia: que havia uma lacuna nas populações. Isso me pareceu muito interessante, porque eu havia decidido incluir no meu espaço os banqueiros, enquanto ele os excluíra[69]. O que prova que, com a definição cientificista que dei agora há pouco, é possível *homologein*, codificar os mesmos critérios para, no final da análise, encontrar a mesma coisa, mesmo que esse *homologein* deixe subsistir uma espécie de desacordo fundamental, a saber, a

---

69. O historiador é Maurice Lévy-Leboyer (1920-2014), e o debate a que P. Bourdieu se refere provavelmente é aquele que ocorreu no programa "Segundas de história", transmitido na estação de rádio France Culture em 15 de dezembro de 1980, dedicado ao "patronato da segunda industrialização" (esse programa baseou-se numa edição de *Cahiers du Mouvement Social* [Cadernos do Movimento Social] que publicara em 1979 várias contribuições de uma mesa-redonda organizada na Casa das Ciências Humanas em 22 e 23 de abril de 1977 por Maurice Lévy-Leboyer e Patrick Fridenson). P. Bourdieu também evoca essa discussão numa entrevista com Roger Chartier em 1988 (cf. *O sociólogo e o historiador*. Belo Horizonte: Autêntica, 2011 [Trad. de Guilherme J.F. Teixeira] [*Le sociologue et le historien*. Paris: Raisons d'Agir, 2010]) e também em *Sobre a televisão* (Rio de Janeiro: Zahar, 1997 [Trad. de Maria Lúcia Machado, p. 89-90] [*Sur la télévision*. Paris: Raisons d'Agir, 1996, p. 71-72]].

decisão inicial de estudar uma ou outra coisa, no caso a decisão de incluir ou não o capital financeiro. Existe um debate ao redor da dominação do capital financeiro e, por trás de uma simples escolha de amostragem, encontramos uma tomada de posição científica. Mas também podemos dizer que esse debate ainda pode ser decidido cientificamente, que ainda podemos *homologein* e perguntar: "Quando se trata de compreender aquilo que acontece no espaço que vocês construíram, será que ele tinha razão ou que você tem razão?"

Muito rapidamente, porque é a mesma coisa, posso oferecer o exemplo ainda mais claro dos professores. Nos indicadores utilizados para os professores do ensino superior, posso introduzir o pertencimento a um comitê editorial de revistas literárias. Mas, aos olhos de um certo número de professores, um professor que está na *Nrf* não é mais um professor, um professor que escreve para *Critique, a fortiori* em *Libération*, não é mais digno de portar o título de professor[70]. O ato de nomeação é então um golpe de força considerável, é uma tomada de partido nas lutas para saber, onde, exatamente, está esse limite. É um caso-limite como também o capital financeiro, mas, no próprio interior dos limites, através do fato de levar em conta critérios que, por exemplo, fazem aparecer a oposição entre ensino e pesquisa, a construção do objeto causará por si mesma uma ruptura crítica não somente com as representações de uma parte da população em si mesma, mas também com a realidade, já que na própria realidade uma das coisas em jogo é saber quem faz pesquisa. Se todo mundo faz mais ou menos pesquisa, como codificar sem tomar um partido?

Chega um momento em que vocês terão a escolha de decidir o momento em que tudo se parece (e então não poderão mais classificar nada), ou, precisamente, de tomar partido e dizer, por exemplo: "Chamarei de 'verdadeira pesquisa' a pesquisa traduzida em cinco línguas" (e transgredirão assim todas as normas da neutralidade ética etc.). É nesse ponto que eu gostaria de voltar na próxima aula: não podemos construir um espaço social com suas divisões etc. se esquecermos que essas categorias objetivas estão em jogo na própria objetividade da coisa e que podem, constantemente, ser invertidas.

---

70. A *Nrf* (*Nouvelle Revue Française* [Nova Revista Francesa]) foi uma das primeiras revistas literárias desse país, mas perdeu grande parte de seu prestígio durante a Segunda Guerra Mundial, quando foi dirigida por intelectuais que colaboraram com o regime fascista de Vichy. Por outro lado, a revista *Critique*, fundada por Georges Bataille, caracteriza-se pela presença de intelectuais de esquerda. *Libération* é um jornal de esquerda fundado por Jean-Paul Sartre que, desde os anos de 1980, é acusado de trair as intenções de seu fundador por sua guinada à centro-esquerda [N.T.].

# Aula de 19 de maio de 1982

A definição legítima do princípio de definição – As operações de pesquisa como atos de constituição – As classificações como objetivo de lutas – O objetivismo e sua objetivização – A boa classificação e o viés escolástico – Classificação teórica e classificação prática

Hoje eu gostaria de fazer um primeiro resumo das aulas anteriores. Eu tentei mostrar que podemos chamar de "classificação objetiva" uma classificação obtida a partir de um conjunto de critérios ligados entre si em diversos graus, que podem ser medidos estatisticamente e que determinam ao mesmo tempo classes que podemos chamar de objetivas, ou seja, existentes na própria realidade das coisas em estado latente. Essas classes que poderíamos chamar, emprestando a expressão de Lazarsfeld, de "classes latentes"[71], são classes construídas que não existem necessariamente na consciência dos sujeitos agentes, que podem até ser recusadas ou reprimidas por eles e que muitas vezes são construídas contra suas intenções ou pretensões. Essas classes objetivas, ou latentes, podem ser produzidas segundo procedimentos completamente rigorosos; os métodos da análise hierárquica[72],

---

71. Cf. LAZARSFELD, P.F. "A Conceptual Introduction to Latent Structure Analysis" ["Uma introdução conceitual à análise de estruturas latentes"]. In: *Mathematical Thinking in the Social Sciences*. Nova York: The Free Press, 1954.

72. Hoje um tanto em desuso, a "análise hierárquica" (*scale analysis* em inglês) designava um tipo de análises estatísticas desenvolvido na psicologia social e na sociologia nas décadas de 1950 e 1960. Ela consistia, por exemplo, em estudar as respostas fornecidas por um conjunto de pessoas a uma série de perguntas de opinião para determinar um pequeno número de "patrões" típico-ideais ordenados ao longo de uma escala (cf., p. ex., MATALON, B. *L'Analyse hiérarchique*. Paris: Mouton & Gauthier-Villars, 1965). A análise hierárquica, que podia aparecer como "uma espécie de análise fatorial apropriada às variáveis qualitativas", em certos aspectos é, na verdade, uma espécie de ancestral das técnicas de análise de dados (análise de correspondências, métodos de classificação etc.) que foram desenvolvidas nas décadas de 1960 e 1970 por Jean-Paul Benzécri e seus colaboradores, e foram muito utilizadas por Bourdieu nas ciências sociais.

por exemplo, permitem automatizar, mecanizar as classificações e dar uma solução técnica ao problema das ligações entre os critérios considerados e entre as classes. Eu opus essa classificação objetiva às classificações práticas que os sujeitos sociais utilizam concretamente em sua experiência. Rapidamente indiquei também, sobre o assunto da passagem da classificação objetiva à classificação prática, um certo número de perguntas que aparecem para todo classificador mesmo que com muita frequência ele as ignore ou não queira entendê-las.

## A definição legítima do princípio de definição

Uma das objeções feitas com frequência à sociologia, sobretudo à sociologia orientada por intenções teóricas relativamente conscientes, é que ela encontra na realidade aquilo que inseriu nela: as construções do sociólogo (por exemplo, as análises de correspondências ou as análises de consumo segundo as classes) seriam o produto de uma espécie de círculo vicioso. A ideia que é proposta de modo mais ou menos explícito nas discussões científicas é que se o sociólogo não tivesse procurado o que encontrou, ele não teria encontrado. Essa é uma discussão importante quando se trata dos limites de toda classificação objetiva: existe uma discussão entre os classificadores sobre o princípio legítimo de classificação e evoquei aqui o paradoxo do metro-padrão de Wittgenstein: "De *uma* coisa não se pode afirmar que tenha 1m de comprimento nem que não tenha 1m de comprimento: do metro-padrão de Paris. Com isso não estamos atribuindo a este uma propriedade estranha, mas apenas caracterizamos o seu papel peculiar no jogo de medir com o metro"[73].

Como indiquei na última aula, o problema do critério que julga o bom critério é encontrado no próprio nível das relações entre pesquisadores, enquanto o problema da legitimidade em geral quer que não exista um juiz para julgar a legitimidade. Esse círculo hermenêutico, que é ao mesmo tempo um círculo de legitimidade, é encontrado constantemente (analisei dois ou três exemplos na última aula) tanto no nível da construção da população – era o exemplo da inclusão ou não dos banqueiros na análise do patronato – quanto no nível da construção de critérios. Um exemplo que me afetou muito está na origem de meu trabalho em sociologia em 1962 e 1963: estudantes da Unef (sindicato estudantil

---

73. WITTGENSTEIN, L. *Investigações filosóficas*. Petrópolis: Vozes, 2009 [Trad. de Marcos G. Montagnoli], p. 43, § 50 [*Philosophische Untersuchungen*. Oxford: Blackwell, 1953].

de esquerda) organizaram eles mesmos pesquisas sobre o meio estudantil e omitiram completamente o critério da origem social. Esse é um bom exemplo da imposição pelo grupo de sua própria definição – a simples omissão de um critério é capaz de introduzir divisões recusadas por esse grupo. Os estudantes da época, ou pelo menos alguns de seus porta-vozes, queriam se afirmar como uma classe, ou ao menos como um "grupo em movimento" etc., e o simples fato de suprimirem a origem social nos questionários e *a fortiori* no tratamento estatístico dos resultados produziu um efeito ideológico muito importante[74]. Outros exemplos análogos, como o dos bispos que mencionei, permitem-nos ver a intervenção objetivista do pesquisador que pode exercer sua ação objetivadora pelo simples fato de introduzir um critério recusado pelos agentes nativos e, ao mesmo tempo, fazer aparecer divisões negadas, ignoradas ou reprimidas.

Esse problema da definição legítima do princípio de definição é encontrado a todo momento nas pesquisas mais banais. Darei um exemplo muito ingênuo e ordinário, mas real. Numa discussão com estatísticos do Insee sobre a construção da codificação em matéria de consumo, observei que ao construir uma classe "frutas" na qual encontrávamos reunidos bananas, laranjas, tangerinas, limões, maçãs etc., ou uma classe "feijões" que agrupava tanto as vagens quanto os feijões brancos, eles se proibiam de encontrar a menor correlação com a classe social ou com a renda, já que a banana é a antimaçã, pois aquele que consome muitas bananas consome poucas maçãs e vice-versa, e o mesmo vale em relação à vagem e ao feijão branco[75]. Esse exemplo, que parece completamente trivial, é absolutamente central: se você não tem a hipótese de que existe uma heterogeneidade pertinente na classe "frutas" e na classe "feijões", e que essa heterogeneidade pertinente está ligada à classe social, você não será capaz de constatar essa heterogeneidade. Mas, se você a constatar, causará desconfiança naqueles que não a teriam constatado de tê-la introduzido *a priori*, por um viés, e de ter adulterado a realidade de alguma forma.

Existem no mundo social inúmeros fatos que só podemos ver se os procurarmos; senão a sociologia estaria à disposição do primeiro que chegasse. Durkheim já denunciava a ilusão da transparência que é o principal obstáculo ao conheci-

---

74. Cf., sobre este ponto, BOURDIEU, P. & PASSERON, J.-C. *Os herdeiros*. Florianópolis: UFSC, 2013 [Trad. de Ione Ribeiro Valle e Nilton Valle] [*Les Héritiers*. Paris: De Minuit, 1964].
75. Cf. BOURDIEU, P. *A distinção*. Op. cit., p. 26 [20].

mento social[76]. Existem inúmeras coisas no mundo social que só se revelam quando são descobertas. E o trabalho do sociólogo consiste, como aquele que o filósofo se atribuía em certas definições da filosofia, em trazer para o primeiro plano, descobrir, fazer um trabalho de descoberta que só é possível, de certa maneira, se já soubermos um pouco.

## As operações de pesquisa como atos de constituição

Evidentemente, esse tipo de imposição de classificação sempre pode ser denunciado como pressuposição, mesmo se for validado pelos fatos. Existe aqui um problema que abordarei na segunda parte deste curso, nas aulas seguintes: existe uma relação entre a ligação com o mundo social investida numa pesquisa e a posição ocupada no mundo social. Evoquei rapidamente esse problema na aula passada ao mencionar a questão de saber se existe um elo entre a visão do mundo dos dominados e a visão científica, e [a questão] da natureza desse elo. De modo mais geral, podemos nos perguntar se a posição no espaço social predispõe a ver ou a não ver o véu do mundo social. As classificações do tipo "as frutas" ou "os feijões", nas quais investem-se automatismos do pensamento e muito pouca reflexão, são particularmente frequentes nas pessoas que ocupam posições burocráticas no espaço social e precisam ser combatidas constantemente pelo sociólogo. Existe uma afinidade entre as burocracias da pesquisa e as classificações formais, "neutras" e aparentemente indiscutíveis.

O que desejo lembrar é que essa aparência de golpe de força implicada por toda construção taxonômica adequada justifica-se epistemologicamente. Toda a tradição epistemológica (Bachelard etc.) a estabelece. No caso particular da sociologia, toda construção adequada do mundo social deve ser conquistada através de uma ruptura com as pré-construções, quer dizer, as preliminares classificatórias fabricadas pelos usos sociais ordinários. Em outras palavras, o *laisser-faire* epistemológico, que muitas vezes é obra das burocracias da pesquisa ou do positivismo hiperempirista, é quase sempre cientificamente infecundo e politicamente cúmplice da ordem estabelecida (emprego a palavra "cúmplice" aqui no sentido mais neutro do mundo). Para fazer ciência social, não há outra saída a não ser

---

76. Sobre a ilusão da transparência, cf. BOURDIEU, P.; CHAMBOREDON, J.-C. & PASSERON, J.-C. *O ofício de sociólogo*. Op. cit., p. 25-29 [37-41]. Cf. tb. o texto de ilustração de Émile Durkheim, extraído de *Educação e sociologia*, p. 135-137 [159-160].

esses golpes epistemológicos que consistem em impor escolhas construídas desde a origem. Só podemos encontrar algumas relações se construirmos a realidade de maneira a encontrá-las.

Mas nas ciências sociais não é suficiente justificar a legitimidade do *a priori* teórico, porque a classificação é uma questão de discussão e de disputa. O que gostaria de dizer hoje é que uma teoria verdadeiramente objetiva da classificação deve integrar à teoria da classificação o fato de que a classificação objetiva é uma questão em discussão. Em outras palavras, que existe uma luta das classificações na qual a própria classificação objetiva está inserida, mesmo se pudermos encontrar nela a fundamentação das posições nas lutas sobre a classificação objetiva.

As operações que consistem em criar dicotomias, em separar coisas confundidas pelo senso comum ou pelo senso comum científico (as vagens e os feijões brancos, as não respostas por omissão e as não respostas por recusa a responder etc.) ainda são um ato de constituição. (Emprego a palavra "constituição" deliberadamente no sentido duplo da tradição filosófica – constituir alguma coisa enquanto tal é fazê-la passar do não tético, do implícito, ao estado tético – e da ciência política – quando ela fala da Constituição da República Francesa.) O ato científico de classificação é um ato de constituição em sentido duplo: queiramos ou não (eu disse isso na aula passada ao indicar que é preciso saber que, quando se trata do mundo social, as operações científicas sempre são políticas), as operações mais anódinas de codificação envolvem, implicam em sua recepção social uma tentativa de impor uma classificação do mundo social e, ao mesmo tempo, um modo de percepção legítimo, ou uma visão autorizada, do mundo social.

Ao mesmo tempo, dizer que as operações elementares da pesquisa são atos de constituição é explicar que os interesses sociais inconscientes podem com muita frequência envolver-se nos atos mais elementares da pesquisa. Esse é um dos erros da crítica política do trabalho científico que se quer positivista: muitas vezes, como elas nunca fizeram pesquisa, as pessoas que acreditam serem as maiores contestadoras do trabalho científico dos pesquisadores em ciências humanas – esse com frequência é o caso de filósofos que ignoram completamente a cozinha da pesquisa (cf. o livro de Goldmann[77]) – ignoram tudo aquilo que pode ser feito por omissão ou por inconsciência nas operações elementares

---

77. P. Bourdieu sem dúvida pensa aqui em *Ciências humanas e filosofia*. Rio de Janeiro: Difel, 1967 [*Sciences humaines et philosophie*. Paris: Gonthier, 1966].

da pesquisa e levam sua crítica a terrenos onde, em última instância, o mal já está feito, a um nível da pesquisa em que o essencial está feito. Por exemplo, uma crítica sistemática das produções do Insee deveria examinar o lado das codificações muito mais do que o lado dos comentários, o lado dos programas de análise matemática mais do que o lado das justificações, muitas vezes produzidas como complementos.

Se insistirmos no fato de que as operações elementares da pesquisa são atos de constituição – quer dizer, que elas buscam objetivamente, mesmo que o operador ignore, impor uma visão do mundo, o que é um ato político – temos o direito de suspeitar que aqueles que as realizam estão sendo conduzidos por interesses ocultos, por um inconsciente social. É aqui, por exemplo, que é preciso pesquisar o princípio da relação entre a maneira de fazer a ciência e a posição no espaço social. Quem coloca bananas e maçãs no mesmo saco, proibindo-se assim de encontrar uma correlação significativa entre esses consumos e a classe social, talvez seja guiado por um inconsciente social mais inteligente e poderoso do que ele. Ao fazer isso, ele liquida o pensamento em termos de classe de forma muito mais poderosa e eficaz do que através de grandes discussões teóricas, já que [a classificação desses] produtos tem um ar perfeitamente científico e não causa a intervenção de uma consciência crítica em nenhum momento.

Se a ciência social como eu a concebo, quer dizer, rigorosa segundo as normas que indiquei, tem tantas dificuldades de se impor, isso ocorre em grande parte porque está numa posição de fraqueza. Ela faz o que deveria ser considerado autoevidente quando se trata de uma ciência, mas encontra-se, por causa de uma inversão, suspeita de pressupostos, de *a priori*. Inversamente, a inconsciência, a irreflexão, o automatismo (cujo limite seria classificações perfeitamente automáticas nas quais um inconsciente social de pesquisador conformista se encaixa nos automatismos de uma máquina classificatória) podem ter para si todas as aparências: as aparências sempre defendem a aparência. Não prosseguirei nesta análise porque tenho medo de parecer insistente. Mas ela é fundamental para compreender as relações entre uma ciência rigorosa e uma ciência socialmente rigorosa; contra esta, a ciência rigorosa como eu a concebo não tem praticamente nenhuma chance de sucesso social. Isso é muito pessimista, mas penso que é o caso pelas razões inextricavelmente sociológicas e epistemológicas que mencionei.

## As classificações como objetivo de lutas

Eu disse na última aula que essa classificação objetiva poderia ser ao mesmo tempo o que está em jogo e um instrumento nas lutas entre os pesquisadores; mas ela também é instrumento e objeto de lutas entre os agentes sociais tomados em seu conjunto, e não existe uma classificação social que não seja de fato um instrumento e um objetivo de lutas. O problema da pertinência da classificação que se coloca no campo científico, assim, também se coloca na realidade que o campo científico estuda, o que não quer dizer que as lutas no interior do campo científico saibam levar em conta conscientemente a existência de lutas no próprio campo científico. É preciso saber: a classificação é um objetivo das lutas na ciência e é um objetivo das lutas na sociedade para fazer entrar na ciência o fato de que toda classificação é um objetivo de lutas, seja na ciência ou na sociedade. Uma ciência completa das classificações deve incluir essa luta a propósito das classificações.

Talvez eu possa emprestar um exemplo do domínio aparentemente neutro das nomenclaturas técnicas. Trata-se da discussão causada no Insee por um artigo de Guibert, Laganier e Volle sobre as nomenclaturas industriais[78]. Os autores desse texto publicado em *Économie et Statistique* em fevereiro de 1971 tentam discutir as taxonomias em vigor para as empresas (como classificar as empresas?); eles observam que algumas classes de empresas podem continuar em vigor para os agentes sociais que fazem parte delas sem que isso corresponda a conexões econômicas reais: "Eles [os ramos industriais] sofreram tamanhas transformações técnicas que na verdade, do ponto de vista da economia pura, seria conveniente dissociar o agregado, repartir a maioria das atividades sob outras rubricas e conservar na denominação inicial apenas o núcleo restrito" (p. 34). Assim, ao adotar um ponto de vista econômico, não encontramos conexões reais entre esses grandes ramos (têxtil, relojoaria): "O economista, armado nesse caso com critérios de associação, está pronto para decidir muito bem: os responsáveis tentam se opor a isso" (p. 34). Trata-se de um economista do Estado, inserido numa instituição do Estado, cujos recortes têm um certo valor jurídico a definir – isso é importante para compreender um dos problemas que apresentarei em seguida. Os economistas gostariam muito de decidir em nome

---

78. GUIBERT, B.; LAGANIER, J. & VOLLE, M. "Essai sur les nomenclatures industrielles" ["Ensaio sobre as nomenclaturas industriais"]. In: *Économie et Statistique*, n. 20, 1971, p. 23-36.

da economia pura, em nome de conexões reais, mas os responsáveis que têm o poder no ramo tentam se opor a isso. "Com efeito, o ramo de atividade que não existe mais no plano econômico ainda existe enquanto instituição. Os industriais, ligados entre si por uma espécie de espírito de família, continuam a se reunir dentro de uma organização profissional, que é ao mesmo tempo seu clube e seu representante diante do Estado, dos sindicatos trabalhistas, de outras associações associadas ao CNPF [Conselho Nacional do Patronato Francês], de colegas e concorrentes estrangeiros; essa organização dispõe de um jornal profissional que é lido, de uma influência sobre a profissão etc. [...] A instituição em si não toleraria de modo algum desaparecer enquanto agregado econômico, e ela sabe muito bem fazer com que sua voz seja ouvida para se opor a isso" (p. 34-35).

É um texto magnífico. Seus autores são cientistas conscientes, mas não completamente. É interessante notar que eles empregam, para descrever o grupo real que não quer morrer, palavras que têm conotações pejorativas: um "clube", uma "espécie de espírito de família" etc. Portanto, o cientista que faz seus recortes afirma que eles são mais reais, mais fundamentados na coisa em si, e as pessoas dizem na realidade: "Não concordamos, nós existimos enquanto grupo porque temos porta-vozes que falam em nosso nome diante do Estado, dos sindicatos, das outras associações. Além disso, temos entre nós conexões mais fortes do que as econômicas". Vemos nesse exemplo que a classificação objetiva e objetivista, que aparentemente não tem tanto em jogo quanto a classificação em classes sociais, é na verdade algo que está em jogo e que decide, com as aparências da neutralidade científica pura, um problema de conflitos no qual existem lutas de identidade, interesses, personalidades. Qual é a natureza desses interesses em pertencer a um grupo? Qual é a natureza do interesse que liga alguém a um grupo como um ramo profissional?

Um outro exemplo, a classificação dos bens em três categorias: bens intermediários, bens de consumo, bens de capital [*biens d'équipement*]. Há inúmeros debates para saber se tal bem é um bem intermediário, apesar de na verdade essa ser uma categoria "vale-tudo" na qual enfiamos tudo que causa problemas. Existe uma reflexão a se fazer sobre isso. Laurent Thévenot, num artigo em *Actes de la Recherche* [*en Sciences Sociales*] sobre esse tema da vaguidade das classificações, tenta refletir sobre essas coisas inclassificáveis que os estatísticos rotulam como "outros", essas coisas que não têm nome na língua classificatória e que ao mesmo tempo ficam abandonadas fora do universo[79]. Os bens intermediários estão nessa categoria. Ainda assim, há uma luta entre os classificadores, mas, assim que eles realmente refletem – como Bony e Eymard-Duvernay num trabalho sobre o ramo da relojoaria[80] –, descobrem que mesmo os recortes mais técnicos baseados em cálculos de qui-quadrado[81] e nas mensurações mais neutras podem envolver escolha, porque os problemas das fronteiras dos grupos são questões de conflito.

A classificação objetiva ou objetivista como eu a descrevi, que relaciona um inconsciente de estatístico com um computador bem programado, é vivida como natural. Voltarei a isso, mas uma das coisas em jogo na luta ideológica em relação ao mundo social consiste em impor uma visão do mundo legítima, e não há visão do mundo mais legítima do que a visão natural. Se consigo naturalizar minha visão do mundo, eu venci. Não há mais cultura – a cultura é sinônimo do arbitrário, da violência, ela sugere que outras maneiras de fazer são possíveis. Se eu consigo impor minha classificação dos bens de capital, dos sexos etc. como natural, não há mais discussão. A tecnicização muitas vezes associada ao objetivismo é na verdade uma luta política muito importante, e se eu quisesse realizar uma reflexão sobre a tecnocracia, eu começaria com esse poder de alguns classificadores e, portanto, com uma reflexão empírica sobre o estatuto do Insee. Os estatísticos objetivistas buscam produzir as divisões em ramos mais puras possíveis, o que quer dizer, nesse jargão, fabricar os produtos mais próximos possíveis dos outros, de modo que a associação entre esses produtos ou entre as pessoas que fabricam esses produtos, que os vendem, que os fazem circular etc. seja de alguma forma mecânica e que o funcionamento do mundo possa ser descrito como uma espécie de imenso mecanismo no qual qualquer ponto de vista humano desaparece. Em outras palavras – essa é a pergunta que coloquei logo no início –, será que não existe um elo entre o ponto de vista da economia pura e o ponto de vista institucional do tecnocrata que sobrevoa o mundo social, que tem uma ciência que transcende os interesses particulares e que não deixa de lembrar aquela espécie de ponto de vista que Durkheim

---

79. THÉVENOT, L. "Une jeunesse difficile – Les fonctions sociales du flou et de la rigueur dans les classements" ["Uma juventude difícil: as funções sociais da vaguidade e do rigor nas classificações"]. In: *Actes de la Recherche en Sciences Sociales*, n. 26-27, 1979, p. 3-18.

80. BONY, D. & EYMARD-DUVERNAY, F. "Cohérence de la branche et diversité des enterprises: étude d'un cas" ["Coerência do ramo e diversidade das empresas: estudo de um caso"]. In: *Économie et Statistique*, n. 144, 1982, p. 13-23.

81. Teste estatístico que permite inferir uma relação de dependência entre duas variáveis.

se concedia, ele que falava do sociólogo exatamente com os mesmos termos que Espinosa falava do "conhecimento do terceiro gênero"?[82]

## O objetivismo e sua objetivização

Chamarei de objetivismo a pretensão – que, em certas conjunturas históricas, pode ter grandes chances de sucesso – de gerar uma classificação menos arbitrária do que as outras por ela se basear sobre um conhecimento das relações imanentes à realidade e se apresentar como classificação natural de modo a não haver mais nada a discutir, e deixar de ser algo em jogo nas lutas.

Ao reintroduzir a discussão inerente ao campo científico e simultaneamente ao campo social a propósito da classificação, eu reintroduzi, através dos exemplos citados, o problema da relação entre a classificação chamada de objetiva ou objetivista e a classificação prática que os sujeitos sociais empregam na existência ordinária. Para aqueles que conhecem minhas análises, eu os remeto à primeira parte de O senso prático, em que tentei mostrar as etapas pelas quais toda abordagem científica passa, o momento do objetivismo, o momento do subjetivismo e o momento que considero verdadeiramente científico, no qual podemos integrar numa ciência completa ao mesmo tempo os achados do conhecimento objetivista e as realidades contra as quais ele se construiu[83]. Sou obrigado a evocar essas análises porque o que farei aqui é uma implicação delas.

O objetivismo, ou seja, a classificação com pretensão objetiva, é um momento inevitável da abordagem científica. Não podemos conhecer um universo social sem nos darmos os meios de um conhecimento do tipo daqueles que descrevi: indicadores objetivos, critérios objetivos, relações objetivas entre esses critérios objetivos etc. Ainda assim, essa verdade objetiva é construída contra as verdades práticas implementadas pelos agentes engajados na realidade e também, por razões sociológicas elementares (divisão do trabalho etc.), o conhecimento objetivo

---

82. Espinosa opunha à percepção sensível e às convicções adquiridas por "ouvir dizer" (primeiro gênero), e também ao saber objetivo que vem do uso da razão (segundo gênero), um "conhecimento de terceiro gênero", intuitivo e acessível apenas ao filósofo, que procede "da ideia adequada de certos atributos de Deus para o conhecimento adequado da essência das coisas" (Ética. Belo Horizonte: Autêntica, 2007 [1677] [Trad. de Tomaz Tadeu]. Parte V, proposição XXV, p. 330).

83. BOURDIEU, P. O senso prático. Petrópolis: Vozes, 2009 [Trad. de Maria Ferreira], p. 43-49 [Le Sens pratique. Paris: De Minuit, 1980, p. 43-50].

que o cientista produz é inacessível aos sujeitos sociais. O conhecimento multicritério do espaço dos professores do ensino superior é assim um conhecimento inacessível aos agentes mais à vontade nesse universo: quando digo "à vontade nesse universo", suponho que eles tenham uma outra forma de conhecimento desse universo, eles têm um conhecimento prático, eles dominam no estado prático aquilo que o conhecimento objetivo leva ao estado explícito, objetivado, produzido sob a forma de esquemas, diagramas, discursos, comentários etc. Isto posto, existe uma diferença de natureza entre o conhecimento prático que nos permite uma desenvoltura admirável e fazer uma carreira na universidade e o conhecimento científico desse universo. Apenas evoco aqui o que poderia ser um debate muito longo. A verdade objetiva produzida pelas classificações objetivas, a partir de indicações objetivas, se opõe às classificações práticas: ela é sistemática, múltipla etc. em oposição à verdade prática que, como eu disse quando mencionei Hegel, é essencialmente perspectiva; é um ponto de vista que se ignora como ponto de vista e, por isso, se absolutiza e se considera universal.

Dito isto, o fato de lembrar que as classificações são objeto de lutas permite voltar o olhar da prática para o classificador: assim como a visão objetivista permite perceber as lutas práticas como monocritério, unilaterais etc., a reflexão sobre a existência das lutas práticas quanto às classificações permite a descoberta de uma verdade objetiva do objetivismo e ao mesmo tempo formular a questão das condições sociais de possibilidade dessa visão objetiva. Dizer que as classificações são objeto de lutas conduz a objetivar o trabalho de objetivação. Partimos dessa descoberta simples: as pessoas lutam o tempo todo usando injúrias, usando classificações – não é preciso dar mais exemplos – e as lutas cotidianas de classificação são lutas sobre o critério dominante. Por exemplo, as lutas no interior da classe dominante que são muitas vezes confundidas com as lutas de classes são lutas sobre o princípio de classificação dominante no interior da classe dominante: é o dinheiro, a inteligência ou o capital cultural que merece dominar na classe dominante?[84] O fato de saber que o mundo social é um local de lutas sobre classificação permite interrogar o trabalho do classificador que se arrisca a esquecer, como mostra o exemplo do classificador do Insee que mencionei há pouco, que ele toma decisões sob a ilusão da neutralidade quanto a lutas dramáticas nas quais os critérios não são mais critérios e sim injúrias, poderes. Assim, se codifico

---

84. Sobre esses pontos, cf. BOURDIEU, P. *La Noblesse d'État*. Op. cit., p. 375-385.

numa pesquisa "n. 328 agregado", "n. 329 capesiano"[85], "n. 330 ex-aluno da ENS [*École Normale Supérieure*]" etc., estou lidando com critérios (a palavra "critério" vem de *crisis*: estamos no domínio do juízo), tenho problemas de conhecimento, quero saber quem vai com quem, quero ter uma classificação que me permita saber, a partir de quatro critérios, todo o resto: uma boa classificação permite, por exemplo, com a origem social, o fato de ser "normaliano", o fato de ser agregado e a disciplina a que ele pertence, prever, quando se trata de professores, sua atitude em Maio de 68, suas opiniões políticas, suas opiniões sobre o Terceiro Mundo etc.

## A boa classificação e o viés escolástico

Uma boa classificação permite engendrar, construir a matriz geradora a partir da qual podemos prever os comportamentos e as tomadas de posição. Tenho então um problema de conhecimento que é maximizar meu domínio teórico do mundo social: como me dar o instrumento mais poderoso e ao mesmo tempo mais econômico para conhecer o mundo social? Esse é um problema puramente teórico mas, na realidade, as pessoas que se colocam perguntas desse tipo jamais o fazem como questões de conhecimento puro: isso faz uma diferença enorme, e as interrogações classificatórias sempre têm *funções*. É por isso que comecei longamente com o exemplo do insulto, um caso extremo no qual classifico com violência e busco causar o máximo de mal possível ao classificar da pior forma possível e ao expor meu princípio de classificação. Na existência cotidiana, as classificações têm funções sociais e, ao mesmo tempo, os critérios de classificação não são mais critérios críticos, instrumentos de *crisis*, *diacrisis*, divisão, separação, e são poderes – no sentido de quando dizemos que alguém "tem poder de procurador" [*est un fondé de pouvoir*].

A característica do erro intelectualista é que a classificação teórica se ignora enquanto tal. Eu os remeto a *O senso prático*, em que desenvolvo isso em relação à etnologia[86]; o que digo aqui a propósito da classificação pode se aplicar à genealogia, à classificação em família etc. A característica do erro intelectualista consiste em atribuir aos agentes a consciência e o conhecimento que temos de sua prática, em colocar um entendimento científico na cabeça prática dos agentes, o

---

85. Titular do Capes (Certificação de Aptidão ao Magistério do ensino de Segundo Grau).
86. Cf. BOURDIEU, P. *O senso prático*. Op. cit., em particular o cap. 1 ("Objetivar a objetivação), p. 50-69 [51-70].

que é a ilusão científica por excelência. A sociologia do conhecimento, inventada por Marx, tradicionalmente relaciona as tomadas de posição dos agentes à sua posição no espaço social, mas o que tento dizer hoje é que existe algo mais fundamental: antes mesmo de enviesar seu material ao classificar fulano ou sicrano como patrão, ou ainda, quando se trata de intelectuais, enquanto dominantes ou dominados, o cientista, quer ele trabalhe no Insee ou no CNRS [Centro Nacional da Pesquisa Científica], em sociologia ou em economia etc., introduz um viés mais importante enquanto ele se ignora como cientista, ignora o que é ser cientista, ou seja, ter interesses teóricos. Essa ignorância conduz a erros práticos, na construção do questionário, na análise dos resultados etc.

A crítica da ilusão objetivista pode então ser feita em dois níveis. Em primeiro lugar, existe tudo aquilo implicado pelo fato do cientista se ignorar enquanto cientista. Por estar fora do jogo, por não ter nada em jogo dentro do jogo, ele não capta nada do que existe com exceção dos usos cognitivos. Por exemplo, o fato de que ele estuda as relações de parentesco não para conseguir um casamento melhor para sua filha, mas para compreender qual tipo de casamento [de que se trata] induz um efeito de distorção essencial na relação entre o investigador e o investigado: as pessoas não se colocam o problema do parentesco dessa maneira; elas só o colocam dessa maneira na presença do cientista. Em segundo lugar, um investigado da alta burguesia diante de um investigador pequeno-burguês produz forçosamente um efeito de imposição. Trata-se de algo relativamente visível, que todo mundo já viu mas que nunca é levado em conta nos manuais de metodologia.

A coisa de que falo é mais grave porque ela passa completamente desapercebida, e com razão: é a própria identidade do cientista enquanto cientista que está em jogo, e quando o cientista pergunta a um investigado: "Quantas classes existem?" ou "Para você, as classes existem?" (eu fiz o teste, eu mesmo dei um questionário a camaradas de infância que estavam numa relação que não era a que normalmente se instauraria entre um sociólogo e um "objeto", eles me disseram: "Mas esse trabalho é seu!"), o sociólogo se aniquila enquanto sociólogo sem saber disso, porque se ele se conhecesse como tendo interesses teóricos, então ele não poderia inconscientemente transferir seus interesses teóricos a seu objeto e pedir para seu objeto fazer sozinho sua própria sociologia. Eu os remeto a uma pesquisa que vocês poderiam fazer sobre os questionários: quantas perguntas existem nas quais o que é perguntado ao investigado [não tem como objetivo a obtenção] de informações que permitam fazer a sociologia dele mas sim [o simples registro] da sociologia [que ele faz] de si mesmo? Seria preciso desenvolver isso em maiores detalhes, mas o que quero dizer é que a situação de pesquisa enquanto situação experimental é geradora de artefatos.

A ilusão positivista que consiste em acreditar que aquilo que foi registrado é a realidade a se analisar – fiz uma pergunta, havia um gravador, isso foi registrado – , e que é a mesma daquela de agora há pouco sobre as bananas e as maçãs, é particularmente visível no caso das pesquisas sobre as classes em que se pede ao investigado para se situar, dizer quantas classes existem e a qual classe ele pertence. Enquanto situação artificial na qual um dos interlocutores, por sua função social, por seu meio social, encontra-se em posição teórica e convoca o outro – quer este saiba ou não – para tornar-se o teórico de sua própria prática, a situação de pesquisa engendra artefatos. O que acontece nesses casos?

Primeiro, esse efeito de imposição teórica se exerce de modo muito diferente dependendo da classe social do investigado. Quanto mais os investigados são de origem social elevada, quanto mais eles passaram pelo sistema escolar e têm o hábito de responder a perguntas que jamais se perguntaram, mais eles respondem, em aparência, alguma coisa[87]; o efeito de artefato é assim mais mascarado, e ao mesmo tempo menor porque as pessoas que passaram pelo sistema escolar não têm nada a responder que não sejam coisas escolares. Mas, em outros casos, os investigados podem responder com conhecimento, com falas sobre Marx se tiverem ouvido falar de Marx, ou, se tiverem na cabeça as taxonomias do Insee, eles dirão "classes médias", "classes superiores" etc. Eles se agarram ao conhecimento e ao mesmo tempo escondem duas coisas. Primeiro, o que eles dizem é um *flatus vocis*[88] sem grande interesse que mede unicamente seu conhecimento das taxonomias em vigor e em circulação. É um teste de conhecimento como qualquer outro, enquanto a gente pensa que eles nos respondem. Em seguida, eles escondem uma coisa importante: eles nos dizem algo muito importante sobre as classes sociais pelo seu modo de responder à pergunta, por sua intimidação, sua vergonha. Seu senso de

---

87. Cf. BOURDIEU, P. "A opinião pública não existe". In: *Questões de sociologia*. Rio de Janeiro: Marco Zero, 1983 [Trad. de Jeni Vaitsman], p. 173-182 [*Questions de sociologie*. Paris: De Minuit, 1980, p. 222-235]. • *A distinção*. Op. cit., p. 371-433 [463-541].

88. Literalmente, "o sopro da voz". Expressão utilizada pelo filósofo medieval Roscelino de Compiègne, um dos fundadores do nominalismo filosófico, para criticar o conceito de "universais", que seriam *flatus vocis*, meras palavras sem correspondência na realidade, palavras ao vento [N.T.].

classificação, seu *sense of one's place*[89], o senso do lugar no espaço social faz com que, pelo nosso modo de falar, de fazer as perguntas e das perguntas relacionadas, eles saibam imediatamente que nós não somos da classe deles, por exemplo. Ao mesmo tempo, privamo-nos de uma coisa importante, que é medir o "senso de classe", ou o senso de classificação, tudo aquilo que faz com que a pessoa se comporte como se deve fazer num espaço social, sem nenhum cálculo, a partir de sinais que não são formulados como temas e são completamente inconscientes [...].

## Classificação teórica e classificação prática

Essa discussão aparentemente abstrata desemboca em problemas fundamentais do ponto de vista da própria prática científica e do ponto de vista dos efeitos políticos do discurso sobre a classe. Uma reflexão sobre o caráter artificial e gerador de artefatos da situação de pesquisa revelará coisas importantes sobre o que são a classificação teórica e a classificação prática. Para saber o que é a classificação teórica é preciso saber o que é a classificação prática e vice-versa.

A classificação prática, que praticamos num trem, para nos orientar, saber se podemos falar, saber se podemos falar de política etc., funciona no nível infraconsciente, muitas vezes no nível infraverbal, senão não precisaríamos de sociólogos que, enquanto classificadores profissionais, são capazes de explicitar princípios de classificação implícitos. Toda uma tradição da etnometodologia americana – que se prolongou em diferentes sentidos – se dá por objeto estudar os princípios de classificação inconscientes que os agentes empregam para classificar as plantas, as doenças, os animais etc.[90]; o trabalho do sociólogo no mundo social consiste em objetivar, isto é, passar um sistema de classificação do estado prático, incorporado – a classificação faz parte do ser que a manipula – ao estado objetivado sob forma de pequenos esquemas no papel, diagramas, fórmulas etc. E isso é um trabalho de profissional. Se o profissional se ignora enquanto profissional, ele pede para o não profissional fazer um trabalho de profissional, e por isso nem um nem outro fazem nada.

---

89. Aproximadamente, "senso do lugar apropriado" [N.T.]. Essa noção vem de Erving Goffman (cf. esp. "Symbols of Class Status" ["Símbolos de estatuto de classe"]. In: *The British Journal of Sociology*, vol. 2, n. 4, 1951, p. 297. • *A representação do eu na vida cotidiana*. Op. cit.

90. Cf. em particular a coleção organizada por Stephen A. Tyler. *Cognitive Anthropology* [Antropologia cognitiva]. Nova York: Holt, Rinehart & Winston, 1969. • FOURNIER, M. "Réflexions théoriques et méthodologiques à propos de l'ethnoscience" ["Reflexões teóricas e metodológicas sobre a etnociência"]. In: *Revue Française de Sociologie*, vol. 12, n. 4, 1971, p. 459-482.

Em segundo lugar, a classificação prática implementa esquemas práticos (alto/baixo, distinto/vulgar, inteligente/fútil etc.), oposições simples que podem não alcançar o nível verbal – ainda que muitas vezes apareçam sob a forma de pares de adjetivos – mas que mesmo assim funcionam no estado prático. Ela sempre se subordina a funções práticas: jamais classificamos pelo prazer de classificar, mas para nos movermos pelo mundo.

Do lado da classificação teórica, o teórico tem o privilégio de tomar o problema da classificação como objeto. Num primeiro momento, ele se dá por objeto classificar, encontrar a melhor classificação: ele tem tempo, pode multiplicar os critérios e adotar vários pontos de vista. Uma das estratégias na existência cotidiana consiste em manipular as classificações; em situações nas quais é preciso atenuar ao máximo os conflitos, procuramos no universo das propriedades do *alter ego* com quem lidamos a propriedade mais próxima: manipulamos as classificações e podemos constituir a mesma pessoa como aquela com quem fizemos o serviço militar ou com quem dançamos no baile etc. O pesquisador não faz nada disso: ele toma o conjunto de critérios, examina suas relações, seus pesos objetivos etc.

O fato de as classificações práticas serem orientadas para funções práticas explica, por um lado, que elas funcionem por esquemas práticos e, pelo outro, que elas não sejam muito coerentes. Elas são, como se diz, *práticas*; e para serem práticas, assim como dizemos que uma roupa "é prática", elas não podem ser totalmente coerentes. Se forem coerentes demais, não podemos mais manipulá-las. Os esquemas que empregamos são parcialmente idênticos à lógica mítica – eu os remeto às análises que fiz na Cabília[91].

Para mostrar a vocês como funciona esse sistema, queria utilizar o exemplo da política e do questionário que fizemos sobre esse terreno, que é interessante porque se situa a meio-caminho entre as classificações práticas e teóricas: são as classificações de uso prático mais científicas e verbalizadas. O exemplo das maneiras de reagir diante de um problema de classificação política é muito interessante porque vemos, na situação de pesquisa que é artificial mas na qual podemos mexer, a estratégia dos agentes sociais que consiste em multiplicar os níveis de manipulação da classificação. Eles podem ir de um nível de manipulação no

---

91. Cf. BOURDIEU, P. *O senso prático*. Op. cit., em particular o cap. 3 ("O demônio da analogia"), p. 329-436 [333-440].

modo do saber (ao classificar os partidos políticos no eixo esquerda/direita, por exemplo) a um nível completamente profundo[92].

Como não terei tempo de terminar, deixarei que vocês reflitam sobre o exemplo de uma microssituação experimental que desenvolvemos inspirados justamente nas técnicas de análise componencial empregadas pelos etnólogos para tentar revelar os princípios de classificação utilizados implicitamente pelos nativos de uma sociedade para classificar as plantas, os animais etc.[93] Tínhamos uma pilha de trinta e seis etiquetas com nomes de profissões, e pedíamos para as pessoas classificá-las. Um homem de cerca de sessenta anos, operário de construção civil, não sindicalizado, fez cinco pilhas. O pesquisador, que tinha uma relação de familiaridade com ele, bate papo, muda a situação (entre as variações experimentais que podemos efetuar numa pesquisa, existe aquela que consiste em fazer variar o efeito de pesquisa, que é uma das variáveis mais desconhecidas de qualquer pesquisa). Prestes a sair, quando tudo parecia terminado, ele lhe pergunta: "Existe alguma profissão que você não gostaria de exercer? – Sim, mineiro... e também caixeiro viajante e apresentador de TV. – Por quê? – Porque eu não tenho muita lábia e nessas profissões eles têm costumes especiais, têm muito veado [*pédé*]". Ele se volta para suas pilhas. "Os veados, quer dizer, a partir dos secretários, trabalhadores de escritório, funcionários públicos etc. [risos]. Do lado dos operários, agricultores etc., pode acontecer, mas muito menos. Aqui pode ser acidental, mas daquele lado não". O investigado pega a etiqueta "caixeiro viajante", a coloca numa outra pilha e diz: "Isso começa aqui no meio. Olha o meio e a partir de lá, é tudo veado".

Vemos aqui como pode atuar um critério completamente implícito, o critério sexual. Entre aqueles que se perguntam sobre a consciência política, quantos teriam pensado nesse critério para classificar as classes sociais – no qual dominante quer dizer efeminado? Assim, o investigado tinha esse critério na cabeça, que só utilizava de maneira prática. Graças a uma manipulação hábil da situação de pesquisa, conseguimos destruir o suficiente de seu caráter artificial para que um critério profundo, latente, prático pudesse surgir. E esse critério, que estava

---

92. Cf. "Um jogo de sociedade". In: *A distinção*. Op. cit., p. 492-502 [625-640].

93. Teorizada pelo linguista dinamarquês Louis Hjelmslev, a análise componencial, ou sêmica, baseia-se na decomposição estrutural das palavras em unidades lexicais de significação, os semas. Sobre sua utilização na etnobotânica, etnozoologia ou de modo mais geral nas etnociências, cf. supra, p. 81, nota 90. A pesquisa a que P. Bourdieu se refere foi realizada por Yvette Delsaut em Denain, perto de Valenciennes, em 1978.

implícito e que funcionava na injúria, depois de formulado e objetivado quase por acidente, torna-se uma regra: podemos classificar e, por exemplo, mudar a posição do caixeiro viajante. Assim, enquanto uma classificação científica é uma classificação que é crítica, que tem vários critérios, que organiza toda a população em função de critérios coerentes, que evita as sobreposições, uma classificação prática funciona de modo circunstancial, pode introduzir contradições. Por exemplo, na classificação política, e isso é uma experiência que todos já tivemos, podemos estar sucessivamente à nossa própria direita e à nossa própria esquerda, dependendo de conversarmos com alguém mais à nossa direita ou mais à nossa esquerda.

Na próxima aula, terminarei o primeiro ponto de minha análise. Depois de mostrar o que é uma classificação subjetiva, uma classificação objetiva, uma classificação prática, mostrarei como uma classificação verdadeiramente científica deve fazer entrar no conhecimento científico o conhecimento do fato de que o conhecimento científico não é o senso prático e vice-versa, e que há uma luta quanto à classificação. Isso tem consequências do ponto de vista metodológico e teórico: a reintrodução da luta das classificações na própria teoria da construção das classificações tem consequências muito importantes.

# Aula de 26 de maio de 1982

Superar as alternativas – Realidade e representações da realidade –
A autonomia do social e o problema da tomada de consciência – O direito,
caso particular do efeito de teoria – As palavras como senso comum

Eu sugeri que uma ciência completamente rigorosa das classificações sociais deveria se esforçar para integrar uma teoria rigorosa da classificação objetiva e uma teoria da classificação prática que os agentes sociais utilizam em seus atos cotidianos. Ela deve superar um certo número de alternativas que sempre renascem no pensamento social: as alternativas entre o fisicalismo e o semiologismo, o objetivismo e o subjetivismo, o realismo e o nominalismo[94]. Por exemplo, seria fácil mostrar que as grandes teorias das classes sociais se distribuem segundo essas alternativas, onde algumas pretendem encontrar as classes na própria realidade das coisas e outras as reduzem a construções subjetivas, mesmo nominais, produzidas pelo pesquisador.

## Superar as alternativas

Superar concretamente essas alternativas supõe integrar, em vez de simplesmente justapor, a existência de uma classificação objetiva e de uma luta de classificações. No caso das classes sociais, não temos como não encontrar Marx e não temos como não pensar que ele próprio realizou essa integração, já que devemos a ele ao mesmo tempo um pensamento objetivista das classes sociais e uma teoria da luta de classes. Entretanto, parece-me que essa integração é aparente e que, se

---

94. Para maiores desenvolvimentos sobre esse ponto, cf. "Sobre o poder simbólico". In: *O poder simbólico*. Op. cit., p. 7-16. Sobre o conjunto desta aula, cf. tb. "Espaço social e gênese das classes". Art. cit.

podemos falar dessa maneira, a fraqueza do pensamento de Marx reside no fato de que ele não integrou uma teoria cientificista das classes sociais que buscava descrever as classes sociais em suas propriedades objetivas e uma teoria das lutas de classificações como capazes de transformar ou modificar essa estrutura objetiva[95]. Parece-me que ele não realizou essa integração e que ele deixou a teoria marxista oscilar de modo sucessivo ou simultâneo entre, por um lado, uma teoria de tipo fisicalista, mecanicista, determinista com, por exemplo, a teoria da catástrofe final que era muito discutida no período entreguerras e, por outro lado, uma teoria da revolução como processo mecânico no qual a explosão segue-se da compressão. A teoria da tomada de consciência ou da consciência de classe pretende articular, mas a meus olhos o faz mal, esse fisicalismo e esse voluntarismo espontaneísta.

Por não ter colocado claramente o problema da integração [dos dois lados da alternativa] nem buscado uma solução, parece-me que a posição marxista foi conduzida a uma espécie de dualismo interno que encontra-se tanto no nível da teoria quanto da prática. Tentarei mostrar o princípio dessa não integração. Assim, temos uma espécie de física social que descreve as relações sociais e as classes sociais como relações de força quase mecânicas, objetivas, independentes das vontades e das consciências individuais como disse Marx, que podem ser medidas com critérios análogos àqueles empregados pela física e de modo mais geral pelas ciências naturais; as classes sociais tornam-se agrupamentos sociais com base na posição definida quase mecanicamente nas relações de produção, que são uma espécie de realidade resistente e rebelde que ninguém pode modificar e cujo estudo e revelação são tarefas da ciência rigorosa. E é a partir da ciência rigorosa dessas relações de força objetivas que se pode elaborar uma teoria, um conhecimento dos grupos fundamentados objetivamente, conhecimento ao mesmo tempo teórico e prático no sentido de que pode ser o guia de uma ação política.

A essa tendência fisicalista, objetivista e realista (poderíamos associar nomes próprios a cada tendência) opõe-se uma tendência que poderíamos chamar *grosso modo* de espontaneísta, que definirá a classe como vontade. Penso por exemplo no historiador marxista (no sentido muito amplo) Thompson[96], que descreve a classe como um evento, um acontecimento, um surgimento, ou, evidentemente,

---

95. Cf. a conclusão de *A distinção*. Op. cit.

96. THOMPSON, E.P. *A formação da classe operária inglesa*. São Paulo: Paz & Terra, 2012 [Trad. de Denise Bottmann] [*The Making of the English Working Class*. Nova York: Vintage, 1963].

na leitura sartreana de Marx[97]. Segundo essa tendência espontaneísta, a classe não é mais essa espécie de realidade inscrita na própria estrutura do mundo social, mas uma espécie de vontade mais ou menos produzida pela agregação de vontades individuais. Como aqui as teorias são muitas vezes quase mitológicas, eu teria dificuldades de reproduzi-las. Seria preciso retomar as justificativas oferecidas da classe em fusão, da classe inspirada (existe uma espécie de marxismo bergsoniano). Como não as aprecio muito, tenho dificuldades em falar objetivamente sobre elas. Mas penso que a tradição marxista está condenada à oscilação entre esses dois polos (essa oscilação existe no interior da consciência de pessoas que se imaginam marxistas), e poderíamos escrever uma história social do pensamento marxista que descobriria movimentos pendulares de um ao outro desses dois polos. Isso que eu disse é muito sumário e caricatural, mas meu objetivo não é tanto descrever essas duas maneiras de pensar o mundo social e sim tentar descobrir por que Marx foi levado a essa espécie de desdobramento do qual, parece-me, ele acreditara ter encontrado um meio de escapar. Tanto neste ponto quanto em muitos outros, Marx rompeu com a representação comum do mundo, mas não conseguiu – talvez porque a mesma pessoa não possa fazer as duas coisas – integrar à sua teoria do mundo social aquilo que essa teoria devia conquistar.

Isso poderia se mostrar no caso da teoria marxista do trabalho[98]. O esforço científico consiste em romper com o dado como ele se dá, com as aparências fenomenais, com, por exemplo, o trabalho como vocação – tema que aparece com muita frequência em Marx. Consiste em destruir e desconstruir as representações comuns para construir uma verdade objetiva contra essas representações comuns, para construir o trabalho como produção de mais-valia (ou para construir as classificações objetivas como multicritério e não como monocritério, como fiz na economia do gosto)[99]. Mas é compreensível que aquele que efetua essa ruptura com as primeiras aparências tenha dificuldade em reintroduzir na sua construção aquilo contra o que ele construiu. Depois de romper com a realidade vivida ideológica (neste caso particular, a teoria espontânea da classificação), aquele que opera a ruptura esquece de integrar ao modelo aquilo com o qual rompeu e cuja força social se manifesta na própria dificuldade da ruptura.

---

97. Cf. SARTRE, J.-P. *Critique de la raison dialectique*. Paris: Gallimard, 1960.

98. P. Bourdieu voltará a esse ponto particularmente em *Meditações pascalianas*. Rio de Janeiro: Bertrand Brasil, 2001 [Trad. de Sergio Miceli], p. 247-251 [*Méditations pascaliennes*. Paris: Seuil, 1997, p. 291-296].

99. Cf. *A distinção*. Op. cit., esp. p. 215ss. [255ss.].

Se a ruptura objetivista sempre precisa recomeçar, é exatamente porque tem contra ela toda a experiência social ordinária.

Meu trabalho, no fundo, em várias ocasiões consistiu em tentar efetuar a ruptura e depois superar essa ruptura ao integrar a experiência vivida ou prática contra a qual a ruptura foi efetuada. No caso do trabalho, reduzir a verdade completa do trabalho, quer dizer ao mesmo tempo objetiva e subjetiva, à sua verdade objetiva na tradição marxista, ou seja, à produção de mais-valia, significa esquecer que o desconhecimento da verdade objetiva do trabalho como produção de mais-valia faz parte da verdade objetiva do trabalho. Se a verdade completa do trabalho fosse o que Marx dizia, todo mundo seria marxista e não haveria nenhum trabalho político a fazer. É por isso que, com muita frequência, a oposição que descrevi no começo entre o objetivismo e o espontaneísmo é uma oposição entre o cientista e o militante. Porque também existe uma divisão do trabalho na tradição do movimento operário: os teóricos e os militantes muitas vezes são de origem social e formação intelectual diferentes, e é frequente que os teóricos estejam no lado cientificista, objetivista, determinista, mecanicista etc. enquanto os praticantes, os militantes, estão mais no lado espontaneísta, voluntarista, ativista, ou seja, do lado da classe que podemos fazer ao contrário da classe que já encontramos pronta na realidade. Eu creio que essa alternativa funesta sob qualquer ponto de vista tem base num erro lógico. É compreensível o motivo pelo qual aquele que mais fez para destruir a visão encantada do trabalho ou do mundo social estivesse particularmente exposto a esse erro, porque o esforço de ruptura não inclina a compreender e a recuperar aquilo que era preciso destruir.

## Realidade e representações da realidade

A ideia simples que tenho em mente é que a representação que os sujeitos sociais se fazem do mundo social faz parte da verdade objetiva do mundo social. O mundo social não é simplesmente aquela realidade objetiva que o cientista constrói através de seu trabalho estatístico, da multiplicação de critérios etc. O fato de não terem essa verdade objetiva, que é o quinhão que cabe aos agentes engajados na objetividade da ação prática, essa espécie de cegueira, essas visões parciais às quais os agentes singulares estão condenados, tudo isso faz parte da verdade objetiva do mundo social. O cientista comete um erro etnocêntrico quando esquece que, precisamente, nem todos os sujeitos sociais vivem o mundo social como ele o descreve enquanto pesquisador; e um dos aspectos mais difíceis do trabalho científico é conseguir integrar ao relatório científico a experiência primeira que o trabalho científico faz esquecer. Por exemplo, seria preciso ter a coragem – é tão penoso e difícil que não queremos ter esse trabalho a mais – de anotar a cada momento a representação que temos do objeto estudado. Com efeito, existe uma espécie de modalização permanente da representação do objeto que faz com que o próprio pesquisador tenha muita dificuldade em reencontrar a experiência primeira que tinha de seu objeto; e quando ele apresenta suas conclusões e representações finais, é levado a cometer esse erro de perspectiva. Assim, a partir do momento em que um pesquisador se apropria do pensamento em termos de campo e pensa em descrever o campo intelectual ou o campo universitário como um espaço no qual os agentes estão engajados com objetivos e interesses específicos, com estratégias, não há mais nenhum texto – seja uma biografia de Monet, uma entrevista de Sartre, uma polêmica entre Brunschvicg e Nizan[100] etc. – que não deixe transparecer estratégias objetivas: todos esses documentos, as escolhas na maneira de escrever de fulano ou sicrano, a menor letra, tudo isso acaba falando na lógica da estratégia. Às vezes há até mesmo uma maneira de ler um documento que o objetiva: um exemplo típico, eu poderia ler para vocês em voz alta o famoso texto que Sartre escreveu após o falecimento de Merleau-Ponty[101] e, através de simples efeitos de acentos, de cortes etc., fazer vocês sentirem tudo aquilo que a celebração respeitosa e devotada pode esconder de estratégias de recuperação. A partir do momento em que você tem acesso a essa visão objetiva, fica difícil refazer a leitura ingênua.

Por acaso, alguns textos filosóficos ficaram na minha mente no estado em que estavam quando os li pela primeira vez com cerca de vinte anos. Consigo recuperar a experiência ingênua que tive quando lia *"das Man"* de Heidegger[102], e então

---

100. Referência à obra *Les Chiens de garde* (Os cães de guarda), do escritor e filósofo marxista Paul Nizan, publicada em 1932, na qual ele ataca duramente a filosofia neokantiana idealista de Léon Brunschvicg [N.T.].

101. Trata-se do artigo de Jean-Paul Sartre, "Merleau-Ponty vivant" ["Merleau-Ponty vivo"], publicado na edição dupla de *Temps modernes*, n. 184-185, 1961, p. 304-376 [republicado em *Situations IV*. Paris: Gallimard, 1964, p. 189-291], em homenagem ao filósofo que faleceu em 3 de maio de 1961.

102. Alusão a uma passagem muito comentada (sobre o "impessoal") de *Ser e tempo*. Petrópolis: Vozes, 2005 [Trad. de Marcia Schuback], p. 180 [*Sein und Zeit*. Tübingen: Max Niemeyer, 1927], analisada por P. Bourdieu como uma transfiguração do discurso ordinário em arrogância filosófica: *A ontologia política de Martin Heidegger*. Campinas: Papirus, 1989 [Trad. de Lucy Moreira Cesar] [*L'Ontologie politique de Martin Heidegger*. Paris: De Minuit, 1988]. O livro é uma versão revisada e expandida de um artigo com o mesmo nome que P. Bourdieu publicara em *Actes de la Recherche en Sciences Sociales*, n. 5-6, 1975, p. 109-156.

viver a superposição das duas experiências, a ingênua e a, digamos, desencantada. Mas a partir do momento em que enxergamos em *"das Man"* a oposição entre a massa e o indivíduo distinto, o texto é como nas experiências de *Gestalt*[103]: uma vez que vemos a estrutura, não conseguimos deixar de vê-la e *a fortiori* temos todas as dificuldades do mundo em comunicá-la. Muitas vezes me acontece de sonhar com uma linguagem de exposição que, como uma linguagem musical, transmitiria ao mesmo tempo a experiência ingênua (aquilo que os crentes leem num texto de Heidegger) e aquilo que podemos ler entre as linhas. Seria preciso conseguir comunicar as duas ao mesmo tempo, e a dificuldade também tem a ver com o fato de que, como o custo da descoberta daquilo que é preciso ler entre as linhas e o lucro do desencantamento um pouco agressivo e irônico são consideráveis, o pesquisador não tem muita vontade de se privar desse lucro; é muito mais agradável proferir um discurso um pouco zombeteiro, debochando do objeto. Mas isso leva a erros de perspectiva consideráveis, no mínimo porque o mundo social não funcionaria se fosse como o pesquisador objetivista o descreve. Ainda que os exemplos sejam reducionistas, podemos usar o de Sartre: se Sartre tivesse sido realmente cínico e calculista em seu elogio de Merleau-Ponty, o elogio não teria funcionado como elogio, nem a seus próprios olhos nem aos olhos de seus leitores. Era preciso ter uma parte inocente e ingênua até nas estratégias de recuperação, de acerto de contas póstumo etc. Isso é verdade todas as vezes que o mundo funciona segundo a crença (o que muitas vezes é o caso – na verdade, quase sempre): a objetivação, pelo simples fato de revelar aos olhos um conjunto de coisas que não são conhecidas todas em conjunto, faz saltar todo um aspecto oculto das coisas, mas destrói uma coisa que é constitutiva da objetividade, a saber, que ela não ocorre desse jeito e que, se ocorresse desse jeito, não funcionaria.

Para voltar ao problema que tento elucidar, que é um caso particular do problema muito geral da relação objetivista ao objeto e da experiência ordinária do mundo social, parece-me que a teoria objetivista das classificações ou a visão objetivista do mundo social como ele é deixa escapar o fato de que não é completamente objetiva. Por exemplo, se eu construo um espaço dos professores do ensino superior francês, que eu poderia desenhar na lousa sob a forma de um

---

103. P. Bourdieu alude aqui às experiências realizadas pelos teóricos da *Gestaltpsychologie* ("psicologia da forma") sobre os processos de percepção e de representação mental, das quais um exemplo famoso é o "vaso de Rubin": uma mesma imagem que faz aparecer ou dois rostos pretos em perfil sobre um fundo branco, ou um vaso branco sobre um fundo preto.

diagrama com distâncias mensuráveis, seria certo que o trabalho de produção que consiste em revelar essa realidade é uma verdadeira mudança de natureza – penso até que, para sobreviver e sobretudo para ter sucesso nesse espaço, é preciso um domínio prático dessa estrutura que posso desenhar na lousa, ainda que essa estrutura desenhada na lousa certamente não exista em nenhuma consciência: *a fortiori* ela não é dominada no estado explícito por nenhum dos agentes. A diferença entre a crença e o cinismo é um fato social muito importante, e ela reside precisamente no fato de que não sabemos o que fazemos e que podemos acreditar que fazemos uma coisa diferente da que fazemos.

Se os agentes sociais fossem confrontados constantemente com o domínio prático, supondo-se que não ficassem paralisados pelo excesso de informações e desesperados pelo sentimento de fatalidade que isso inspiraria, eles teriam uma experiência do mundo social completamente contraditória com aquilo que o mundo social exige, em particular os universos culturais: a saber, a crença, a inocência, a ingenuidade etc. Se os artistas tivessem consciência de o que é fazer o que fazem, eles não conseguiriam mais fazê-lo de jeito nenhum. Isso são coisas que as pessoas que, como os intelectuais e os artistas, professam a unicidade, a singularidade e a distinção opõem com muita frequência à sociologia. Durante anos, enxerguei nisso um discurso ideológico, uma espécie de defesa da pessoa, uma questão de honra espiritualista. Mas o fato [desse discurso] ser ideológico e defensivo, de estar ligado àquilo que Marx chama de "questão de honra espiritualista"[104] dos intelectuais e dos artistas, não significa que ele não contenha uma parte de verdade, e penso que ele tem, como toda ideologia que funciona, um fundamento na realidade e que a abordagem objetivista realmente mutila a realidade; a experiência ordinária não contém o conhecimento completo dela mesma e do espaço onde ela funciona. Para resumir tudo isso com uma frase, eu diria que a representação parcial, fictícia, mitificada que os agentes se fazem do mundo social faz parte da verdade objetiva do mundo social. Ao mesmo tempo, as "teorias" – voltarei a essa palavra – que fornecem as representações do mundo social, sejam teorias religiosas, científicas

---

104. Alusão à passagem de Marx em sua *Crítica da filosofia do direito de Hegel*, em que ele define a religião como o "ópio do povo": "A religião é a teoria geral deste mundo, seu compêndio enciclopédico, sua lógica em forma popular, sua questão de honra espiritualista, seu entusiasmo, sua sanção moral, seu complemento solene, sua base geral de consolação e de justificação" (MARX, K. *Crítica da filosofia do direito de Hegel*. São Paulo: Boitempo, 2010 [Trad. de Rubens Enderle e Leonardo de Deus], p. 145 [*Zur Kritik der Hegelschen Rechtsphilosophie*, 1843]).

ou políticas, também fazem parte do mundo social. O paradoxo é que a teoria do mundo social que, de todas, exerceu o efeito de teoria mais poderoso, a teoria marxista, não continha a teoria desse efeito: se existe uma teoria que se tornou real, que fez ver e fez acreditar que o mundo era como ela dizia que era, essa é a teoria marxista; ora, essa teoria, sobretudo em seu polo cientificista e mecanicista, não tem espaço para o fato de que a representação constitui a realidade. É isso que eu gostaria de reintroduzir numa análise completa.

## A autonomia do social e o problema da tomada de consciência

O desvio que acabo de fazer é um pouco embaraçoso. Não é que eu esteja embaraçado por não estar de acordo com Marx, mas estou embaraçado por não estar de acordo com Marx diante de pessoas que podem se perguntar o que significa esse desacordo. Estamos realmente na ordem do religioso e não quero cometer sacrilégio. [...] Isso que digo é sério e está completamente ligado ao problema que coloco. A verdadeira ciência das classificações me parece dever integrar e se definir como uma ciência da relação entre a classificação objetiva que o cientista constrói através da multiplicação de critérios e a classificação prática. A classificação objetiva que permite colocar num espaço de três ou quatro dimensões, por exemplo, [os agentes sociais] e suas propriedades é mais real (no sentido de mais preditiva da realidade) do que a classificação prática; nesse sentido, é uma classificação mais natural, como diziam os zoólogos [...]. É o que muitas vezes se diz quando atribuímos a um pensador a capacidade de fazer enxergar diferenças que não enxergávamos, que pressentíamos mas que não sabíamos expressar. Ao exibir estruturas e relações que vão além das aparências e das percepções parciais, a classificação científica é mais real mas, ao mesmo tempo, não é prática, não é vivível, não podemos nos servir dela para agirmos porque ela é complexa demais. Ela não tem função, não temos o que fazer com ela, ela nasceu de uma relação "desinteressada" com o mundo social...

Ao mesmo tempo, o trabalho de integração dos dois aspectos conduz a relembrar, contra o subjetivismo, que a classificação objetiva, aquela que o cientista constrói multiplicando os critérios, é a fundamentação das classificações práticas: os agentes terão as classificações práticas de sua posição objetiva nas classificações. A classificação objetiva é fundadora das classificações práticas: ela define os limites incorporados sob a forma de disposições permanentes e de esquemas classificatórios;

ela define os limites objetivados, ou seja, as condições materiais de existência em cujo interior funcionam as estratégias de classificação. A classificação objetiva, a classificação latente, determina assim a forma que a luta das classificações assumirá. Eu poderia usar o exemplo do regionalismo, para o qual as tomadas de posição classificatória dependem da posição nas classificações através das disposições a classificar de um tipo particular e através da classificação incorporada ou da classificação objetivada[105]. As formas e os usos das classificações dependem da classificação. O exemplo por excelência é o gosto, esse sistema de classificação incorporado que serve para classificar mas que classifica aquele que classifica.

É preciso então opor ao subjetivismo a subordinação das classificações práticas em relação à classificação objetiva e ao objetivismo – é um pouco do que eu falava sobre Marx, que reduzi a seu aspecto objetivista –, a autonomia relativa das tomadas de posição em relação à posição: a relação que vai das tomadas de posição às posições não é mecânica. A uma posição no espaço social objetivo não corresponde mecanicamente uma tomada de posição política, religiosa, estética etc. Existe uma autonomia do espaço social que poderíamos qualificar de política em relação às classificações objetivas.

Essa autonomia é a autonomia da tomada de consciência? Penso que esse é o ponto-chave, mesmo que eu não vá insistir sobre isso hoje: a tomada de consciência é uma das maneiras de se distanciar em relação à posição, mas penso que na tradição marxista ela recebeu um lugar completamente desproporcional. Na experiência cotidiana, a relação entre as posições objetivas e as tomadas de posição parece-me ser efetuada pela intermediação não de atos de consciência, mas daquilo que chamo de *habitus*, quer dizer, disposições inconscientes que são o produto da incorporação de estruturas e propriedades de posição e que conduzem a práticas que reexprimem a posição em sua lógica sem que exista uma passagem explícita pela consciência. Alguém poderia dizer, e muitos me fazem essa crítica, que se a única relação entre as posições e as tomadas de posição é estabelecida através de *habitus* que são em grande parte o produto de posições, então não há mais autonomia possível. Ora, o que quero demonstrar é que existe uma autonomia possível que não está do lado da consciência: as classificações objetivas definem os limites nos quais as classes nominais, as classes representadas, as classes-vontade podem funcionar e têm chances de se realizar; mas não podemos

---

105. Cf. BOURDIEU, P. "A identidade e a representação". Art. cit.

ignorar que um certo tipo de trabalho – que podemos chamar de trabalho teórico no sentido mais amplo (voltarei a isso) –, dotado de sua lógica própria, produz representações autônomas em relação às posições. No que consiste essa autonomia do simbólico? Onde reside o princípio dessa lacuna entre o que as pessoas socialmente são e suas representações do mundo social?

As posições objetivas definem os limites de possibilidade de variação das representações mas, dentro desses limites, há espaço para manipulações que – gostaria de insistir nesse ponto – são exatamente a característica do poder simbólico. No fundo, o poder simbólico é o poder de jogar esse jogo entre as posições e as disposições, em particular por causa do fato de que as mesmas disposições podem se reconhecer em tomadas de posição diferentes. Quero citar um exemplo concreto muito simples: a uma posição nas relações de produção (para retomar a linguagem objetivista direta), como aquela que define o proletário em todo seu rigor teórico, para mim corresponde não a alternativa entre a inconsciência e a tomada de consciência como revelação fulgurante da verdade objetiva da condição, mas sim disposições que são o produto incorporado de uma certa experiência do mundo social definida precisamente pelo fato de se ocupar uma certa posição nas relações de produção e que, certo ou errado – quem pode julgar isso? Eu deixo vocês julgarem –, podem se reconhecer em representações explícitas muito diferentes do mundo social.

Em outras palavras, as disposições têm uma forma de incerteza quanto ao discurso e a passagem de uma disposição prática para um discurso que deve expressá-la é uma espécie de salto qualitativo, [de descontinuidade] tão radical que, em última instância, vários discursos de explicitação podem ser compatíveis com as mesmas disposições ou, inversamente, várias disposições podem se reconhecer em boa-fé em discursos de explicitação diferentes mesmo que estes se considerem a verdade dessa prática. Eu descrevi muitas vezes esses fenômenos de *allodoxa*[106], e penso que a passagem política é o momento em que passamos da *doxa*, ou seja, essa espécie de experiência do mundo social puramente disposicional, pré-explícita,

---

106. P. Bourdieu utiliza o termo *allodoxa* – empregado num diálogo de Platão (*Teeteto*, 189c), para designar um juízo falso, um mal-entendido – quando os agentes sociais têm uma percepção de um objeto deslocada em relação ao que ele é objetivamente. P. ex., a noção é empregada em relação a autodidatas que consideram operetas "grande música" ou estudantes de primeira geração que esperam obter com os títulos escolares rendimentos que eles não possibilitam mais (cf. *A distinção*. Op. cit., p. 149 e 300 [174, 370]).

pré-tética, infraconsciente, infraverbal, que orienta a maioria das ações ordinárias, para uma experiência ortodoxa ou heterodoxa – a experiência ortodoxa é a crença de direito, a crença direita, a crença dominante. É na passagem da *doxa* a uma ortodoxia ou a uma heterodoxia que está situada a possibilidade de uma manipulação. Se em última instância toda disposição implicasse a disposição a produzir sua própria explicitação legítima, não haveria espaço para a política, ou seja, para os manipuladores desse hiato que são não somente os políticos mas todos os profissionais do discurso. Os profissionais do discurso vivem dessa lacuna e vivem da possibilidade da *allodoxa* ou do fato de que as pessoas podem pensar coisas diferentes.

Tentarei ser mais preciso. Se é verdade que a ciência descobre que existem classificações objetivas fundamentadas e ações classificatórias que, apesar de estreitamente ligadas às posições objetivas nas classificações, têm uma autonomia relativa em relação a essas posições, o sociólogo encontra-se diante de uma alternativa: ele pode se dar como objetivo ou opor sua classificação objetiva às diferentes classificações que concorrem pela representação legítima do mundo social (é a tentação do objetivismo que sempre pretende opor uma boa classificação a classificações concorrentes), ou descrever as classificações concorrentes mais poderosas como constitutivas da realidade, para dizer no final das contas que a ideologia dominante constitui a realidade. A representação dominante do mundo social faz parte da realidade e, de certa maneira, o direito torna-se a ciência social por excelência.

(Disse isso rapidamente um dia: desde a origem da sociologia, essa ciência precisou afirmar-se e constituir-se contra o direito. Se, tanto em Marx quanto em Durkheim e Weber, o confronto com o direito é capital, é porque o discurso jurídico sobre o mundo social tem uma espécie de validade. De certa maneira, a sociologia conservadora, aquela que acredita falar do mundo como ele é, ou como a representação dominante fala que é – é quase "de direito" –, tem uma espécie de fundamentação; é por isso que é tão difícil de combatê-la, ela tem de alguma forma toda a realidade social ao seu lado. Com muita frequência, as pessoas que se contentam em falar aquilo que os dominantes falam do real têm a ordem social ao seu lado e têm, de certa maneira, grandes chances de serem confirmadas em sua representação.)

A sociologia poderia então ter como papel – é uma definição possível – registrar as classificações mais poderosas, ou seja, as mais preditivas, e de certa forma fazer nomenclaturas – a palavra "nomenclatura" é importante em algumas sociedades[107] – que são a realidade, que fazem a realidade. Poderíamos assim conceber uma teoria científico-jurídica, com fundamentação científica suficiente para ser validada grosseiramente e ao mesmo tempo fundamentada juridicamente, ou seja, capaz de se autoverificar porque ela fará ser aquilo que diz; ela seria de certa maneira o obstáculo por excelência para as ciências sociais. Além disso, as sociedades que conhecem tal situação quase não têm ciências sociais. Porque eu penso que a ciência social é um desafio absoluto, ou temos a ordem social ou a ciência social.

O tema que abordo aqui é especialmente difícil, e estou perto dos limites do que consigo pensar. Ele questiona especialmente o sentido profundo do que é o pensamento científico. Parece-me que o primeiro resultado das reflexões que apresentei até agora pode ser resumido assim: a luta das classificações faz parte da verdade objetiva das classificações, ainda que ela tenha uma autonomia relativa em relação às classificações. A segunda parte do meu trabalho, que começo agora, representa a tentativa de determinar no que consiste a lógica específica da luta de classificações, ou seja, onde estão os fundamentos de sua autonomia e, portanto, o princípio do poder simbólico como poder relativamente autônomo em relação às outras formas de poder como o poder econômico ou o poder da violência puramente física. O que está em jogo na luta das classificações é a produção e a imposição do modo de representação legítima do mundo social, do modo de representação do mundo social capaz de criar autoridade e ao mesmo tempo tornar-se autoverificado. Como acabei de dizer em relação ao direito, um discurso jurídico que está no limite de um discurso performativo pode ser falso do ponto de vista da ciência mas pode, apesar disso, ter os meios de se verificar. Se eu tiver poder suficiente e disser: "Amanhã toda a classe trabalhadora francesa se mobilizará para exigir 35 horas semanais", posso fazer com que essa proposição seja verificada mesmo que, do ponto de vista de uma ciência rigorosa que leva em conta as relações de força, as estruturas etc., essa frase possa parecer uma enganação.

Isso quer dizer que o poder de mobilização não tem limites? Na verdade, o limite além dos limites objetivos que ele pode atingir é definido pela realidade objetiva. Para que isso funcione é preciso, apesar de tudo, que exista uma fundamentação objetiva, o que não quer dizer que tudo esteja dado nas condições

---

107. O termo *"nomenklatura"* era utilizado para designar a elite burocrática do Partido Comunista na União Soviética e em outros países comunistas do Leste Europeu até 1989 [N.T.].

objetivas. O que está em jogo na luta das classificações é o que chamo de o poder de constituição como poder essencialmente político de fazer existir aquilo que é dito. É uma luta pela imposição de uma classificação homologada e universalmente reconhecida. O sucesso dessa classificação reconhecida não depende simplesmente do fato de que, por exemplo, os políticos estejam de acordo para reconhecê-la, ou os cientistas para dizer que ela é reconhecida, mas também do fato de que ela se tornará constitutiva da realidade; ela terá força de lei, ou seja, as pessoas serão realmente classificadas de acordo com essa classificação com todas as consequências decorrentes disso: elas terão documentos ou não, serão bem ou malvistas, bem ou malpagas etc. A luta pela classificação homologada, assim, não é simplesmente uma luta ideológica, no sentido em que normalmente se entende uma luta que só terá efeito no terreno das ideias ou das representações. A luta pela imposição da representação dominante é invariavelmente a luta para que a representação dominante torne-se real, agindo na realidade e constituindo a realidade. Para isso, é preciso que ela seja verossímil e compatível com a realidade, o que não quer dizer que ela já esteja inscrita na realidade.

## O direito, caso particular do efeito de teoria

Tentarei dizer no que consiste essa luta com um exemplo simples sobre o problema do direito. Vivemos o direito sem pensá-lo; o poder de dizer o direito (quer dizer, o direito em oposição ao esquerdo, em oposição ao torto, o masculino em relação ao feminino, o dominante em relação ao dominado, o legítimo em relação ao ilegítimo, o religioso em relação ao mágico, o oficial em relação ao oficioso e ao escondido etc.) consiste precisamente no poder simbólico, no poder de impor um conjunto comum de pontos de vista. É o poder de impor um consenso sobre o ponto de vista sobre o sentido do mundo, de impor universalmente os princípios que orientam a visão e ao mesmo tempo as ações e as representações. Por fim, esse poder é aquele que chamarei, num sentido muito amplo, o poder de exercer um "efeito de teoria", tomando o termo "teoria" no sentido etimológico[108]: a teoria é uma banalidade da tradição epistemológica, é o que faz ver as coisas que de outra maneira não teríamos visto. A tradição epistemológica muitas vezes multiplicou os exemplos de efeitos de teoria: quando a teoria é constituída, os fenômenos que

---

108. A palavra "teoria" vem do grego Θεωρεῖν, theôrein ("observar", "contemplar"); Θεωρία, theôria ("contemplação", "visão de um espetáculo, visão intelectual").

passavam desapercebidos, as realidades que eram confundidas se distinguem; em outras palavras, só vemos aquilo para o qual temos a teoria. O direito é um caso particular do efeito de teoria assim como a ação política é um caso particular do efeito de teoria, na medida em que, através do exercício da nomeação legítima, o detentor de uma autoridade simbólica pode arrancar os sujeitos sociais da indeterminação quanto ao sentido do mundo.

Para compreender o poder do efeito de teoria é preciso compreender que a visão clara do mundo, e em particular do mundo social, não é autoevidente. O que muitas vezes dizemos do mundo natural, a saber, que ele é ambíguo, indeterminado etc., e que é aplicando estruturas estruturantes que os sujeitos sociais descobrem uma ordem nele, é quase verdade *a fortiori* para o mundo social. Max Weber falava o tempo todo de *Vielseitigkeit*, quer dizer, da pluralidade de aspectos do mundo social, e as realidades sociais se oferecem sempre de perfil, em pedaços[109]. Jamais as compreendemos inteiramente de uma só vez e, ao mesmo tempo, os sujeitos sociais estão de qualquer forma desamparados diante do presente e, *a fortiori*, diante do futuro do mundo social. Não é acidente que a pré-visão ou a pré-dição sejam um dos problemas centrais da vida política, porque um dos fatores da indeterminação do senso do presente é precisamente o futuro que ele engendra. Não sabemos o que faz com que ele seja indeterminado. Isso é um tema clássico da filosofia da história. O poder de previsão daqueles que têm uma teoria, ou seja, um instrumento para enxergar as relações, pode se exercer na medida em que o sentido do mundo social esteja aberto, não esteja terminado, esteja em suspenso. A teoria weberiana do profetismo diz exatamente isso[110]: o efeito profético, que é uma das formas por excelência do efeito de teoria, consiste em dar aos agentes sociais que mais precisam dele uma resposta sistemática às perguntas mais diversas, desde as perguntas de vida ou morte que todas as profecias têm que responder até as perguntas mais banais da vida cotidiana: é preciso usar chapéu ou não? É preciso cumprimentar com a mão sobre o coração? etc. A característica do discurso profético é arrancar completamente os crentes de qualquer inquietude sobre o sentido do mundo.

---

109. Sobre essa noção de *Vielseitigkeit* e sua relação com a teoria dos campos, cf. BOURDIEU, P. "Fieldwork in Philosophy" ["Trabalho de campo em filosofia"]. In: *Coisas ditas*. Op. cit., p. 34 [32].

110. Cf. em particular "O 'profeta'". In: *Economia e sociedade*. Op. cit., vol. 1, p. 303-310. "[...] A revelação profética significa sempre [...], primeiro para o próprio profeta e, em seguida, para seus acólitos, uma visão homogênea da vida, considerando-se esta conscientemente de um ponto de vista que lhe atribui um *sentido homogêneo*. A vida e o mundo [...] têm para o profeta determinado 'sentido' sistematicamente homogêneo" (p. 310).

## As palavras como senso comum

O que eu gostaria de mostrar é que a linguagem mais ordinária com a qual falamos o mundo funciona dessa maneira. O ditado ou o provérbio são uma pequena profecia. Um filósofo americano, Kenneth Burke, fez uma análise dos provérbios e das expressões de gíria, mostrando que eles não são de jeito nenhum designações neutras, e sim espécies de programas de ação que designam a pessoa nomeada indicando ao mesmo tempo o que é preciso fazer ou o que é preciso que ela faça, como tratá-la etc.[111] Não são de modo algum descrições constativas, são provocações para agir numa certa direção. As palavras mais ordinárias definem a atitude ao mesmo tempo autorizada e aprovada por todo um grupo. As palavras são o senso comum, e ter o senso comum consigo é uma força porque todas as palavras são qualificadas eticamente. É muito reconfortante, quando se é um agente ordinário engajado no mundo social, ter o senso comum consigo. Basta pensar nas palavras de ordem, sobre as quais falarei mais tarde. As palavras sempre são palavras de ordem. O prazer e a gratificação que obtemos – seria preciso citar vários exemplos – ao repetir palavras que foram ditas cem vezes em circunstâncias socialmente constituídas como exigindo essas palavras é derivado do fato que vivemos como se tivéssemos conosco toda a ordem social, como se estivéssemos a favor do vento, fôssemos do bem, na ortodoxia. A oposição entre o pensamento direito, o pensamento de direito e de direita, e o pensamento torto [*gauche*], de esquerda, vergonhoso, clandestino, não oficial que não pode se confessar, se declarar, recupera completamente a oposição analisada pela tradição sociológica entre religião e magia. Podemos colocar no lado da magia todas as coisas que não podem ser ditas a qualquer momento. Um dos efeitos mais poderosos exercidos pelo mundo social, o efeito de oficialização, consiste pura e simplesmente nisso. Ele não adiciona nada. Pessoas que vivem juntas há vinte anos vão para o cartório e voltam de lá casadas. Muitas vezes nos contentamos em dizer que isso é um fato social, mas são coisas sobre as quais não refletimos concretamente: o fato de elas se casarem diante de todos, de passar do não oficial, do clandestino, do vergonhoso, do que não se pode dizer, do que se esconde, ao oficial constitui uma mudança radical, e penso que um dos efeitos políticos mais poderosos é o efeito

---

111. BURKE, K. "A literatura como equipamento para viver" (1938). In: *Teoria da forma literária*. São Paulo: Cultrix, 1969 [Trad. de José Paulo Paes] [*The Philosophy of Literary Form*. Los Angeles: University of California Press, 1941].

de publicação, *Öffentlichkeit*, que é o fato de tornar aberto, tornar patente, tornar público, publicar, exibir[112]. As pessoas que estão na ordem, de direito, de direita etc. são aquelas que podem se exibir, exibir o que são de forma não vergonhosa; elas têm toda a ordem social ao seu lado.

Eu penso que essa lógica da publicação é um caso particular de um efeito de teoria: quando uma teoria se torna ortodoxa e dominante, ela se torna uma visão coletiva do mundo e essa visão coletiva do mundo torna-se o próprio mundo – é unicamente através de um artifício que a tradição materialista nos acostumou a distinguir entre o mundo social e a visão do mundo social. A visão do mundo social, quando é consensual, é o mundo social, ela faz o mundo social. E não há mais lacuna entre o que penso, com todo o mundo social para me sustentar, e o que é. Essa espécie de imersão na ortodoxia é o objetivo de toda a luta pela dominação simbólica. De certa maneira, o que está em jogo em todas as lutas entre intelectuais, entre funcionários e, de modo mais geral, entre os detentores do poder de nomear com uma certa autoridade o mundo social, é impor essa visão consensual do mundo que não somente dirá o mundo, mas também o fará. Benveniste nota em *O vocabulário das instituições indo-europeias* que todas as palavras que significam o direito na linguagem indo-europeia têm algo a ver com a raiz "dizer"[113]; como se dizer fosse sempre dizer o direito, dizer o que é. A partir do momento em que você é autorizado a dizer publicamente, sem se esconder, você tem consigo todo um grupo que te delega o poder de dizer, para ele e com ele, aquilo que é e, ao ter consigo todo um grupo, você tem sua força que é capaz de se impor como constitutiva da realidade. Estamos completamente na lógica do performativo. É evidente que o que está em jogo na luta pelo poder simbólico é a luta pela autoridade que permite ter enunciados performativos sancionados positivamente.

Para terminar, volto às condições que tornam possível esse efeito de performatividade. Evidentemente existem – o que abordarei em seguida – as condições que devem ser cumpridas por um agente para poder falar em nome de um grupo, ou seja, as condições de acumulação da autoridade. Mas existem, do lado do objeto, a saber, o mundo social, propriedades que fazem com que o exercício do efeito de teoria seja possível. Eu indiquei há pouco a ambiguidade do mundo social; eu penso que, contrariamente à teoria realista que muitas vezes é aceita consciente

---

112. P. Bourdieu volta a essa noção na aula de 9 de junho de 1982, p. 133.

113. BENVENISTE, É. *O vocabulário das instituições indo-europeias*, Op. cit., vol. II, p. 109ss. [107ss.].

ou inconscientemente pelos sociólogos, a representação do mundo social nada tem de reflexo. Ela não é nem um dado imediato nem um reflexo mecânico, e sim uma construção quase sempre coletiva que se apoia em particular na linguagem, e penso que se é possível se servir, como faz Benveniste, de uma análise puramente linguística para criar uma teoria do mundo social, é porque a linguagem é um instrumento de construção do mundo social. Se existe um terreno onde a hipótese de Sapir-Whorf (segundo a qual a linguagem é constitutiva da realidade) e a tradição Humboldt-Cassirer, que é independente da anterior mas igualmente neokantiana (a linguagem é construtora da realidade, ela fornece as estruturas estruturantes do mundo social) são verdadeiras é o terreno do mundo social. Quando se trata do mundo social, a indeterminação objetiva torna possível a aplicação ao mundo desse instrumento elementar do pensamento que são as palavras, as palavras comuns. Por exemplo, penso que um dos objetos mais interessantes para estudar as moralidades de classe poderia ser o uso de interjeições e de exclamações: há toda uma filosofia social e uma representação do mundo a se encontrar numa maneira [...] de exclamar que é um modo ao mesmo tempo corporal e verbal de reagir ao mundo e que é adquirido de forma completamente inconsciente pela imitação e frequentação das mesmas pessoas nas mesmas situações. É através da ferramenta da linguagem ordinária, dos provérbios, das frases feitas etc. que [se aprende a moralidade de um grupo].

Certamente, as condições sociais de produção e funcionamento dos diferentes provérbios e das diferentes palavras de ordem política são extremamente diferentes: num caso, trata-se de um senso comum, unânime, como a língua; no outro, trata-se de agentes singulares aos quais podemos designar uma posição no espaço social. Mas, do ponto de vista do efeito exercido sobre a percepção do mundo social, a lógica é exatamente a mesma. Por exemplo, onde o mundo social é o local da continuidade, o poder simbólico dos classificadores consiste em introduzir o descontínuo (existe uma direita e uma esquerda, um masculino e um feminino etc.). Penso, por exemplo, no trabalho de um estatístico que tentou demonstrar como os estatísticos em nossas sociedades realizam constantemente recortes no interior de continuidades, ou então classificam coisas inclassificáveis ou que escapam a qualquer classificação[114]. Quando as pessoas do Insee classificam como "estudante" um

---

114. P. Bourdieu sem dúvida refere-se aqui novamente a L. Thévenot, "Uma juventude difícil: as funções sociais da vaguidade e do rigor nas classificações". Op. cit.

estudante que ganha a vida como garçom de restaurante, eles efetuam um recorte arbitrário numa realidade dupla, múltipla. Eles introduzem o descontínuo no contínuo, como fazem as classificações primitivas descritas por Lévi-Strauss que dizem: existe o quente, o frio, o seco, o úmido, o sol, a lua etc. Esse descontínuo impõe-se imediatamente quando tem a ordem social consigo, porque ele pode se publicar, se afixar, se declarar, se manifestar e, ao mesmo tempo, as previsões orientadas por essa classificação são confirmadas ao menos pelos outros membros do grupo. Uma visão do mundo é um sistema de esquemas de previsão que, ao serem compartilhados por todos, tornam-se verdadeiros, validados. O sistema de previsão em função do qual agimos pode parecer insano do ponto de vista de um outro sistema de previsão, mas estamos fazendo o certo num universo onde todos os outros o compartilham. Assim, numa sociedade em que o princípio classificatório dominante é a religião, condutas que nos parecem incoerentes são vividas como coerentes e são continuamente reforçadas como tais devido ao fato de que elas encontram nas condutas orquestradas conforme às mesmas estruturas a confirmação de sua própria validade.

# Aula de 2 de junho de 1982

O ato de consagração – A luta simbólica sobre a classificação –
O capital simbólico – A manipulação das fronteiras entre os grupos –
Defender seu capital

Hoje gostaria de mostrar no que consiste a especificidade da luta simbólica. Na última aula descrevi o que chamei de efeito de teoria, o efeito de nomeação através do qual a enunciação de uma conclusão sobre o mundo social contribui para impor uma representação desse mundo. Eu poderia ter chamado esse efeito de teoria, indiferentemente, de "efeito de nomeação", "efeito de instituição", "efeito de constituição", "efeito de consagração" ou ainda "efeito de legitimação". É por questão de método que ofereço uma série de nomes parcialmente intercambiáveis. Com efeito, ocorre muitas vezes durante meu trabalho que o simples fato de utilizar uma palavra no lugar de outra acaba fazendo a pesquisa progredir imensamente. Por exemplo, na última aula, o efeito de teoria que analisei se parecia com uma subclasse do efeito de instituição que também analisei, e o simples fato de aproximar duas análises [realizadas] segundo sua lógica própria em espaços teóricos diferentes, em momentos diferentes, produziu em mim um efeito considerável de esclarecimento e aprofundamento. Ao dar nomes diferentes a uma operação ou instituição idêntica, podemos assim fazer desaparecer um certo número de obstáculos ao pensamento sistemático relacionados ao fato de que os campos semânticos nos quais funcionam cada uma das palavras utilizadas permanecem separados; colocar uma palavra no lugar de outra é uma técnica de pesquisa importante que, com muita frequência, ajuda a progredir. Falar de "efeito de teoria" é insistir no fato de que a designação e a nomeação dão, como se diz, novos olhos.

# O ato de consagração

Eu creio que o que dizemos sobre a ciência também vale para o discurso político, que faz perceber coisas que passam desapercebidas, que são autoevidentes. Por exemplo, toda a teoria dos formalistas russos sobre a poesia insiste no fato de que a característica do discurso poético consiste em produzir um efeito de "estranhamento" que faz perceber as coisas que a rotina coloca no "isso-é-óbvio"[115]. Não é acidente que exista um elo entre a poesia e os problemas que coloco e que um dos casos privilegiados do discurso de instituição ou de imposição ou de efeito teórico seja o discurso poético, como comprovado nas sociedades arcaicas[116]. Nas sociedades chamadas de arcaicas, esse papel de nomeação e de constituição do mundo social pela nomeação cabe ao poeta que não produz para si mesmo nem para os outros produtores, como nas sociedades em que existe um campo de produção intelectual relativamente autônomo, mas que recebe um mandato social e a missão de nomear o mundo nos momentos em que ele se torna inominável, ou seja, nos momentos trágicos e difíceis em que faltam palavras para a pessoa comum.

Esse também é o papel do profeta, e na última aula lembrei da definição que Max Weber oferece da profecia, um discurso que, precisamente, surge em tempos de crise: quando não há nada mais a se dizer diante do mundo que é tão enigmático que ninguém consegue dizer mais nada, o profeta toma a palavra e diz: "Eis o que é preciso ver". Esse efeito de teoria ou de constituição (nos dois sentidos da palavra "constituição", o filosófico e o da ciência política) também é um efeito de legitimação e de consagração. Eu acho que a palavra "consagração" é importante para enxergar um outro aspecto do efeito que quero descrever. Extremamente rica e poderosa sociologicamente, essa palavra designa um ato muito bizarro, porque consagrar alguma coisa é duplicar pela fala algo que já existe. De certa maneira, há no ato de consagração uma espécie de redundância em relação ao real; poderíamos citar Mallarmé: "O mundo acontece, não adicionaremos nada a ele"[117]. A consagração é

---

115. P. Bourdieu discutirá essa teoria também nas aulas de 7 de dezembro de 1982 e 11 de janeiro de 1983 (que serão publicadas no segundo volume desta série), em *As regras da arte* (Op. cit., p. 228ss. [331ss.]) e em *Manet – Une révolution symbolique* (Op. cit., p. 370-373).

116. Sobre esse ponto, cf. BOURDIEU, P. & MAMMERI, M. "Diálogo sobre a poesia oral na Cabília". In: *Revista de Sociologia e Política*, n. 26, 2006 [Trad. de Luciano Codato], p. 61-81 ["Dialogue sur la poésie orale en Kabylie". In: *Actes de la Recherche en Sciences Sociales*, n. 23, 1986, p. 51-66].

117. A citação exata é "A Natureza acontece, não adicionaremos nada a ela" [*"La Nature a lieu, on n'y ajoutera pas"*]. Cf. MALLARMÉ, S. "La musique et les lettres" ["A música e as letras"] (1894). In: MONDOR, H. & AUBRY, J. (orgs.). *Œuvres completes*. Paris: Gallimard, 1945, p. 647.

um ato fácil de transformar em escárnio já que, por exemplo, só podemos consagrar uma diferença que existe, mas por que consagrá-la se ela já existe? De certa maneira, poderíamos negar a ação simbólica de consagração dizendo que ela é puramente simbólica (no sentido de quando dizemos: "ele deu um presente puramente simbólico", ou seja, nada). Com efeito, é o paradoxo do simbólico que é lembrado na palavra "consagração" – e penso que vale a pena passar por essa palavra: a consagração duplica pela fala alguma coisa que já existia. Mas, de certa maneira, essa duplicação muda tudo: aquilo que era apenas uma diferença torna-se uma distinção, alguma coisa legítima e sagrada, uma fronteira sacralizada.

De fato, quando se trata do problema da existência do grupo, da distinção social, das estruturas sociais, das divisões sociais, o ato de consagração é um ato fundamental porque ele é tipicamente uma dessas intervenções simbólicas que não são nada, ou em todo caso não seriam grande coisa se não se apoiassem em diferenças que já existem, e que ao mesmo tempo são tudo porque transformam diferenças de fato em diferenças com significado e em diferenças de direito. As diferenças diferentes (entre os sexos, idades, regiões, classes etc.) que eu tinha em mente durante todas essas análises precisam preexistir para poderem ser constituídas simbolicamente, mas elas são profundamente transformadas por sua nomeação, por sua instituição, e a palavra "instituição" que também utilizei precisa ser compreendida no sentido forte do termo. Na tradição jurídica, a palavra "instituição" tinha um sentido ativo: falava-se da instituição do herdeiro, ou seja, do ato através do qual um pai de família, por direito, institui este ou aquele de seus filhos como herdeiro – ou seja, designava-o através de um ato simbólico como autorizado a herdar, ao que ele era designado, como se diz, pelas propriedades socialmente constituídas (ele era o mais velho, o mais forte, o mais belo ou o mais corajoso etc.).

O ato de instituição ou de constituição é um desses atos aparentemente inúteis e insignificantes, mas, entretanto, carregados de uma eficácia simbólica específica e fundamental que consiste em transformar o fato em direito – o absurdo, o *datum brutum* [dado bruto], o "é assim", o "é desse jeito", em "é assim que deve ser". Essa operação de constituição, de instituição, de consagração, de nomeação ou de poder de legitimação é possível, é claro, porque existem diferenças, mas também porque essas diferenças jamais são completamente constituídas, jamais são completamente indiscutíveis. Na última aula, insisti sobre as fundamentações objetivas da ação simbólica de instituição ou de constituição, a saber, a polissemia objetiva do mundo social, sua relativa indeterminação que tem a ver, por um lado, com a pluralidade de aspectos, como dizia Max Weber, e, por outro lado, com o fato de que o futuro do mundo sempre está aberto e que, ao mesmo tempo, sempre há uma incerteza sobre o que vai acontecer. Daí o fato de que o ato de constituição assume quase sempre a forma de uma previsão mesmo que ele seja emitido de forma constativa – "A volta às aulas é boa" quer dizer: "é preciso fazer com que ela seja boa". A linguagem política está cheia dessas proposições aparentemente constativas mas na verdade performativas. O ato de constituição supõe, então, a existência de diferenças que não são absolutamente indiscutíveis, sobre as quais podemos tomar partidos diferentes e é nessa relação entre o poder simbólico de constituição, de instituição etc. e a ambiguidade do mundo que se instaura aquilo que gostaria de descrever, a saber, a luta pelo monopólio do poder simbólico, ou seja, a luta pelo poder de enunciar legitimamente a verdade do mundo[118]. Essa luta pela verdade, pelo poder de dizer o que é, pelo poder de dizer o que deve ser – essa luta pelo monopólio da performatividade é a luta política propriamente dita (ou a luta religiosa, que é um dos subcasos da luta política). É uma luta pelo reconhecimento, ou seja, pela imposição de uma forma de conhecimento do mundo social que seja reconhecida. A luta pelo poder simbólico é então uma luta pela imposição de um princípio de percepção do mundo, de um princípio de classificação, de divisão, de diacrítica, de crítica, de juízo que seja reconhecido como legítimo, fundamentado no *consensus omnium* [assentimento de todos], e que ao mesmo tempo receba desse consenso uma forma de objetividade.

Reencontramos então um problema central e que me parece estar no coração de toda reflexão sobre o estatuto da ciência social e sobre a particularidade do discurso científico na ciência social. Eu não a desenvolverei hoje, mas quero simplesmente evocá-la: o discurso sobre o mundo social pode se fundamentar, como qualquer discurso com pretensão científica, por sua validação nas coisas e pode se pretender fundamentado nas próprias coisas, mas também pode se pretender fundamentado no consenso de um grupo. Há então duas maneiras de justificar um discurso sobre o mundo social. Podemos dizer que ele é verdadeiro porque as leis que estabelece permitem fazer previsões verificadas no mundo; mas podemos [igualmente] dizer que ele é verdadeiro porque todo um grupo ou todos aqueles

---

118. Sobre o Estado como instância que reivindica com sucesso o monopólio da violência simbólica legítima e como "banco de capital simbólico", cf. os cursos do Collège de France dos anos de 1989 a 1992 publicados sob o título *Sobre o Estado*. Op. cit.

que dominam um grupo dizem que é verdadeiro e que, sendo capazes [de estabelecer] a verdade para esse grupo, eles têm um poder de verificação. Voltarei a esse ponto central[119] porque, se não distinguirmos esses dois princípios de validação do discurso sobre o mundo social, caímos numa discussão interminável sobre o estatuto científico da ciência social.

## A luta simbólica sobre a classificação

Mas reservarei esse problema para o final porque acredito que seja o mais difícil. Hoje, gostaria de definir a lógica dessa luta simbólica sobre a classificação levando em conta os objetivos e a lógica da classificação. Essa luta tem por objetivo a existência de grupos e, ao mesmo tempo, de identidades sociais, na medida em que a identidade designada a este ou aquele indivíduo depende do grupo ao qual ele é designado e da identidade designada a esse grupo. Propor o problema da classificação é então inseparavelmente propor o problema da natureza dos grupos: o que é um grupo? Quem compõe um grupo? Quem tem o poder de dizer: "Este é um grupo"? Quais são os grupos que têm o poder de dizer: "Este é um grupo"? A quem os grupos delegam o poder de dizer: "Este é um grupo"?

Para dar algo de concreto para a reflexão e não ficar em questões que podem lhes parecer abstratas, darei um exemplo preciso, o da luta em relação à nação ou à região. Nas lutas nacionalistas ou regionalistas, nas lutas feministas e nas lutas de classe, está em jogo a existência ou a não existência de grupos, os limites desses grupos e, ao mesmo tempo, a identidade das populações definidas por esses limites. Num texto que não apresentarei aqui, analisei o que está em jogo nas lutas regionalistas e o que significa a luta para impor a existência de uma região[120], e observei – nesse caso, a etimologia é muito esclarecedora – que a palavra "região", *regio*, vem, como nota Benveniste em *O vocabulário das instituições indo-europeias*[121] (toda aula eu o cito, o que deveria incentivar vocês a lê-lo com a maior urgência), da expressão *regere*, com duas expressões-chave: *regere fines*, que significa "erguer as fronteiras"; e *regere sacra*, que significa "instituir", "constituir as coisas sagradas". Isso na verdade é duplamente a mesma coisa na medida em que,

---

119. Cf. em particular o final da aula de 16 de junho de 1982, p. 158ss.

120. BOURDIEU, P. "A identidade e a representação". Op. cit.

121. BENVENISTE, É. *O vocabulário das instituições indo-europeias*. Op. cit., vol. II, p. 9-15 [9-15].

segundo a definição durkheimiana, *sacer* ou *sacra* é aquilo que é constituído por uma divisão, aquilo que engendra o limite. Quando você traça uma linha, tem um lado bom e um lado ruim da linha, e isso é o sagrado. É mais ou menos o que diz Durkheim[122]. Instituir um limite é então se colocar em posição de *regere*, o que é um estado de *rex*, de rei (a palavra *rex* é da família de *regere*). Aquele que traça limites se institui no papel de *rex* arcaico que pegava um arado, traçava o limite ao redor de uma cidade e, ao mesmo tempo, constituía o espaço sagrado da cidade. O *rex* institui um grupo. Ele se arroga, ele usurpa – e se a usurpação é legítima ou não, esse é todo o problema – o direito de recortar o mundo social, de traçar as fronteiras num mundo social que, como disse há pouco, [sempre deixa aparecer] linhas confusas, enroladas, pontilhadas. Seu papel é instituir divisões onde existia um contínuo.

Também podemos transpor para o espaço social aquilo que disse na última aula sobre a luta simbólica (eu disse que existe um efeito de teoria que é possível porque existe a ambiguidade): o mundo social, quando o analisamos estatisticamente, por exemplo, aparece como uma espécie de entrelaços, emaranhados, fronteiras pontilhadas mais ou menos espessas, heterogêneas, que se sobrepõem parcialmente. A divisão em castas se diferencia assim da divisão em classes através da introdução, nos espaços de sobreposição onde existem zonas de fluxo, de cortes decisivos de modo que todo mundo saiba bem de que lado da linha se encontra. Empregarei a metáfora, muito usada pelos estatísticos, da nuvem ou da floresta: numa nuvem, existe uma zona de fluxo onde passamos sem perceber do lugar que ainda é nuvem para o lugar onde não é mais nuvem; da mesma maneira, na borda da floresta, a densidade das árvores diminui e é muito difícil dizer realmente onde termina a floresta e onde começa o campo. Poderíamos ter esse problema em mente quando pensamos no que é uma fronteira. Qualquer um que já tenha passado na fronteira da França com a Suíça pôde perceber que uma fronteira é uma coisa muito arbitrária, o espaço não muda geograficamente. Evidentemente, os geógrafos e os políticos sempre buscam fazer as fronteiras sociais, ou seja, arbitrárias, coincidir com uma fronteira natural, e ficam muito contentes quando a verdade coincide com uma fronteira natural ("Verdade deste lado dos

---

122. Cf. DURKHEIM, É. *As formas elementares da vida religiosa*. São Paulo: Martins Fontes, 1996 [Trad. de Paulo Neves]. Livro III, cap. 5, § 4, p. 449-455 [*Les Formes élémentaires de la vie religieuse*. Paris: PUF, 1912, p. 584-592].

Pirineus..."[123]) porque pode-se assim naturalizar a fronteira. Mas existem fronteiras artificiais que se lembram de sua artificialidade. Nesse caso, o ato jurídico de delimitação exibe-se em seu arbitrário e aparece em sua verdade de recorte descontínuo num tecido contínuo. A lógica do concurso mostra que minha análise nada tem de formal e abstrato, e parte das reflexões que conto para vocês nasce do fato de levar a sério essas coisas que todo mundo conhece: por que o 29º candidato entra para a Escola Politécnica e o 30º não? Sabemos bem que é por causa de meio ponto e que os acasos da estatística não podem garantir a validade dessa diferença. Temos aqui o próprio tipo da ação da realeza, de um corte realizado por um *rex* social, com o sistema escolar como mandatário de não sei quem (a questão do mandatário é muito interessante). Um ato social, um decreto, operam uma divisão específica num tecido contínuo. De um lado, teremos as pessoas consagradas que serão consagradas como tais por toda sua vida, não importa quem se tornem; mesmo se tiverem uma lesão cerebral, continuarão a ser certificadas em suas capacidades e competências – para além de todos os acidentes e acasos naturais, elas são então socialmente constituídas para a eternidade como eleitas por serem inteligentes, professores etc. Do outro lado da linha, por uma questão de meio ponto, as pessoas serão atiradas às trevas segundo recortes que se parecem – muitas vezes se utiliza essa metáfora – com o juízo final, com uma espécie de violência da divisão entre os eleitos e os excluídos. Essa operação de discernimento, de *diacrisis*, de recorte, de definição, de limitação é de certa maneira a operação social por excelência que, para funcionar socialmente, deve fazer com que esqueçamos seu caráter arbitrário.

Isso que eu disse sobre as fronteiras naturais poderia ser dito a propósito de todos os tipos de fronteiras sociais: são divisões que, para funcionar socialmente, precisam se fazer desconhecer como divisões arbitrárias e se fazer reconhecer como naturais; e para atingir esse objetivo – e aqui está toda a dificuldade da análise sociológica que deseja distinguir, por exemplo, os efeitos técnicos e os efeitos sociais do sistema escolar –, essas divisões por consagração, no sentido que mencionei no começo, devem se sobrepor mais ou menos, até certo ponto, na medida do possível, a divisões preexistentes ou, em todo caso, dotar-se de uma eficácia social de modo que *ex post*, se não existir uma diferença *ex ante*,

---

123. Alusão ao famoso aforismo de Pascal, "Verdade deste lado dos Pirineus, erro do outro lado" (*Pensamentos*. Ed. Lafuma, 60).

produzam as diferenças que pretendem sancionar, o que é o efeito de consagração, o efeito *"noblesse oblige"*[124] que descrevi em outra ocasião[125] e que não quero recuperar aqui.

Para refletir sobre a lógica da fronteira, voltarei rapidamente à luta regional. Para que a Córsega possa ser o objetivo e o instrumento de uma luta regionalista, é preciso que existam bases objetivas: é bom que ela seja uma ilha, que tenha uma outra língua etc.; mas, mesmo que um grupo regional tenha todos os índices pelos quais reconhecemos uma região, ele pode não ter nenhum movimento autonomista e, inversamente, um grupo que não tenha nenhum dos índices (língua, fronteira natural, produção própria etc.) pelos quais reconhecemos uma região pode ter um movimento regionalista muito poderoso, o que dá uma ideia da autonomia do simbólico. Isto posto – e aqui está todo o problema da articulação da luta quanto às representações das chances objetivas de luta fornecidas pelo conhecimento da verdade objetiva –, parece-me que a luta nas representações, a luta das classificações, tem maior chance de ser bem-sucedida quanto mais fundamentada for em classificações objetivas. Penso que é possível dizer isso sem se arriscar. Isto posto, existe uma autonomia relativa da luta, que será maior quanto mais a luta puder empregar armas simbólicas. O terrorismo é uma arma que age tanto através de sua eficácia simbólica quanto de sua eficácia técnica. Existe todo tipo de técnicas, como a manifestação (voltarei à palavra "manifestação"), que permitem constituir e instituir uma diferença que preexistia mas em outro modo, o modo do "é assim".

Dessa maneira, os occitânicos viveram até o século XX sem saber que eram occitânicos e ainda se riem disso quando isso é mencionado – eles ainda não têm consciência completa de serem occitânicos. Aquele que começa a dizer aos occitânicos – porque tem interesse, porque tem um interesse mais particular em ser occitânico etc.: "Vocês são occitânicos, vocês deviam saber disso", apoia-se em bases objetivas, mas que de modo geral não são aquelas em que ele acredita. Esse era o sentido de meu artigo[126]: creio que a única base objetiva do movimento

---

124. Literalmente, "a nobreza obriga", referindo-se à crença de que o pertencimento a uma classe ou família aristocrática constrange o indivíduo a se comportar "à altura" de sua posição, especialmente em relação às classes inferiores [N.T.].

125. Cf. BOURDIEU, P. "Os ritos de instituição". In: *A economia das trocas linguísticas*. Op. cit., p. 97-106 ["Les rites d'institution". In: *Langage et pouvoir symbolique*. Op. cit., p. 175-186].

126. Sobre o exemplo da Occitânia, cf. BOURDIEU, P. "A identidade e a representação". Art. cit., p. 116-117 [285-286].

occitânico era que os occitânicos são estigmatizados. [...] Na história, muitos grupos constituíram-se sem nenhuma outra base que não fosse os efeitos de estigma de uma luta simbólica anterior.

## O capital simbólico

Tendo em vista esse conjunto de exemplos – acho que o caso do feminismo seria ainda mais claro, mas por isso mesmo talvez fácil e superficial demais – qual será a lógica da luta propriamente simbólica? O objetivo dessa luta será a aquisição de um capital de uma espécie específica que chamo de capital simbólico, o que quer dizer, rapidamente (explicarei isso em seguida), um capital de reconhecimento. Em poucas palavras, estava implícito em tudo que eu disse até agora que existir socialmente é antes de mais nada existir no modo do "é assim": existe uma região occitânica que se ignora enquanto tal, uma Occitânia em si, uma classe trabalhadora em si etc. Quando um pesquisador aplica critérios objetivos ele descobre, através de seu trabalho de teórico, que os grupos existem no papel, mas ao mesmo tempo existem no papel porque existem na realidade sem necessariamente existirem simbólica e objetivamente para a consciência dos agentes nas representações. A existência social é então um *esse*, um ser, mas também um *percipi* (emprego o latim porque isso nos liga às tradições, é simples, fica melhor para quem entende e não muda nada para quem não entende [*risos na sala*]... Não, é importante porque se eu me privar desses instrumentos do pensar, tem um monte de coisas que não consigo mais pensar). Existe então um modo de existência das coisas sociais que é um *percipi*, um ser percebido, e o capital simbólico é uma forma de ser percebido que implica da parte daqueles que percebem um reconhecimento daquele que é percebido. Podemos dizer que um dos objetivos da luta simbólica é mudar o ser ao se mudar o ser percebido, à medida que o ser percebido faça parte da verdade completa do ser quando se trata do mundo social. Eram essas as proposições às quais cheguei nas aulas anteriores: não podemos compreender completamente a realidade social se não acrescentarmos o fato de que ela não é simplesmente o que é, que ela também faz entrar por uma parte a representação que os agentes sociais se fazem dessa realidade.

O exemplo do regionalismo ilustra perfeitamente que podemos mudar o ser ao mudarmos o ser percebido. O ser dos occitânicos não é mais o mesmo desde que passou a existir uma questão occitânica, desde que as pessoas começaram a escrever "OCC" [abreviação de Occitânia]" nas placas de rua. Isso é muito importante, como podemos ver bem nas situações de descolonização: a partir do momento que – acho que esse exemplo é bem típico – um ministro argelino da Argélia independente fala no rádio, dizemos: "Como ele fala bem francês!", mas quando ele era um argelino colonizado, dizíamos: "Que sotaque horroroso que ele tem!" É uma mudança social muito importante e penso que poderá ser parecido na Occitânia: ao chegarmos a Aire-sur-l'Adour, pensaremos que as pessoas de lá falam francês com um sotaque magnífico. Isso é um detalhe, mas pode mudar muitas coisas na percepção que as pessoas têm de si mesmas e na percepção que se tem delas. Esses exemplos são um pouco irrisórios, mas acho que se fossem desenvolvidos completamente, chegaríamos a coisas muito [importantes].

A luta simbólica tem então como objetivo mudar os grupos, as relações entre os grupos, a divisão em grupos e a hierarquia dos grupos ao mudar a visão dos grupos, quer dizer, a visão que os grupos têm dos grupos, a visão que as pessoas que fazem parte dos grupos têm dos grupos dos quais fazem parte e também a visão dos outros grupos. O objetivo é mudar o princípio de visão ou de di-visão, e não existe visão que não seja divisão: quando postulo uma classe, postulo uma classe complementar; se coloco uma forma, coloco um fundo. Essa é uma das razões das representações serem quase naturalmente dualistas: a lógica do simbólico é quase automaticamente dualista. Aliás, essa é uma das taras do pensamento, especialmente quanto ao mundo social, e as sociologias estão saturadas de tipologias dualistas. Se vocês entendem o que digo, no futuro serão mais desconfiados: é normal que o discurso sobre o mundo social seja espontaneamente dualista porque essa é a lógica do conhecimento espontâneo do social, mas isso não quer dizer que uma ciência social deva sublimar esse conhecimento num discurso de aparência científica, como a sociologia faz com frequência: ela também pode tomá-lo como objeto. Essa luta simbólica é uma luta pela imposição da visão legítima das divisões, do ponto de vista correto sobre o mundo social, da perspectiva correta sobre o mundo social. A relação entre essa luta e aquilo que chamo de "poder simbólico" ou "capital simbólico" é muito simples.

Podemos enunciá-la numa fórmula que explicarei depois. A autoridade ou o poder simbólico, ou aquilo suposto ao enunciar um performativo que implica suas condições de realização, é um *percipi* que permite impor um *percipere*: é um ser percebido que dá autoridade para impor um perceber. Em outras palavras, o capital simbólico é um estatuto social, um modo de ser social, de ser no mundo social, de ser para os outros; é um ser social que é [...] reconhecido como tendo o direito de dizer: "Vejam, existem duas classes". Estamos assim na lógica pura do perceber-ser percebido. Todos podem dizer qualquer coisa, a característica da linguagem é exatamente dizer tudo, mas para poder dizer, com chances de sucesso, "existem duas classes" (ou então: "Vejam, para vocês é parecido, mas existe uma nova pequena burguesia e uma antiga pequena burguesia", ou então: "Lá temos pequeno-burgueses em ascensão, pequeno-burgueses em declínio, e [esse estatuto] orientará a leitura de seus jornais"), é preciso haver certas condições, e uma das condições é exatamente que aquele que enuncia o performativo, aquele que diz e prediz, seja percebido como tendo o direito de predizer. Estamos evidentemente num círculo.

Como se adquire esse capital simbólico? Eu não emprego o termo "capital simbólico" para me distinguir, mas porque penso que fazer isso traz mais benefícios científicos do que falar de "prestígio", "reputação" ou "honra". Seria preciso analisar as diferenças entre essas palavras muito importantes. A palavra "honra" designa o capital de algumas sociedades sem capital econômico: é o poder que temos quando reconhece-se que somos dignos de ter poder. Há uma frase de Hobbes que diz mais ou menos: "Ter a reputação de ter poder já é ter poder"[127]. As estratégias de blefe são estratégias sociais pelas quais os agentes sociais ou os grupos podem ter uma certa liberdade em relação às condições objetivas: ao fazerem crer que têm poder, e ao acreditarem que têm poder, ganham autonomia em relação à sua posição objetiva, o que é tipicamente a definição da pequena burguesia, que tira de sua pretensão de ter mais do que tem uma espécie de excedente em relação à sua definição estrita em termos objetivos[128]; essa pretensão pode ser rechaçada, mas esse excedente de representação dá uma autonomia em relação à posição estrita definida em termos estritamente econômicos.

Em muitas sociedades, o capital simbólico consiste essencialmente num sobrenome e não é por acaso que ainda hoje, em nossa sociedade, os sobrenomes – em particular os sobrenomes nobres – sejam uma forma de capital simbólico, um capital de reconhecimento que tem sua lógica própria de acumulação,

---

127. Essa frase, que P. Bourdieu cita em várias ocasiões, provavelmente é: "A reputação de poder é poder; porque ela traz consigo a adesão daqueles que precisam de proteção" (HOBBES, T. *Leviatã*, cap. 10).

128. Cf., sobre isso, BOURDIEU, P. *A distinção*. Op. cit., em particular o cap. "A boa vontade cultural", p. 298-349 [365-421].

de conservação, de transmissão e também de conversão em outras espécies de capital. Pode-se analisar os casamentos que se praticavam no século XIX entre os membros da aristocracia em declínio e americanos ou americanas ricas como uma forma de troca de uma espécie de capital por outra. No universo literário, pode-se trocar o capital simbólico pela notoriedade literária – esse capital simbólico consiste em um nome, um nome próprio, um sobrenome, e existem universos em que a acumulação consiste em se fazer um nome, ou seja, constituir-se uma imagem distintiva.

Isso que digo poderia ser o ponto de partida de inúmeras análises que vocês poderiam aprofundar e que poderiam considerar suficientes ou insuficientes; [listo] rapidamente apenas alguns temas para chegar mais rápido ao essencial. O nome próprio nas sociedades regidas pela lógica da honra é assim o capital principal: pode haver lutas pela herança do nome. Nas sociedades em que existem nome e sobrenome ("Fulano filho de Fulano"), há uma luta pela herança do nome. Por exemplo, numa linhagem na qual um ancestral prestigioso tem um nome prestigioso, haverá uma luta entre três irmãos que tenham filhos mais velhos para saber qual dos netos herdará o nome do avô e, ao mesmo tempo, uma forma de capital do nome que tem uma espécie de identificação mágica que funciona em todos os grupos. Quando se diz: "Esse homem é filho de um politécnico", estamos na mesma lógica da participação lévy-bruhliana[129], que diz que, quando se dá ao neto o nome do avô, transmite-se alguma coisa. Nenhum dos casos é mais mágico do que o outro, mas voltarei a isso mais tarde.

O nome é então uma dessas propriedades importantes em torno das quais constitui-se o capital simbólico, porque todas as representações agarram-se a ele; não é o nome em si mesmo que está em jogo, mas o nome enquanto suporte de toda uma série histórica de representações. Fulano é filho de Fulano, que é filho de Fulano, que é filho de Fulano, que foi o primeiro a fazer tal coisa, que foi um marabute importante ou cujo nome está no *Who's Who*: os títulos que dão um nome e que contribuem a fazer uma marca prestigiosa são muito variáveis nas sociedades, mas a lógica é a mesma. Essa representação se acumula imperceptivelmente, é um

---

129. Alusão à noção de "participação mística" com a qual Lucien Lévy-Bruhl tentou compreender os laços de identidade, segundo ele dependentes de uma "mentalidade primitiva" ou "pré-lógica", estabelecidos em certas sociedades entre as pessoas ou os indivíduos, e, p. ex., seus duplos ou ascendentes na ordem animal. Cf. LÉVY-BRUHL, L. *Les Fonctions mentales dans les sociétés inférieures* [*As funções mentais nas sociedades inferiores*]. Paris: Alcan, 1910. • *A mentalidade primitiva*. São Paulo: Paulus, 2008 [Trad. de Ivo Storniolo] [*La Mentalité primitive*. Paris: Alcan, 1922]. Cf. tb. a aula de 5 de outubro de 1982, a ser publicada no segundo volume desta série.

crédito, um capital de crédito (no "crédito", existe "crença") que se acumula muito lentamente, que é coletivo, do qual todos os membros participam e que pode ser perdido por um deles. Daí a solidariedade às vezes patética das sociedades de honra: o erro de um pode destruir o capital de todos. É a mesma coisa para o *numerus clausus* [limite de vagas] em nossas *Grandes Écoles*, por exemplo: se existe uma defesa completamente inconsciente e não calculada do seu nível, como dizem os detentores de títulos, é porque eles sabem muito bem que o deslize de uma pessoa faz com que o patrimônio seja perdido por toda a linhagem. Nas sociedades arcaicas, a infelicidade chegava através da mulher; nas nossas, é através do fracasso, do filho do politécnico que arruína o capital simbólico de toda a linhagem. Haveria toda uma análise a fazer das estratégias trans-históricas pelas quais os grupos tentam controlar seu capital de reputação, tentam aumentá-lo, por exemplo, através de uma gestão racional da cooptação: quando a cooptação é boa, o capital simbólico ou o crédito crescem; quando ela é ruim, diminuem etc. Inúmeros mecanismos vivenciados como psicológicos são na verdade mecanismos da gestão racional do capital simbólico. Não desenvolverei isso agora.

## A manipulação das fronteiras entre os grupos

Essa luta pelo capital simbólico sempre gira em torno dos fenômenos de nomeação, e se o nome próprio ou o nome comum de grupos, clãs, tribos é o cabide no qual se penduram as propriedades de reputação e de representação é porque na origem de toda acumulação de capital simbólico há um fato arbitrário de nomeação através do qual o grupo se constitui. Gostaria agora de tentar especificar as estratégias que a luta simbólica tenta empregar. Uma delas é a manipulação das fronteiras entre os grupos. Já indiquei a lógica universal do *numerus clausus* que estoura nas situações de concorrência violenta em que aquilo que funciona em termos de exclusão silenciosa precisa funcionar em termos jurídicos. Por exemplo, Victor Karady mostrou que as leis racistas instauradas no período entreguerras em muitos países da Europa Central intervieram em momentos em que os mecanismos sociais de eliminação silenciosa não eram mais suficientes[130]. Enquanto

---

130. KARADY, V. & KEMÉNY, I. "Antisémitisme universitaire et concurrence de classe: la loi du *numerus clausus* en Hongrie entre les deux guerres" ["Antissemitismo universitário e concorrência de classe: a lei do *numerus clausus* na Hungria entre as duas guerras"]. In: *Actes de la Recherche en Sciences Sociales*, n. 34, 1980, p. 67-97.

tivermos fronteiras em nuvens, tudo está perfeito: há o número certo de pessoas que cruzam a fronteira para que se possa dizer que todos são capazes de fazê-lo, mas não há tantos assim de modo que os pretendentes cheguem a representar uma concorrência para aqueles que já estão do lado bom. De modo geral, é assim que funciona um sistema escolar na fase expansionista: há um número suficiente de crianças vindas das classes dominadas para que se possa dizer que todos têm chance, mas não há o bastante para que as chances de reprodução sejam ameaçadas. Mas quando as leis estatísticas de eliminação não funcionam mais, é preciso fazer com que o direito intervenha. O *numerus clausus* aparece como medida expressa em situação de derrota; o *numerus clausus* é uma consequência de um fracasso dos mecanismos que, quanto mais inconscientes, mais eficazes são; as melhores fronteiras são aquelas que não precisam se afirmar. Uma das maneiras de lutar simbolicamente consiste em manipular a visão das divisões, manipular a definição dos grupos, manipular a fronteira dos grupos, dizer, por exemplo: "Será que Fulano é realmente um X [politécnico], filho de X? Será que ele é um politécnico verdadeiro? Será que ele realmente tem todas as propriedades?" Em outras palavras, será que todos os membros da classe se conformam bem à definição legítima da classe? Evidentemente, essas discussões ficam ainda mais difíceis devido ao fato de que as classes mais refinadas são aquelas que não têm definição, que são indefiníveis.

Como este é um ponto ao qual não voltarei, melhor dizer imediatamente: os grupos mais elevados e mais raros são aqueles que se definem como indefiníveis. É uma posição impregnável porque não há regra para se chegar a ela; é preciso já estar dentro para dizer o que é preciso ser para estar nela. Uma lei simples de todas as aristocracias é jamais dizer o que é uma aristocracia. E a característica das classes ascendentes é exigir a definição de indefinível; é por isso – Max Weber diz muito bem – que elas fazem conchavos com o direito e com o racionalismo[131]: "Queremos saber o que é um bom aluno, queremos saber o que é ser brilhante". Mas se começamos a perguntar coisas assim, é porque isso não é evidente. Um exemplo que sempre utilizo é um diálogo de Platão que nem sempre é lido como eu o leio, porque traduzem *arétè* (ἀρετή) como "virtude", quando se refere à excelência (ἀριστεύω: "ser o primeiro, o melhor"), a *aristos* [ἄριστος], ("aquele que

---

131. Cf. WEBER, M. *A ética protestante e o "espírito" do capitalismo* [Trad. de Antônio Flávio Pierucci]. São Paulo: Companhia das Letras, 2004 [*Die protestantische Ethik und der Geist des Kapitalismus*. Tübingen: Mohr, 1934 [1904-1905]].

supera todos os outros"): é possível definir a excelência? Como podemos definir a excelência? Os velhos e os tradicionalistas dizem que isso não se define, que é indefinível, que não se transmite, que Temístocles era um cavaleiro, que era muito, muito forte, enquanto seu filho não conseguia nada. E os sofistas, ou seja, os professores, dizem que isso pode se ensinar e que, por consequência, pode se definir[132].

Há então uma luta ideal-típica do conflito entre uma classe ascendente que quer saber para onde ascende para poder chegar lá e uma classe de abastados que, inconscientemente mas em nome de uma estratégia completamente racional, se recusa a definir o princípio apropriado de sua nomeação porque, em sua definição, está exposta a chave dela e também uma norma segundo a qual pode-se aferir que ela não existe conforme à ideia que dá de si mesma. Isso que acabo de descrever é um exemplo perfeito da luta das classificações, da luta sobre a visão das divisões e sobre o princípio em nome do qual os grupos são hierarquizados. Erguer o direito de entrada, fazer com que o custo de acesso torne-se mais difícil, é uma estratégia clássica de todos os grupos dominantes, na economia e em todos os campos sociais. Se a forma brutal disso é o *numerus clausus*, uma das formas muito mais sutis consiste em criar uma espécie de raridade específica.

A outra estratégia pode consistir em desacreditar e desqualificar. O esquema fundamental da luta simbólica em todos os campos (religioso, intelectual, literário etc.) em que o que está em jogo é simbólico é uma luta entre os detentores consagrados do capital simbólico e os pretendentes. A estratégia mais clássica dos pretendentes é o retorno às fontes. Essa é a estratégia da Reforma no campo religioso. Ela consiste em dizer aos dominantes que eles não agem conforme os valores em nome dos quais dominam e que é preciso retornar às fontes, à palavra do Evangelho, à linha pura, à linha cátara etc. O princípio de sua dominação é utilizado contra eles mesmos para desacreditá-los, para remover os fundamentos de seu capital. Da mesma maneira, no campo intelectual as lutas classicamente opõem os velhos aos jovens, e os recém-chegados acusam os antigos de se aburguesarem, envelhecerem, enferrujarem, rotinizarem, tornarem-se pomposos, metidos, solenes etc., e atacam utilizando a base sobre a qual seus predecessores constituíram

---

132. Trata-se do diálogo *Menão*, cujo ponto de partida é a seguinte pergunta [a tradução de Carlos Alberto Nunes traduz ἀρετή por "virtude"]: "Saberás dizer-me, Sócrates, se a virtude pode ser ensinada? Ou, no caso de não o ser, se é adquirida pela prática? E não sendo alcançada nem pelo ensino nem pela prática, se se acha naturalmente no homem, e de que modo?" ("Menão", 70ª. In: PLATÃO. *Diálogos I-II*. Belém: Universidade Federal do Pará [Trad. de Carlos Alberto Nunes], 1980).

seu próprio capital, ou seja, o golpe do puro e duro: "nós partimos de mãos vazias na tradição de origem etc."

É isso que acontece no interior de campos de manipulação simbólica específica (campo religioso, intelectual, literário, artístico etc.), mas, de modo mais amplo, no campo social em seu conjunto, [encontra-se um equivalente dessa estratégia na] luta para creditar e desacreditar: é o boato, a calúnia, todas as formas de ação simbólica capazes de destruir a reputação e a imagem. Por exemplo, quando investiguei a honra, os cabilas não se cansavam de avisar – é um assunto inesgotável – sua desconfiança [em relação] àquele de quem se desconfia[133]. O tema da mulher de César etc., é apenas isso, o simples fato de estar sujeito à desconfiança...[134] Todo o teatro do Século de Ouro espanhol trata desse tema. Uma novela de Cervantes, *O curioso impertinente*, ilustra muito bem o fato de que basta que alguém pense alguma coisa desfavorável sobre mim para que minha representação, ou seja, a representação que tenho de mim mesmo mas também aquela que os outros têm de mim, esteja ameaçada. Da mesma maneira, o homem honrado é uma espécie de combatente permanente da luta simbólica. Os anciãos cabilas dizem que o homem honrado está sempre de guarda: ele olha para a direita, para a esquerda, para frente, para trás; ele está sempre de olho para matar na raiz qualquer tentativa de descrédito. E, com cada tentativa que ele mata na raiz, ele acumula capital. Penso na seguinte frase: "A família de boa reputação é aquela cujas mulheres podem atravessar a praça com uma coroa de ouro na cabeça sem que se faça nenhum comentário"[135]. Em outras palavras, são pessoas tão dotadas de capital simbólico que matam na raiz a própria intenção de desacreditá-las, de desconsiderá-las, de destruir sua reputação.

## Defender seu capital

A lógica profunda dessas lutas que descrevi no nível dos fenômenos baseia-se numa lei simples: cada combatente busca impor o princípio de divisão e de per-

---

133. Cf. BOURDIEU, P. "Le sens de l'honneur". Op. cit.

134. Alusão à expressão "À mulher de César não basta ser honesta, tem de parecer honesta" (que Júlio César teria utilizado para justificar o repúdio à sua esposa Pompeia, suspeita de infidelidade com base em boatos infundados).

135. Em "Le sens de l'honneur" (Op. cit., p. 43), P. Bourdieu oferece uma versão diferente, sem dúvida mais próxima de suas fontes, dessa expressão cabila: "Suas mulheres podem passear sozinhas com uma coroa de ouro na cabeça sem que ninguém pense em atacá-las".

cepção mais conforme às suas propriedades, o que lhe dará o melhor rendimento para essas propriedades. Esse princípio fundamenta todas as definições propostas da ideologia (as definições são muitas vezes um pouco acadêmicas, muitas circularam nos últimos anos). A ideologia se engendra naquela espécie de estratégia fundamental através da qual cada sujeito social se esforça não somente para dar uma boa imagem de si mesmo, mas também para impor como universal o princípio de classificação segundo o qual é melhor classificado. No espaço universitário, que evoquei várias vezes, existe a oposição entre cientistas e literatos, e uma parte das lutas tem como objetivo a imposição do princípio dominante de definição da inteligência, da cultura etc., e cada um tem inconscientemente como princípio a universalização de seus interesses. Vejo efeitos de uma ingenuidade inacreditável todos os dias, chega a ser surpreendente. Quando vemos os debates intelectuais, é notável o grau de inconsciência dos intelectuais em relação a como são manipulados por esse princípio: uma parte enorme do que as pessoas dizem na literatura, na arte e na filosofia tem por princípio o interesse de ser literato, artista ou filósofo quando se é professor de Literatura, de Arte ou de Filosofia. Em outras palavras, muitos discursos justificativos não têm nenhum outro princípio que não a universalização não apenas de uma maneira de ser, mas também do princípio a partir do qual essa maneira de ser é a maneira excelente de ser.

Do mesmo modo, o debate entre as grandes instituições universitárias (a Escola de Altos Estudos [em Ciências Sociais], a Sorbonne, o Collège de France etc.) só pode ser compreendido nessa lógica: é a oposição pesquisa/ensino, primado do ensino/ensino da pesquisa, pesquisa para o ensino etc. Assim, uma parte considerável dos discursos no *Boletim de estudos gregos*[136] tem como princípio gerador essa espécie de intenção de impor um princípio diacrítico particularmente favorável àquele que busca sua imposição. Da mesma maneira, essas lutas terão como objetivo uma estratégia de inversão da tabela de valores e resultam em revoluções simbólicas sucessivas, com os dominados num espaço simbólico tendo como interesse, e assim como estratégia inconsciente, revolucionar a hierarquia de critérios e assim a hierarquia do poder. No começo, insisti bastante no fato de que os critérios que a ciência objetivista toma como critérios de juízo

---

136. Alusão à *Revue des Études Grecques* [Revista de Estudos Gregos] fundada em 1888, símbolo do classicismo erudito, com a qual P. Bourdieu mistura aqui o título de sua seção bibliográfica, o *Bulletin épigraphique* [Boletim epigráfico], pelo qual ela muitas vezes é chamada.

dão os poderes, quer dizer, os instrumentos de dominação: quando, enquanto pesquisador, codifico "estudou latim" – um critério puro que me permite distinguir os latinistas dos não latinistas – preciso saber que na prática isso não é mais um critério, é um poder, e que, por exemplo, em 1968 as pessoas cuja prática foi assassinada por Boris Vian[137] tinham a preocupação de defender seu valor através desse critério e também o mercado que é a garantia da reprodução de seu valor. Quando as lutas acadêmicas, com o que têm de patético (vimos exemplos muito trágicos em 1968) ganham contornos dramáticos, elas se parecem muito com contatos entre civilizações: lamentamos muito os povos – isso faz parte dos estereótipos lamuriosos de nossa sociedade – que, nas profundezas da Amazônia, vão perder sua cultura, mas existem pessoas na Europa que estão prontas para morrer pelo latim e pelo grego; elas são mais irritantes porque estão diante de nossos olhos e ainda são dominantes, mas a lógica é exatamente a mesma – também é preciso saber universalizar no outro sentido. São pessoas que, para defender seu valor, ou seja, seu ser, sem sequer terem consciência de empregar uma estratégia, são obrigadas a defender todo o universo do qual seu ser depende para sua reprodução. Eis um exemplo simples: se amanhã parassem de ensinar o latim e o grego nos liceus, todas as pessoas que têm como capital o conhecimento do latim e do grego, que investiram tempo nisso, e portanto dinheiro, seriam como os detentores de empréstimos russos[138]. Assim, entendemos muito bem que eles defendam seu mercado. Vejam que essas análises que podem parecer abstratas ou lúdicas na verdade são muito sérias.

Um outro exemplo que segue essa lógica: as lutas linguísticas. Quando se quer dar importância às lutas linguísticas no Canadá, na Bélgica ou na Irlanda, em momentos em que suspeita-se que elas não sejam "lutas verdadeiras", encontram-se objetivos econômicos. Mas defender sua língua é um objetivo econômico de primeira ordem. Uma língua é uma possibilidade de carreiras e estatutos, portanto, de renda, de chances de lucro. A partir do momento em que o Québec livre se torna um pouco mais livre, um monte de gente que era dominada passa a ocupar cargos

---

137. Aqui trata-se provavelmente de uma alusão à "redescoberta" desse escritor († 1959), cuja obra, republicada em meados dos anos de 1960, teve imenso sucesso póstumo com a juventude contestadora envolvida com maio de 1968 e que foi transformada em emblema da subversão do cânone literário (p. ex., *Le Magazine Littéraire* lhe consagra um número em abril de 1968).

138. Alusão aos títulos de empréstimos do Império Russo no século XIX que, após a ascensão dos bolcheviques ao poder em 1917, foram considerados nulos por esse governo e perderam completamente seu valor [N.T.].

no rádio, na televisão etc.; são lutas absolutamente sérias. Revolucionar a estrutura dos critérios, a hierarquia dos critérios, é revolucionar a hierarquia dos poderes. [...]

No *Vocabulário das instituições indo-europeias*, Benveniste diz que todas as palavras que querem dizer "dizer" têm uma relação com o direito[139]. Em minha interpretação, todas as palavras que estão relacionadas ao dizer são performativas; [elas participam de uma] luta pelo poder simbólico, quer dizer, para dizer o que existe e ao mesmo tempo para fazer existir o que existe. Dizer com autoridade: "A Occitânia existe" é contribuir com a luta occitânica, mas se eu utilizar minha autoridade específica de sociólogo misturado com militante para dizer: "A Occitânia não existe", posso desferir um duro golpe na luta occitânica. Digo isso de brincadeira, mas é sério. Dizer com autoridade que algo existe é contribuir a fazer existir. Eu disse: "é ser reconhecido como tendo autoridade", o que é uma tautologia. Mas quem está autorizado a falar com autoridade? E como podemos determinar quem tem autoridade para falar com autoridade? Não é por acidente que reencontramos os círculos wittgensteinianos que evoquei em muitas ocasiões. Só podemos sair deles pela metafísica e, enquanto sociólogo, digo já a vocês que não acho possível sair deles. O melhor que podemos fazer é dizer que esse círculo existe, o que representa, creio eu, um progresso considerável, porque os sociólogos giram nesse círculo há gerações: isso gera os debates entre idealismo e realismo etc., que recomeçam a cada volta.

Quem tem autoridade para falar com autoridade? Em muitas situações, o universo social designa aquele que tem autoridade para falar com autoridade. Aqui [no Collège de France] é o microfone, uma mesa etc. Para os gregos, Benveniste diz que dava-se ao orador um *skeptron*[140], um bastão que se transformou em nosso cetro, e enquanto essa pessoa segurasse esse bastão, seria a locutora legítima, teria o direito de falar. Quem tem com legitimidade esse discurso particular que é o discurso sobre o mundo social – que é uma subclasse do discurso simbólico, mas que ainda assim é o essencial das lutas simbólicas – e quais são os fundamentos reconhecidos socialmente como capazes de ter autoridade em matéria da classificação do mundo social? *Grosso modo*, há duas grandes classes de fundamentos a classificar.

---

139. BENVENISTE, É. *O vocabulário das instituições indo-europeias*. Op. cit., vol. II, p. 109ss. [133ss.].

140. Ibid. p. 29-32 [31-32].

Primeira categoria: as classificações que engajam apenas seu autor. A injúria ou o insulto, sobre os quais falei no começo, são tipicamente uma classificação *idios*, ou seja, particular. A oposição entre o *idios logos*, o discurso singular, e o *koïnon kaï theïon* (Κοινόν και θεῖον), aquele que é comum e divino, é completamente central do ponto de vista daquilo que tenho a dizer: aquele que se coloca em estado de classificar sem ser classificado como capaz de classificar, como fundamentado a classificar, sempre se expõe a ser malclassificado, a ser rejeitado como idiota ou como louco. Voltarei a isso. A loucura confirmada socialmente consiste em se arrogar uma classificação desmesurada em relação àquela que é possível se arrogar com chances de sucesso, sem ser desmentido. Acho que existe toda uma psicologia social a se fazer sobre a crise de meia-idade. Talvez vocês não enxerguem a relação, mas a crise de meia-idade remete ao problema da lacuna entre a classificação *idios* (ἴδιος) e a classificação *koïnos* (κοινός): há momentos em que "isso não funciona mais" – vejam, tudo se pode sociologizar... Existem classificações que só engajam seu autor, mas que ainda assim são autorizadas. Lembrem-se, "autoridade" vem de *auctor*, e *auctor* é o elo entre a legitimidade e a bênção mágica: Benveniste, que cito mais uma vez, relaciona a palavra *auctor* à raiz *anacréo* que quer dizer "fazer crer", "incitar" etc.[141], o que é uma propriedade do carisma segundo Weber. O chefe carismático segundo Weber, com efeito, traz a prosperidade para seu povo, essencialmente através da guerra, dos feitos, mas também a prosperidade nas colheitas, nos trabalhos cotidianos[142]; o carisma é a capacidade de *auctor* que é sua própria garantia. A única garantia do *auctor* é ele mesmo; ele tem seu dom, sua pessoa. É o curandeiro em oposição ao médico. Existe uma outra categoria para as pessoas que só engajam a elas mesmas, que é o idiota. Ele só engaja a si mesmo e fracassa. É o feiticeiro que fracassa, quem insulta e é insultado.

A segunda categoria: aqueles que engajam um grupo, quer dizer, os classificadores autorizados por um grupo para classificar. Eles recebem de um grupo uma força formativa de grupo, um poder de dizer quais são as divisões certas entre os grupos, essa espécie de poder demiúrgico de fazer os grupos. Aqui reencontramos aquilo que chamei de efeito de teoria, que consiste em fazer ver e fazer crer, em dizer: "Vejam, aqui fulano é um pequeno-burguês, lá sicrano é um burguês". Esse

---

141. Ibid. p. 150-152 [148-151].

142. Cf. WEBER, M. *Economia e sociedade*. Op. cit.

efeito de teoria se torna o que chamo de um efeito de instituição quando aquele que o exerce é autorizado por um grupo, tem autoridade para fazê-lo, tem poder de validar seu juízo, tem ao menos um esboço de poder normativo, jurídico.

Poderíamos fazer uma tabela de dupla entrada: vocês teriam dois eixos – um para o grau de institucionalização, outro para o grau de positividade.

| | | Institucionalização | |
|---|---|---|---|
| | | - | + |
| **Positividade** | - | Injúria (3) | Condenação perpétua (2) |
| | + | Lisonja (4) | Nomeação oficial (1) |

A nomeação oficial (1) – alguém que é nomeado pelo presidente da República ou pelo presidente do conselho – é um ato ao mesmo tempo positivo (nomeia-se alguém para uma posição nobre) e altamente institucionalizado. A condenação perpétua (2), condenação à morte, é um juízo negativo proferido pelo grupo e fortemente institucionalizado. A injúria (3) é um juízo fracamente institucionalizado e negativo; a lisonja (4), um juízo positivo e fracamente institucionalizado (ela ocorre de uma pessoa a outra; não se gosta muito que existam testemunhas). Eu convoco aqui o círculo da legitimidade: uma autoridade será mais poderosa quanto mais poderoso for o grupo que autoriza, e ele próprio terá mais autoridade e será mais numeroso. A nomeação pública oficial pelo poder, pelo presidente da República – aqui está todo o problema do Estado[143] – opõe-se assim à nomeação privada, aquela do pai que decide que seu filho é o herdeiro em transgressão ao Código Civil, por exemplo, algo que ainda acontece em zonas rurais.

A legitimação dependerá da extensão do grupo mobilizado pelo ato de classificação em questão. Um ato de classificação régio [*régalien*] tem força de lei e torna-se real [*réel*]. As três ordens, como descritas por Duby[144], tornam-se assim a realidade real [*royale*] do mundo social na França. O livro de Duby pode absolutamente entrar na análise: o objetivo da luta entre os cavaleiros (*bellatores*) e os

---

143. P. Bourdieu desenvolverá esse problema posteriormente em seus cursos no Collège de France de 1989 a 1992, publicados sob o título *Sobre o Estado*. Op. cit.

144. DUBY, G. *As três ordens ou o imaginário do feudalismo*. Lisboa: Estampa, 1982 [Trad. de Maria Helena da Costa Dias] [*Les Trois Ordres ou l'Imaginaire du féodalisme*. Paris: Gallimard, 1978].

bispos (*oratores*) – os *laboratores* [trabalhadores] não participam, eles estão na luta como objetivo da luta – é saber qual o princípio de dominação dominante e, segundo a lei que indiquei agora há pouco, cada um oferece como princípio de dominação que deve dominar o princípio de dominação no qual ele domina. Com isso fica simples compreender as lutas interiores da burguesia (artistas/burgueses), isso explica muito. *Grosso modo* – estou simplificando muito e não gostaria que Duby estivesse aqui... leiam o livro dele –, o poder régio institui essa luta e diz que coexistem três ordens: *bellatores, oratores, laboratores*. Ele coloca a si mesmo no topo, acima dessas três ordens, na vertical num plano ortogonal dessas três ordens, e reina sobre a base dessas três ordens constituídas como de um ponto de vista divino, o ponto de vista que o sociólogo objetivista adota: o sociólogo objetivista se coloca no lugar do rei.

Problema: como acumular nas lutas o máximo possível de capital simbólico? É preciso ser o rei. Nas situações de concorrência perfeita, teremos o insulto: eu te chamo de idiota, você me chama do mesmo; é um performativo abortado, um performativo sem base. Do lado oposto, há o monopólio absoluto do rei que diz: "Você é um cavaleiro, você virá para a corte no momento certo, você assumirá seu posto, você terá direito ao *petit lever* ou ao *grand lever*[145] dependendo de sua posição" etc. Essas situações de monopólio absoluto ou de concorrência perfeita são na verdade muito raras; é por isso que mencionei imediatamente na análise os casos extraordinariamente interessantes do insulto e do rei – é mais comum que as situações estejam entre os dois. Existem situações nas quais grupos relativamente constituídos com bases sociais maiores ou menores lutam para aumentar suas bases; todos desejam se colocar na posição de rei para poderem dizer: "Sou legítimo porque digo que sou". É a coroação de Napoleão, o erro de Napoleão que toma a coroa das mãos do papa e coroa a si mesmo.

Um dos princípios da legitimação é que é melhor que uma pessoa consagre outra. Quando lemos *Le Nouvel Observateur*, é chocante ver até que ponto os circuitos de consagração são curtos; eles são tão curtos que muitas vezes, quando se percebe isso, eles imediatamente não funcionam mais. Para que a consagração funcione, é preciso que ela seja reconhecida, e portanto desconhecida, que

---

145. Referência a rituais de etiqueta na corte de Luís XIV. O "pequeno despertar" [*petit lever*] era o momento mais privado do ritual matutino do rei, ao qual compareciam apenas seus familiares e pessoas mais importantes, seguido pelo ritual mais público e menos exclusivo do "grande despertar" [*grand lever*] [N.T.].

os circuitos sejam longos[146]. Napoleão é um circuito muito curto: ele coroa a si mesmo. É como alguém se chamar de "o maior escritor vivo", o que é frequente nos círculos literários.

As situações sociologicamente interessantes (que tentarei descrever na próxima aula) são aquelas em que estamos diante de processos que estão entre o monopólio e a concorrência perfeita, com começos de concentração (por exemplo, as escolas no campo intelectual) não completamente bem-sucedida. Existe ao mesmo tempo uma espécie de incerteza sobre o ordenamento verdadeiro. Por exemplo, essa atmosfera aparece muito bem naquilo que Proust diz sobre os salões [em *Em busca do tempo perdido*]: para as pessoas que estão completamente integradas ao universo aristocrático, não há nenhuma dúvida sobre a hierarquia dos salões, mas, quando se está um pouco de fora, é possível confundir os salões da Duquesa de Guermantes com o de Madame Verdurin. Um dos problemas da institucionalização é a criação de hierarquias num universo onde tudo flutua.

O campo intelectual é muito interessante a esse respeito, porque ele se parece muito com esses universos pré-capitalistas onde cada um luta por sua honra sozinho, triste, isolado, olhando para o lado etc. Esses universos dão a forma pura do processo. Existe então uma classificação não oficial (das grandes famílias, dos grandes intelectuais etc.) cuja representação depende toda vez da posição do classificador nas classificações: quanto mais alto você estiver nessa classificação que as pessoas não conhecem, maior a chance de saber a verdadeira classificação. Isso é muito deprimente para as pessoas que estão muito altas, porque assim que saem do universo dos poucos que conhecem as verdadeiras classificações, elas se expõem a serem confundidas com um qualquer. A aparição de Francis Ponge na televisão foi, a esse respeito, um documento sociológico notável[147]: para os eleitos, não há dúvida que Francis Ponge seja um poeta muito importante, mas como dizer isso para todo mundo? Por isso, durante o programa de televisão um monte de gente repetia: "É um poeta muito importante". A classificação universal e institucional

---

146. Cf. BOURDIEU, P. "L'allongement des circuits de légitimation" ["O alongamento dos circuitos de legitimação"]. In: *La Noblesse d'État*. Op. cit., p. 548-556.

147. P. Bourdieu devia pensar na aparição de Francis Ponge no programa literário "Apostrophes", exibido em 8 de abril de 1977. O apresentador descreveu seu convidado da seguinte maneira: "Ele se chama Francis Ponge, acaba de fazer setenta e oito anos, escreve e publica há mais de cinquenta anos; entretanto vocês quase nunca o viram na televisão, vocês nunca viram seu nome numa lista de mais vendidos".

transcende todos os grupos, é reconhecida por todo mundo. Pode-se dizer que é uma classificação de vulgarização, com base no *consensus omnium* e não apenas no consenso dos melhores, *primus inter pares* [primeiro entre iguais]; é uma classificação que transcende o grupo. Então como funciona essa classificação, como se constitui esse capital de autoridade que autoriza a dizer com autoridade como o mundo social deve ser visto?

# Aula de 9 de junho de 1982

A acumulação do capital simbólico – Os nomes e títulos como formas de objetivação – A oficialização – A institucionalização do capital simbólico – Os dois corpos – Sobre os imaginários homologados

Hoje quero tratar da lógica da acumulação do capital simbólico. Na última aula, tentei mostrar como as ações simbólicas, ou seja, aquelas que podem ser assimiladas a ações mágicas e que consistem em agir sobre o social através das palavras, supõem a posse do que chamo um capital simbólico, quer dizer, uma autoridade reconhecida por todos ou pelo conjunto de um grupo. Quero dar conta dessa espécie de magia social que é designada pela noção de performativo e que consiste no fato de que, através de palavras, de ordens ou de palavras de ordem, certos agentes sociais podem realmente mudar o mundo social. Remeto aqui à análise célebre de Auguste Comte ao opor o burguês ao proletário como aquele que age a distância sobre o mundo através de uma ação quase mágica, ou seja, das palavras, e aquele que age [diretamente] sobre o mundo e que, ao mesmo tempo, está predisposto a ter o "espírito positivo"[148]. Eu acho que essa análise, se retirarmos suas conotações um pouco metafísicas, pode ser relacionada com as análises que fiz até agora. Para dar conta dessa ação de aparência mágica, parece-me que é preciso analisar as condições sob as quais se constitui essa autoridade, esse carisma, esse poder simbólico. Em outras palavras, é preciso descrever ao menos sumariamente a lógica de acumulação do capital simbólico. É isso que tentarei fazer hoje.

---

148. COMTE, A. *Discurso sobre o espírito positivo*. São Paulo: Martins Fontes, 1990 [*Discours sur l'esprit positif*. Paris: Vrin, 1995 [1844]].

## A acumulação do capital simbólico

Para falar de modo simples e marcante, como passamos do louco que pensa que é Napoleão para Napoleão? O sujeito singular pretende agir sobre o mundo através do insulto, da maldição, da ordem impensada. Me vem à cabeça um exemplo dado por Benveniste: se eu declarar uma mobilização geral, serei considerado louco[149]. É um performativo que se empolga, que, por não ter em si mesmo suas condições de sucesso, é malsucedido. Como se pode dar ordens com sucesso? É preciso refletir sobre a expressão "com sucesso" ["*avec bonheur*"] que pode ser tomada em seu sentido objetivo e [em seu sentido] subjetivo; acho que o sucesso subjetivo supõe um sucesso objetivo, ou seja, uma adequação entre as condições de sucesso [*conditions de félicité*] objetivas e as ações que sempre supõem um pouco essas condições de sucesso. O performativo napoleônico ou o performativo de ordem, aquele do juiz que abre a sessão, aquele do chefe de Estado que declara a mobilização geral, aquele do policial que diz "Você está preso", funcionam sob certas condições, na medida em que aquele que pronuncia esses enunciados, esses "atos de fala"[150], tem um mandato para fazê-lo. No fundo, quero refletir sobre a noção de mandato, de delegação, sobre a qual, estranhamente, praticamente jamais se refletiu desde Rousseau[151] (a história da filosofia continua a ser uma disciplina extremamente importante na medida em que pode fazer ressurgir um capital de reflexões e de noções que surgiram numa certa época e depois foram esquecidas). Essa noção sobre a qual Rousseau refletiu e depois foi completamente abandonada deve ser retomada, em minha opinião. É isso que gostaria de fazer com a ajuda do trabalho de historiadores que, seguindo Kantorowicz, Post[152] etc. tentaram mostrar o que era a ação de instituição ou os atos de instituição.

---

149. BENVENISTE, É. *Problemas de linguística geral*. Vol. 1. Campinas: Pontes, 1991 [Trad. de Maria da Glória Novak e Maria Luiza Neri], p. 301 [*Problèmes de linguistique générale*. Vol 1. Paris: Gallimard, 1966, p. 273].

150. A noção de "atos de fala" (*speech acts*) vem de AUSTIN, J.L. *Quando dizer é fazer*. Op. cit.

151. ROUSSEAU, J.-J. *Do contrato social*. São Paulo: Companhia das Letras, 2011 [Trad. de Eduardo Brandão] [*Du contrat social*, 1762].

152. KANTOROWICZ, E.H. *Os dois corpos do rei*: um estudo sobre teologia política medieval. São Paulo: Companhia das Letras, 1998 [Trad. de Cid Knipel Moreira] [*The King's Two Bodies*: A Study in Mediaeval Political Theology. Princeton: Princeton University Press, 1957]. • POST, G. *Studies in Medieval Legal Thought*: Public Law and the State, 1100-1322 [Estudos sobre o pensamento legal medieval: o direito público e o Estado, 1100-1322]. Princeton: Princeton University Press, 1964.

Se o problema não tem sido colocado, ao menos em relação à questão da existência das classes que enunciei no começo, acho que é porque apareceram, como ocorre com frequência, falsas problemáticas – no caso, a problemática da tomada de consciência. Já me referi a isso várias vezes e as indicações que dei em muitas ocasiões me parecem suficientes para não precisar tratar longamente desse ponto. No fundo, propôs-se o problema do poder simbólico ou do efeito de teoria como caso particular do poder simbólico sob a forma da questão da tomada de consciência: será que um discurso teórico adequado, fundamentado na realidade, pode dar ao grupo acesso à sua própria verdade e, ao mesmo tempo, permitir que ele se constitua enquanto grupo? O grupo-alvo dessa teoria era evidentemente o proletariado. Gostaria de mostrar que essa problemática é uma interrogação de tipo intelectualista que é, por esse fato, marcada pela ilusão clássica [própria dos] intelectuais, a saber, o etnocentrismo que os leva a colocar os problemas da sociedade da maneira como eles se colocam para os intelectuais. Quero mostrar como essa problemática pode ser descartada em benefício daquela que proponho, e que consiste em se perguntar como se passa do grupo serial, de conjuntos aditivos nos quais os indivíduos são justapostos *partes extra partes* [cujas partes são exteriores umas às outras], como coisas, aos grupos constituídos que podem agir como um único indivíduo. Em vez de fazer da tomada de consciência a condição da constituição do grupo mobilizado, gostaria então de tentar mostrar como os mecanismos de delegação são a condição dos fenômenos de ação coletiva ou, em todo caso, capazes de aparecer como coletiva.

Poderíamos descrever uma série de etapas, desde a luta de todos contra todos, essa luta simbólica que evoquei na última aula a respeito das lutas de honra, até a ação exercida por um personagem com o mandato explícito para agir em nome de um grupo, quer dizer, um personagem com mandato do Estado ou em todo caso um agente do Estado. Temos, numa das pontas, a ação completamente singular daquele que defende sua honra, seu prestígio ou seu valor simbólico, por exemplo no campo intelectual, que está de alguma forma entregue a suas próprias forças e só pode invocar a autoridade que carrega consigo, ou seja, uma autoridade de tipo carismática, singular, e, na outra ponta, o mandatário, que Max Weber descreveu muito bem (depois de Rousseau, é verdade, temos Max Weber que não é pouca coisa, e o que direi prolonga o que Weber disse). O mandatário por excelência, como Weber o descreve, é o funcionário que age enquanto tem uma função; na oposição entre o padre e o profeta que mencionei na última aula temos evidentemente a referência à noção de função e de funcionário, e a função é precisamente um desses mandatos que o grupo confere a um indivíduo e que permite a um indivíduo agir em nome do grupo, que permite ao indivíduo dotado de um nome comum, de um nome de função, agir como se fosse o grupo em nome do qual ele funciona.

A gênese que evocarei é obviamente uma gênese teórica – as coisas não aconteceram desse jeito na realidade – e mostrarei em seguida que, acima de tudo, não se deve ver esse processo de objetivação como uma forma de evolucionismo no qual começamos no capital simbólico incorporado num único indivíduo para terminarmos no capital simbólico instituído num Estado. Existem, nas sociedades de Estado, setores que nunca são completamente institucionalizados e, nas sociedades sem Estado, começos de institucionalização. Portanto, não se trata de um processo linear nem de uma espécie de desenvolvimento orgânico. O que descreverei como uma evolução é na realidade um processo que nasce na luta e que sempre está em jogo na própria luta.

## Os nomes e títulos como formas de objetivação

Na última aula evoquei uma forma elementar de objetivação, a objetivação no nome próprio, no sobrenome. Encontrei um texto de Montesquieu que descreve bem o que eu disse na última aula: "Os nomes, que dão aos homens a ideia de algo que parece não dever perecer, são bastante apropriados para inspirar em cada família o desejo de estender sua duração"[153]. Montesquieu indica com isso que o nome, enquanto transcendente aos indivíduos tanto no instante quanto, sobretudo, na duração, tem a propriedade de incitar os portadores desse nome a se esforçarem para perpetuar o nome. Com efeito, hoje em dia, para justificar as estratégias de fertilidade, dizemos que trata-se de perpetuar o nome, ou ainda de defendê-lo. Existe uma espécie de realidade social do nominal – essa é a ideia central do que descrevi: o nominal é tão real quanto o real; as palavras, quando se trata de coisas sociais, são coisas, as palavras são coisas e fazem coisas. Os nomes, como o nome próprio, são um começo de institucionalização e de objetivação, ou seja, de alguma coisa que transcende as ações individuais e os indivíduos que portam o nome. Ele excede [*dépasse*] os indivíduos e os leva a se esforçarem [*se*

---

153. MONTESQUIEU. *Do espírito das leis*. São Paulo: Martins Fontes, 2000 [Trad. de Cristina Murachco]. Livro XXIII, cap. IV, p. 437 [*De l'esprit des lois*, 1758].

*dépasser*]: sabemos muito bem, a *"noblesse oblige"* que mencionei[154] é inspirada pela necessidade de conservar o capital inscrito num nome. Poderíamos invocar toda a tradição da comédia do Século de Ouro ou da luta pela glória na tragédia de Corneille; poderíamos descrever essa lógica como inspirada por uma espécie de preocupação em defender algo muito real, o valor nominal de um grupo, na medida em que é o nome do grupo que faz o grupo e em que, certamente, o nome vale aquilo que o grupo vale: é uma relação dialética de sentido duplo.

Outro exemplo de objetivação elementar: a sigla. Um grupo começa a existir quando tem uma sigla. Não é acidente que existam lutas de propriedade quanto aos títulos e às palavras. Os nomes são objetivo de lutas de apropriação e, por exemplo, nas lutas de herança intelectual, a luta para herdar o nome é extremamente importante. Apropriar-se do título de uma revista ou da herança dos durkheimianos é um objetivo muito importante porque os pais fundadores são, no campo intelectual de nossas sociedades, aquilo que os ancestrais são nas sociedades pré-capitalistas, e se a *Revue Française de Sociologie* [Revista Francesa de sociologia] consagra 60% de seu espaço para falar dos durkheimianos, isso certamente ocorre porque é um assunto interessante, mas também e sobretudo porque essa é uma herança importante e que aquele que se apropria dessa herança se apropria, por exemplo, da definição social da maneira legítima de fazer sociologia. Os nomes, as siglas – falarei mais sobre as siglas – são muito importantes na medida em que o detentor do nome e do monopólio sobre a sigla é detentor de um direito muito importante sobre o grupo. É como o direito à assinatura, sobre o qual falarei mais tarde.

Um outro exemplo de importância capital é o título: título de nobreza, título acadêmico, título de propriedade. No fundo, o título é o performativo por excelência, é um modo de falar que o portador de um título é alguma coisa, ou seja, que ele *deve* ser alguma coisa. Os títulos sempre falam no indicativo, mas no modo como quando se diz: "Esse homem é um homem", ou seja, um homem de verdade. A linguagem do título é sempre performativa, e uma socióloga portuguesa me disse que, em português, para dizer por exemplo que fulano foi nomeado bacharel, diz-se que ele "virou bacharel" [*est "crée bachelier"*]; estamos na linguagem da criação: são as percepções do mundo social que fazem a coisa nomeada; elas não se contentam em

---

154. Cf. supra, p. 110, nota 125.

descrever uma realidade preeexistente, elas a produzem. Os títulos acadêmicos, como os títulos de nobreza, dizem para aquele que os porta: "Você deve estar à altura do título que porta"; eles [funcionam assim] aos olhos das outras pessoas e o convocam [a agir] conforme aquilo que dizem e que está aos olhos das outras pessoas. Poderíamos continuar nessa linha. Esses títulos são claramente objetivações. Eles existem na forma de papéis, podem ser afixados à parede, são, portanto, visíveis. Eles são oficiais e têm um valor jurídico, ou seja, eles implicam garantias, eles dão direito a cargos, vantagens, privilégios etc. Às vezes, eles são transmissíveis sob algumas condições (precisaríamos aqui de uma análise comparada das propriedades dos diferentes tipos de títulos), eles estão sujeitos a desvalorizações: no caso da inflação, por exemplo, em função da crença em seu valor. A forma elementar da objetivação é a constituição sob forma de classes nomeadas, mas a forma definitiva da objetivação é a existência de uma garantia institucional, e, de fato, é de certa maneira com o Estado que aparece uma forma perfeitamente garantida de institucionalização.

Nessa lógica, seria preciso invocar o que chamei de "ritos de instituição" (não farei isso hoje porque não tenho tempo suficiente). Recomendo a vocês o último número de *Actes de la Recherche* [*en Sciences Sociales*] em que tentei desenvolver essa noção[155]. Darei aqui apenas o esquema: tudo se passa como se essa instituição que chamamos de o "Estado", sem sabermos o que é isso (sempre hesito com essa palavra e digo em todas as ocasiões que jamais devemos dizer frases começando com "O Estado faz alguma coisa", mas para falar, somos obrigados a dizer frases como essas[156]), dissesse que uma pessoa, em circunstâncias bem determinadas que chamo de "ritos de instituição", é isto ou aquilo. Eles são os atos de nomeação, desta vez no sentido jurídico e banal, pelos quais a pessoa nomeada torna-se ao mesmo tempo autorizada a fazer alguma coisa e legitimada a fazer alguma coisa, ou seja, ao mesmo tempo autorizada e convocada. É assim que as nomeações, que supõem uma instituição garantidora e delegante, tratam os indivíduos como portadores de uma função que lhes transcende, que lhes precede e que sobreviverá a eles; é a frase do direito canônico à qual voltarei toda hora, *dignitas non moritur* ("a função é eterna"[157]), e a característica própria do social nas estruturas das so-

---

155. BOURDIEU, P. "Os ritos de instituição". Art. cit.

156. P. Bourdieu voltará a essa dificuldade em *Sobre o Estado*. Op. cit., p. 19 [19].

157. Literalmente, "a dignidade não morre", "dignidade" no sentido da qualidade que um dignitário possui [N.T.].

ciedades com Estado é precisamente ser capaz de realizar esse milagre que consiste em produzir funções, posições, papéis sociais eternos de modo que aqueles que os ocupam participam de um momento dessa eternidade; voltarei a isso com o famoso tema dos dois corpos do rei de Kantorowicz.

## A oficialização

Em que consiste esse processo de objetivação cujos dois polos extremos indiquei – num lado, a luta de todos contra todos, a luta simbólica na qual cada um busca maximizar seu lucro simbólico ao se dar crédito e desacreditar os outros e, no outro lado, o poder de tipo estatal? Em que consiste esse processo de objetivação? Como ele produz seus efeitos? Eu acho que todos esses atos, consistam eles em condecorar alguém ou arrancar essas condecorações, colocam em jogo uma das propriedades fundamentais do social: o conhecimento comum. Não é acidente que os ritos de instituição sempre sejam ritos que chamamos de oficiais ou públicos; uma das ações mais importantes que um grupo pode realizar para si mesmo é publicar, tornar público, oficial, exibir, ostentar, tornar manifesta a passagem.

Refletiu-se muito pouco sobre a oposição entre o oficial e o oficioso. Todo mundo sabe o que é uma eminência parda, mas ninguém, ou quase ninguém, reflete sobre essa noção de publicação, sobre o que quer dizer por exemplo o fato de publicarem-se declarações de casamento[158]. São coisas muito interessantes que todos conhecem mas sobre as quais ninguém reflete. Uma palavra muito importante que foi analisada por Heidegger (ele sempre destacou as palavras importantes) é a noção de *Öffentlichkeit*[159], o estado de estar aberto, de estar patente; o social oficial é aquele que coloca as coisas no estado de estarem abertas, no estado de estarem visíveis para todos, em oposição às coisas que estão no estado oculto, fechado, coberto, em grupos pequenos, clandestino. Reencontramos assim a oposição que os durkheimianos faziam entre a religião e a magia[160]: a magia é o clandestino, a floresta, a noite, o feminino, a mão esquerda etc.; o oficial é o público, o que se

---

158. O Código Civil francês estabelece que, na véspera de todo casamento, deve-se publicar uma declaração dessa união, para que qualquer desafio ou impedimento a ela possa ser proposto antes de sua oficialização [N.T.].

159. Cf. HEIDEGGER, M. *Ser e tempo*. Op. cit., p. 180 [termo traduzido por "public-idade" nessa edição – N.T.]. • BOURDIEU, P. *A ontologia política de Martin Heidegger*. Op. cit.

160. Segundo Émile Durkheim em *As formas elementares da vida religiosa*. Op. cit., livro primeiro, cap. 1.

expõe diante de todos, à vista de todos, é o masculino, é o que pode se declarar publicamente, sem vergonha. Uma das operações mágicas que realiza a sociedade, através das quais os grupos manipulam a si mesmos, estruturam a si mesmos, constituem a si mesmos, preparam-se como já classificados para o sociólogo que vem classificá-los, consiste precisamente em fazer passar para o estado patente coisas que estavam ocultas ou, pelo contrário, censurar (a palavra "censura" deveria ser analisada mais uma vez), reprimir, colocar na clandestinidade, ocultar as coisas que gostariam de se manifestar. Essa dialética entre a publicação e a censura é uma das ações mais poderosas que os grupos realizam sobre si mesmos, e é através dessa ação que os grupos criam o simbólico. Na oposição que evoquei na última aula entre a hierarquia oficiosa (como a hierarquia dos salões descrita por Proust e que só é conhecida pelos iniciados, aqueles que já estão dentro) e a hierarquia pública (que é exibida nas gazetas, nos jornais etc.), a publicação tem um efeito determinante à medida que a hierarquia deixa de ser conhecida apenas pelos iniciados e passa a ser conhecida por todos, incluindo os profanos.

A vulgarização está completamente inserida na lógica do que acabo de dizer e, se subsumirmos a palavra "vulgarização" à análise que acabo de fazer da publicação, veremos que a vulgarização é um objetivo capital para uma comunidade científica. Se os pesquisadores têm uma relação muito ambivalente e contraditória com a vulgarização – recomendo os trabalhos de Luc Boltanski e Pascale Maldidier que apresentam os resultados de uma pesquisa com cientistas sobre o problema da vulgarização[161] – é precisamente porque ela representa a passagem da hierarquia interna para iniciados, portanto sempre contestável mesmo que na verdade seja incontestável, a uma hierarquia pública comum fundamentada no *consensus omnium*. Para que vocês sintam o que está em jogo, citarei simplesmente uma observação de Schopenhauer, que dizia – não sei onde, é uma lembrança de juventude – que uma das estratégias mais desonestas para um especialista debatendo com outro especialista na presença de um terceiro que não conhece o assunto consiste em abordar um argumento tão difícil que seu interlocutor não

---

161. BOLTANSKI, L. & MALDIDIER, P. "Carrière scientifique, morale scientifique et vulgarisation" ["Carreira científica, moral científica e vulgarização"]. In: *Informations sur les Sciences Sociales*, 9 (3), 1970. • *La Vulgarisation scientifique et son public* [A vulgarização científica e seu público]. Paris: CSE, 1977. • MALDIDIER, P. "Les revues de vulgarisation: contribution à une sociologie des cultures moyennes" ["As revistas de vulgarização: contribuição para uma sociologia das culturas médias"]. Paris: CSE, 1973.

possa responder a ele sem se tornar ininteligível para o terceiro[162]. Isso é importante para compreender os debates nas ciências sociais e o papel desempenhado, por exemplo, pelos jornalistas que mediam discussões entre especialistas, o que, infelizmente, descreve o estado das relações sociais no campo intelectual.

Esse paradigma de Schopenhauer é muito importante para compreender o que está em jogo na passagem a uma hierarquia que deve ser inconteste para poder ser dita diante de todos e que, ao ser dita diante de todos, é inconteste. Existem golpes repentinos de publicação, como, por exemplo, quando se publica num jornal uma hierarquia dos intelectuais franceses[163] – estamos absolutamente no concreto (digo isso porque espero que vocês tenham entendido que, na sociologia, quanto mais somos abstratos, mais somos concretos; não há nada pior do que o semiconcreto ou o semiabstrato que [não traz] nada de real nem de teórico). Quando se publica uma hierarquia dos intelectuais franceses de um só golpe, não importa o que se faça, constituiu-se algo de muito importante, e alguém que queira contestar essa hierarquia responderá pela contestação a essa hierarquia (que dirá que é contestada porque essa pessoa está malposicionada nela), portanto não se sai dela. Não me estenderei sobre esse assunto, mas acho que ele sempre assombrou a comunidade científica, como uma obsessão. Por exemplo, em *O conflito das faculdades* de Kant existem reflexões eternas sobre esse problema, sobre a relação entre a ciência pura e as ciências aplicadas[164]. Se a comunidade científica sempre refletiu, ainda que de forma envergonhada, sobre esse problema, é porque o que está em jogo na publicação é a autonomia do campo científico.

A passagem do oficioso para o oficial é uma operação que parece insignificante mas que é a manipulação social por excelência. É o casamento em oposição ao caso amoroso, ou ainda aquilo que pode ser dito diante de todos e assim conhecido e reconhecido por todos em oposição ao vergonhoso e ao clandestino.

---

162. Talvez se trate do estratagema 28 de *A arte de ter razão*. Petrópolis: Vozes, 2017 [Trad. de Milton Camargo Mota] [*Die Kunst, Recht zu behalten*, 1864]: "Fazemos [...] uma objeção inválida, mas somente o perito pode ver que não é válida. [...] aos olhos [dos ouvintes] ele parecerá derrotado, especialmente se a objeção, de algum modo, lança uma luz risível sobre sua afirmação. [...] Para mostrar a nulidade da objeção, o adversário teria de realizar um longo debate e retornar aos princípios da ciência ou coisa semelhante: não encontrará ouvidos fáceis".

163. Alusão à lista que a revista *Lire* publicou em abril de 1981. P. Bourdieu desenvolverá essa análise em "Le hit-parade des intellectuels français, ou qui sera juge de la légitimité des juges?" Art. cit.

164. KANT, I. *O conflito das faculdades*. Lisboa: Ed. 70, 1993 [Trad. de Artur Morão] [*Der Streit der Fakultäten*, 1798].

Se a publicação tem um efeito social muito importante, é, portanto, que a publicação enquanto tal tem um efeito de tornar lícito [*licitation*]: se isso pode ser dito publicamente, é porque é bom. (Digo isso de modo brutal e sumário, mas é para em seguida poder falar sobre as nuanças). Quando se diz pejorativamente que pessoas que realizam uma ação ilegítima "estão se exibindo", queremos dizer que elas transgridem essa lei não escrita, que é uma das leis sociais fundamentais segundo a qual – como disse Weber – as pessoas que transgridem a legitimidade precisam se esconder para fazê-lo: a prova mais manifesta do reconhecimento da legitimidade é o fato de que o ladrão se esconde para roubar[165]; lá onde uma definição ingênua da legitimidade enxergaria no ladrão uma exceção à legitimidade, está na verdade a prova suprema da legitimidade. Da mesma maneira, a vergonha cultural é o maior reconhecimento da legitimidade cultural.

Vemos assim como a publicação é tornar lícito, o que pode ser um exemplo de blefe. Uma das estratégias das camadas em ascensão consiste muitas vezes em destruir as censuras que, entretanto, só existiam enquanto eram reconhecidas como tais. O fato de enunciar palavras – basta pensar na linguagem da sexualidade, que é muito típica – que eram tabus constitui por si só uma transgressão autolegitimadora. Evidentemente, em cada caso a relação de força simbólica está em jogo: o transgressor da censura pode ser condenado como bárbaro, autor de barbaridades, para ser desacreditado, mas ele pode também ter razão se conseguir fazer com que sua transgressão seja reconhecida como legítima já que existe e se conseguir fazer com que seja reconhecido por um grupo; fazer-se reconhecer por um grupo é simplesmente se fazer entender, se fazer escutar. É claro que se ele conseguir encontrar pessoas que passem a falar como ele, ele ganhou, mas o simples fato de encontrar uma plateia ou, como se diz, um ouvido amigo já é uma vitória porque existe o reconhecimento de um grupo; o carisma profético que é subversivo afirma-se precisamente no fato de fazer entender coisas até então não ditas para um grupo que esperava apenas por isso para pensá-las, e que, ao conceder seu reconhecimento, fazem existir uma nova maneira de pensar o mundo. A legalização, a objetivação, a verbalização, a explicitação (de signos, gestos, atos etc.) implicam em si mesmas uma validação; elas contêm a afirmação do direito de se mostrar, de se exibir. Seria preciso mencionar nessa lógica o papel dos rituais, em particular dos ritos de passagem.

---

165. WEBER, M. *Economia e sociedade*. Op. cit.

# A institucionalização do capital simbólico

Terceiro mecanismo: a objetivação nas instituições, títulos e siglas conduz ao estabelecimento de uma espécie de mecanismo através do qual o capital simbólico acumulado torna-se autorreprodutivo. Não é como nas lutas de honra, em que o capital simbólico está em jogo a toda hora. Os cabilas dizem que "a honra é como uma semente de nabo": é redonda, rola e não conseguimos pegá-la[166]; em outras palavras, é extremamente volátil, podemos perdê-la com um sim ou um não, podemos ser desonrados sem saber por quê. Ela é muito frágil, como a notoriedade intelectual, cujo crédito e descrédito são muito frágeis. Com a institucionalização, o nome e o título, isso é mais raro. Já vimos isso com o que Montesquieu dizia. Podemos enlouquecer e continuarmos professores: a institucionalização dá garantias no tempo, garantias de duração, e cria mecanismos objetivos capazes de garantir sua própria reprodução.

Essa é mais uma análise que não poderei desenvolver, mas vejamos o exemplo do campo intelectual: enquanto a luta estiver no estado anárquico, uma luta de todos contra todos, a concentração do capital simbólico é extremamente difícil. Podemos dizer que temos estados do campo intelectual nos quais a luta de todos contra todos se parece com a sociedade aristocrática sob Henrique IV que Elias descreve em *A sociedade de corte*, ou seja, que a cada momento o nobre precisa defender ele mesmo sua honra, empunhar sua espada, duelar etc.[167] Quando o capital começa a se concentrar, a partir do momento em que existem instituições, academias, escolas que reproduzem academias, a partir do momento em que existem clubes, a partir do momento em que existem instituições no campo político, ou seja, partidos, aparatos, secretariados-gerais, secretariados centrais, células, a partir do momento em que existem instituições, palavras e o direito para dizer como isso funciona, regras de conduta e técnicas de sociabilidade, um monte de coisas que podem ser manipuladas – é nesse momento que a reprodução do capital simbólico pode ser garantida pelo simples controle das instituições, não é mais preciso sacar a espada. E assim como Luís XIV não precisa mais duelar sem parar e pode se contentar em regular as cerimônias do pequeno despertar e do grande

---

166. Cf. BOURDIEU, P. "Le sens de l'honneur". Art. cit.

167. ELIAS, N. *A sociedade de corte*. Rio de Janeiro: Zahar, 2001 [Trad. de Pedro Süssekind] [*Die höfische Gesellschaft*. Frankfurt: Suhrkamp, 1969], em particular o cap. "O rei prisioneiro da etiqueta e das chances de prestígio", p. 132-159.

despertar, também aquele que está no comitê central pode se contentar em garantir a reprodução do comitê central, o que não é simples, mas é algo muito diferente de garantir a reprodução de seu prestígio aparecendo na televisão, escrevendo coisas notáveis, dizendo a cada momento o que é preciso pensar sobre o mundo social, não cometendo nenhum erro, deixando as pessoas felizes etc. A partir do momento em que há objetivação, concentração, acumulação nos mecanismos e nas instituições que cuidam da reprodução etc., a partir do momento em que o capital simbólico está concentrado, a gestão desse capital assume uma forma completamente diferente.

Agora, depois de descrever isso em linhas gerais, indicarei muito rapidamente as condições sob as quais a acumulação acontece. Como eu disse há pouco, não se deve ver nisso um processo linear. Esse esquema de evolução linear, da luta de todos contra todos até o monopólio estatal com delegação é um desses esquemas recebidos que todos temos na cabeça e que uma psicanálise do espírito científico[168] deve destruir. Evidentemente há uma luta a todo instante, com recuos, passos para trás, novos começos; a concentração nunca é total, sempre há setores não controlados [a partir dos quais se pode] derrubar o centro etc.

Isso para lembrar o que eu dizia antes: existe uma luta pela institucionalização, pela objetivação e pelo monopólio do capital já objetivado e a luta pelo capital simbólico num estado avançado de objetivação é uma luta pelo controle do acesso aos instrumentos de produção e reprodução do capital simbólico objetivado. Recomendo a descrição que proponho na primeira parte de *O senso prático* da oposição entre as sociedades nas quais o poder repousa sobre o capital pessoal dos indivíduos e as sociedades nas quais repousa sobre o controle dos mecanismos objetivos[169]. Portanto, não um modelo linear, mas pelo contrário uma lógica da luta pela conservação e aumento do capital objetivo através do controle das instituições nas quais ele já está encarnado. Existe uma espécie de magia social através da qual os grupos se produzem e produzem sua própria representação. (De uma vez por todas, a palavra "representação" deve ser tomada em todos os sentidos do termo: de representação mental, representação teatral e no sentido de delegação, quando se fala de representantes do povo.) Em que consiste esse trabalho, e como

---

168. Referência à obra de Gaston Bachelard: *A formação do espírito científico*. Rio de Janeiro: Contraponto, 1996 [Trad. de Estela dos Santos Abreu] [*La formation de l'esprit scientifique*. Paris: Vrin, 1938] [N.T.].

169. Cf. BOURDIEU, P. *O senso prático*. Op. cit., p. 203-225 [209-232].

ele se produz? A pergunta que quero responder é: como os grupos se produzem? Com isso não quero dizer que os grupos são mestres e possuidores de sua própria identidade, que eles podem por puro decreto fazerem-se existir como quiserem. Já falei bastante nas aulas anteriores que essas estratégias mágicas só funcionam dentro de certos limites. Isto posto, dentro desses limites, os grupos exercem sobre si mesmos e ao mesmo tempo sobre outros grupos uma espécie de ação mágica.

## Os dois corpos

Para descrever a lógica dessa magia, refiro-me a dois autores importantes, Kantorowicz e Post. Esses dois historiadores têm em comum tomarem como objeto uma reflexão desenvolvida desde a Idade Média. O subtítulo do livro de Gaines Post é *Direito público e o Estado, 1100-1322*[170]. Post refletiu essencialmente sobre o direito canônico e sobre a reflexão dos canonistas quanto ao direito, e Kantorowicz refletiu sobre as obras dos juristas ingleses [numa época mais tardia]. Eles têm em comum o fato de tomarem como objeto de reflexão sociológica, mais exatamente, de trazer ao estatuto de discurso sociológico sobre o mundo social, aquilo que há muito era lido como uma simples reflexão teológica, e isso não por acaso. Por exemplo, Kantorowicz diz que, nessa literatura dos juristas ingleses, há uma espécie de equação que aparece o tempo todo, um tipo de equivalência entre *mysterium* e *ministerium*, a ponto de parecer quase um erro de impressão[171]. Isso é interessante em vários níveis. Se lemos um tratado de direito canônico de maneira inocente, temos a impressão, sem especialmente ter preconceitos anticlericais, de lidar com teologia, com uma linguagem completamente irreal e irrealista, com um discurso que fala do além e não tem nada a ver com as coisas deste mundo. Na realidade, uma vez descartada essa aparência, descobrimos, por exemplo, que, quando os canonistas dizem que "A Igreja é o corpo do Cristo", "os bispos são a Igreja", "A Igreja é os bispos" etc., eles não propõem equações teológicas e sim

---

170. POST, G. *Studies in Medieval Legal Thought*. Op. cit.

171. KANTOROWICZ, E.H. *Os dois corpos do rei*. Op. cit. • "Mysteries of State: an absolutist concept and its late medieval origins" ["Mistérios de Estado: um conceito absolutista e suas origens na Baixa Idade Média"]. In: *Harvard Theological Review*, vol. 48, n. 1, 1955, p. 65-91. P. Bourdieu desenvolverá notavelmente essa análise em "O mistério do ministério: das vontades particulares à 'vontade geral'" (2001). In: WACQUANT, L. (org.). *O mistério do ministério*: Pierre Bourdieu e a política democrática. Rio de Janeiro: Revan, 2005 [Trad. de Paulo Cezar Castanheira] ["Le mystère du ministère – Des volontés particulières à la 'volonté générale'". In: *Actes de la Recherche en Sciences Sociales*, n. 140, 2001, p. 7-11].

sociológicas na medida em que a sociologia pertence à teologia e que o mundo social pertence, em parte, à magia.

Eu fui injusto agora há pouco quando disse que ninguém além de Rousseau refletiu sobre a noção de delegação: Max Weber foi aquele que mais refletiu sobre esse mistério da encarnação do Estado numa pessoa, já que o funcionário é aquele que encarna, enquanto corpo biológico, uma pessoa moral transcendente. Mas se Max Weber refletiu sobre esse mistério da encarnação das entidades coletivas, ele continuou prisioneiro da ilusão racionalista porque descreveu esse processo como um processo de racionalização. Nas análises clássicas da sociologia do direito de Max Weber, da sociologia do poder etc., sempre passamos por três estados: um estado tradicional, rotineiro, um estado carismático e em seguida o estado racional ou burocrático, e tudo se passa como se a magia, presente no estado carismático por exemplo, desaparecesse no estado burocrático[172]. Ora, se vocês me escutaram até agora, o que quero dizer do começo ao fim é que existe magia no próprio coração do Estado racional. A colação de grau na universidade, por exemplo, é um ato mágico exatamente do mesmo jeito que as ações que Lévi-Strauss descreve em "O feiticeiro e sua magia"[173]. É o esquema evolucionista que rejeitei várias vezes desde que comecei. A divisão em disciplinas entre a etnologia e a sociologia contribuiu para que não conseguíssemos ver que é a mesma coisa.

Kantorowicz cita uma frase de Francis Bacon que resume toda a tradição dos juristas do direito inglês sob a Rainha Elizabeth: "*Corpus corporatum in corpore naturali, et corpus naturali in corpore corporato*" – "Um corpo *corporé* num corpo natural e um corpo natural num corpo 'corporado' [*corporé*]"[174]. Há uma outra frase em inglês, quase intraduzível: "*The king as King was 'incorporated with his subjects, and they with him'*"[175]. As palavras interessantes, obviamente, são "corpos". Os sociólogos que trabalham com os "grandes corpos do Estado"[176], o acesso

---

172. Cf. WEBER, M. *Economia e sociedade*. Op. cit.

173. Cf. LÉVI-STRAUSS, C. "O feiticeiro e sua magia" (1949). In: *Antropologia estrutural*. São Paulo: Cosacnaify, 2008 [Trad. de Beatriz Perrone-Moisés], p. 181-200 [*Anthropologie structurale*. Paris: Plon, 1958, p. 183-203].

174. KANTOROWICZ, E.H. *Os dois corpos do rei*. Op. cit., p. 264 [438].

175. Ibid., p. 263 [438]. Na tradução brasileira de Cid Knipel Moreira, temos "O rei como Rei [era] 'incorporado com seus súditos, e estes com ele'".

176. Em português, o termo correto seria "órgãos do Estado", mas preferi uma tradução literal do francês "*corps de l'État*" para não perder a analogia que P. Bourdieu desenvolve nesta seção [N.T.].

aos grandes corpos, jamais fizeram a relação entre os corpos do Estado e o corpo. O mérito dessa frase é dizer: o corpo *corpore* é o corpo constituído. [...] É a definição do rei, mas isso também pode designar o presidente da República, o professor, o padre etc. De modo geral, é o funcionário no sentido mais geral do termo: é aquele com mandato para realizar uma função *ex officio* e não *motu proprio*, por conta própria. Quanto à segunda citação ("o rei em seu corpo político está incorporado a seus súditos e seus súditos a ele"), há uma frase análoga de um santo da Idade Média que dizia: "A Igreja é os bispos; os bispos são a Igreja"[177]. Isso nos traz de volta a colocar uma equação simples: o corpo constituído, o *collegium* por exemplo, é a mesma coisa que o corpo biológico sobre o qual dissemos que recebe um mandato através de um rito de instituição para representar o corpo constituído: "Você tem o mandato oficial para ser a partir de agora o *collegium*, a *communitas* etc."

Os ritos de instituição (as aprovações de teses de doutorado, por exemplo) produzem essa espécie de transubstanciação de modo perfeitamente análogo ao que acontece na Eucaristia: aqui está meu corpo, aqui está meu sangue; isso pode parecer pão e vinho, aquilo pode parecer um homem qualquer, [mas] na verdade é o grupo, e o *king* não é mais um corpo mortal. Há uma frase magnífica que diz que o corpo sempre está suscetível a ser atingido pela *imbecilitas* (ele é fraco, ele é mortal), mas que ele é portador de um outro corpo[178]. O título do livro de Kantorowicz é *Os dois corpos do rei* e o problema metafísico que esses teólogos se colocam é saber como esses dois corpos podem se pôr de acordo. Obviamente, eles dizem que o corpo jurídico é o corpo superior, é o corpo constituído como dever-ser, é o rei coextensivo a seus súditos, é de Gaulle dizendo "eu sou a França"[179]. Eu comecei colocando a questão da diferença entre o louco que pensa que é Napoleão e Napoleão; se alguém diz na rua: "Eu decreto a mobilização geral, eu sou a França", perguntaremos se ele está bem, mas se o chefe de Estado diz: "A França, pela minha boca...", isso funciona sob algumas condições, e é uma realização particularmente bem-sucedida do *corpus corporatum*. No fundo, a questão

---

177. Na verdade, trata-se de uma frase atribuída ao Pai da Igreja Cipriano de Cartago (*c.* 200-*c.* 258), que na Idade Média tornou-se o santo patrono da cidade de Toulon: "o bispo está na Igreja e a Igreja no bispo" (Apud KANTOROWICZ, E.H. *Os dois corpos do rei*. Op. cit., p. 265 [505]).

178. Ibid., p. 21-23 [8-9].

179. Referência à frase supostamente dita por Charles de Gaulle após a capitulação francesa na Segunda Guerra Mundial, conclamando os franceses à resistência [N.T.].

que se coloca em todas as sociedades é a seguinte: como fazer para que realidades transcendentes, as coisas que não podemos nomear, ou ainda que são apenas uma palavra, existam de maneira permanente e durável. Eu acho que Durkheim sentiu esse problema e vocês reconhecem esse tema da transcendência dos grupos em relação aos indivíduos. Mas eu acho que ele ao mesmo tempo nomeou e se livrou desse problema através de todas as teorias da consciência coletiva[180]. Ele ofereceu soluções metafísicas e a dificuldade da ciência social é falar cientificamente das coisas que são metafísicas e não metafisicamente das coisas que acreditamos serem reais. A metafísica está no mundo social, não é o sociólogo que a inventa. Eu acho que o sociólogo tem que lidar com realidades metafísicas, ou seja, mágicas. A sociedade faz magia sem parar, e a maior dificuldade é que o sociólogo, enquanto cientista, tem para pensar essa coisa mágica uma ciência que destrói a magia, que é antagônica à magia. É por isso que o perigo, nesse tipo de problema, é acreditar rápido demais que o compreendemos.

Volto a *mysterium* e *ministerium*. A palavra "ministério" é uma palavra surpreendente que designa exatamente a delegação. O ministro é um vigário de alguma coisa. Assim como o padre é um vigário de Cristo, o ministro é um agente, dirão, do Estado, quer dizer, do conjunto de cidadãos. Tentarei agora resumir as análises de Post[181]. Ele tenta descrever a teoria com a qual os canonistas pretendem dar conta dessa espécie de ministério que é o corpo constituído. O corpo constituído no qual eles pensam é a Igreja: o que é a Igreja? Quem tem o direito de falar em nome da Igreja, de exercer os atos performativos, de dizer "a Igreja é contrária à contracepção"? Segundo as teorias internas dos canonistas relatadas por Post, a existência dos corpos constituídos está ligada ao direito de representação, tomando a palavra "representação" nos três sentidos: é o direito de falar e agir em nome do grupo, de estar em representação diante do grupo e diante dos outros grupos com a pretensão de encarnar o grupo, de fazer com que tudo que eu digo seja como se tivesse sido dito pelo e para o grupo. O porta-voz não é aquele que fala pelo grupo: ele é o grupo. Creio que estamos no coração do fetichismo. O porta-voz, sobretudo nos usos "democráticos" dessa lógica da delegação, esforça-se em indicar ou deixar entender que ele não se esquece de que não é o grupo, mas

---

180. Sobre a noção de "consciência coletiva", cf. DURKHEIM, É. *As formas elementares da vida religiosa*. Op. cit.

181. POST, G. *Studies in Medieval Legal Thought*: Public Law and the State, 1100-1322. Op. cit.

a lógica do fetichismo social é tal que o grupo é levado a "esquecer" a delegação, o que faz com que o porta-voz tenha vantagem sobre ele. E a característica do fetichismo social que está inscrito na lógica da delegação consiste no fato de que o delegante se esquece enquanto delegante e, ao mesmo tempo, esquece que é o fundador do poder que age sobre ele.

Como o representante se declara, como ele se faz reconhecer como representante legítimo? Cito: "O representante, seja quanto ao rei ou ao bispo, personifica o grupo enquanto *procurator*"[182], quer dizer, aquele que tem procuração, que está encarregado. Encontramos aqui um tema heideggeriano. Se Heidegger questionava a previdência social, na qual enxergava o tipo de delegação pela qual as massas eram expropriadas de modo alienado e estúpido quanto à responsabilidade por seu destino próprio etc.[183], ainda assim ao mesmo tempo ele refletia sobre uma coisa extremamente importante: a delegação através da qual os grupos abdicam de sua própria liberdade em benefício de um Estado. O representante personifica o grupo enquanto *procurator* autorizado a monopolizar a expressão e a ação coletivas; esse monopólio é simbolizado pelo monopólio do *sigillum authenticum*; o *sigillum* é o selo (de onde vem nossa palavra "sigla"), e o *sigillum authenticum* é aquilo que permite o selo oficial, por exemplo sobre o qual são gravados os símbolos, a efígie, as armas ou a divisa de um soberano, de um bispo ou de uma comunidade. As duas comunidades sobre as quais os juristas muito refletiram são, por um lado, a comunidade universitária, *universitas, collegium*, e pelo outro, a comunidade eclesiástica. Em que momento um grupo tem o direito de existir enquanto grupo? Ele tem o direito de existir quando recebe o *sigillum*, ou seja, esse tipo de técnica social muito misteriosa que permite ao detentor do selo autenticar todos os seus atos e todas as suas palavras como sendo atos coletivos e que, ao mesmo tempo, faz existir o grupo como uma única pessoa, o que é extremamente importante.

Eu disse agora há pouco que tinha descartado o problema da tomada de consciência. Mas se pensarmos novamente na *Crítica da razão dialética* de Sartre, vocês verão que o problema que estou analisando é, penso eu, aquele que Sartre

---

182. Isso não parece ser uma citação propriamente dita, e sim uma síntese do primeiro capítulo ("Os mestres parisienses enquanto corporação" da primeira parte ("Comunidade corporativa, representação e consentimento") da obra. Ibid., p. 27-60.

183. Cf. BOURDIEU, P. *A ontologia política de Martin Heidegger* (Op. cit.) sobre HEIDEGGER, M. *Ser e tempo*. Op. cit., p. 173.

quis tratar quando escreveu uma espécie de gênese transcendental do grupo[184]: partimos do indivíduo – como sair da individualidade? – [depois abordamos] a promessa, o grupo em fusão etc. Infelizmente, na lógica de Sartre, jamais encontramos o grupo. Por quê? Porque há um salto, talvez um salto mortal, que é a passagem do grupo existente *partes extra partes* ao grupo que, através da lógica do *sigillum authenticum*, delegou a uma pessoa ou a um conjunto de pessoas o poder plenipotenciário de agir, de pensar, de falar em seu lugar. A partir desse momento, o representante torna-se o substituto real, uma espécie de universal concreto, o substituto do universal, e se ele é o substituto do universal, quer dizer, do Estado, do *consensus omnium*, ele é o universal realizado e sua palavra tem força de lei. Sua palavra então é imediatamente autoverificadora. Se ele diz: "Eu te nomeio professor", você se torna professor. Eu poderia ter citado um outro autor, Schramm, que, na mesma lógica de Kantorowicz, refletiu sobre os símbolos da realeza e a noção de coroa (nos dois sentidos da palavra: a coroa como objeto e no sentido de "leis da Coroa" e do costume sucessorial[185]). Ele mostra – é um belo exemplo – que, em última instância, a coroa é a objetivação: a partir do momento em que existe uma coroa objetivada, pode-se fazer um golpe de Estado apropriando-se da coroa, mas enquanto não há objetivação, o golpe de Estado é impossível. Entre os cabilas, não pode acontecer um golpe de Estado, nem no campo intelectual. Para que exista um golpe de Estado é preciso haver o Estado, quer dizer, que o poder simbólico esteja concentrado em instituições que possam ser apropriadas por uma única pessoa e em nome das quais ele possa governar como uma única pessoa.

## Sobre os imaginários homologados

Até aqui, isso parece relativamente simples, mas no que consiste essa espécie de transubstanciação, essa passagem de um simples *corpus naturale*, de um simples corpo biológico, a um corpo social? Os canonistas dizem que é uma ficção jurídica – *fictio juris*. É preciso tomar a palavra *fictio* no sentido forte de *fingere*, "imaginação". Também aqui não tenho tempo para desenvolver o raciocínio, mas acho que a melhor análise dessa produção imaginária do grupo por ele mesmo ainda é encontrada em Pascal, com a noção de imaginação, o poder da imaginação,

---

184. SARTRE, J.-P. *Critique de la raison dialectique*. Op. cit.

185. SCHRAMM, P.E. *A History of the English Coronation* [Uma história da coroação inglesa] [Trad. de Leopold G. Wickham Legg]. Oxford: Clarendon Press, 1937.

o papel de toda a simbologia do poder como realizadora do poder[186]. As teorias ingênuas da ideologia sempre pensam que bastaria retirar do juiz sua peruca e sua toga. Na verdade, a peruca e a toga são o poder realizado, assim como a língua jurídica. A obscuridade do discurso jurídico é a língua jurídica realizada; a linguagem de importância do filósofo é a filosofia realizada[187]. Se retirássemos esses atributos e, ao mesmo tempo, as condições que fazem com que eles se reproduzam mesmo quando são retirados, não haveria mais magia social possível.

As funções sociais são ficções[188], mas de modo algum no sentido em que teriam uma simples realidade imaginária capaz de ser destruída pela simples declaração da realidade, como a imaginação é dissipada pela percepção; elas são produções do imaginário coletivo que, enquanto tais, têm uma realidade completamente objetiva, são imaginários homologados, imaginações homologadas coletivamente e autoverificadas constantemente na medida em que são capazes de impor sua própria verificação e mostrar que são de certa maneira mais verdadeiras do que a realidade. Lembrem-se de Pascal e a "razão dos efeitos"[189], Pascal dizia: certo, isso é imaginário, mas ao mesmo tempo é completamente real, e se você o transgredir, receberá chibatadas. Em outras palavras, seria preciso fazer uma análise detalhada – dou apenas o resumo e vocês poderão fazê-la sozinhos.

Seria preciso mostrar, através da noção de imaginário e de ficção, como o grupo ao manipular sua própria imagem manipula as estruturas fundamentais do imaginário. Digo isso em público com dificuldade (há reflexões que talvez sejam verdadeiras mas são quase privadas e às vezes tenho dificuldade para enunciá-las), mas acho que uma das propriedades dessa lógica fetichista, uma de suas forças, é que ela age sobre o corpo biológico e que ao encarnar o corpo social transcendente e jurídico num corpo biológico ela produz efeitos biológicos. Tudo se passa como se o mundo social manipulasse as estruturas profundas

---

186. PASCAL. *Pensamentos*. Ed. Lafuma, 44 (82). Cf. BOURDIEU, P. *Meditações pascalianas*. Op. cit., p. 208 [247].

187. Sobre o "discurso da importância", cf. BOURDIEU, P. "La lecture de Marx ou quelques remarques critiques à propos de 'Quelques remarques critiques à propos de *Lire le Capital*'" ["A leitura de Marx ou algumas observações críticas a propósito de 'Algumas observações críticas a propósito de *Ler o Capital*'"]. In: *Actes de la Recherche en Sciences Sociales*, n. 5-6, 1975, p. 65-79 [reimpresso com o título "Le discours d'importance" ["O discurso de importância"]. In: *Langage et pouvoir symbolique*. Op. cit., p. 379-396].

188. Conclusão da *Lição de aula*. Op. cit.: "As funções sociais são ficções sociais".

189. PASCAL. *Pensamentos*. Ed. Lafuma, 80-104.

do imaginário e, por exemplo, quando se diz "o Estado", [isso remete] à imagem do pai. Se o mundo social utiliza tanto assim a magia para fundamentar as estruturas aparentemente mais racionais, é porque ele só pode obter corpos se transcender-se para tornar-se corpos místicos, quer dizer, corpos sociais, que atuam sobre os espíritos mais profundos do corpo, sobre as representações mais profundas do imaginário. Aqui acho que a sociologia e a psicanálise se reuniriam completamente, de modo, penso eu, não ficcional.

Para dizer muito rapidamente as consequências práticas dessa lógica: se é verdade que os grupos só existem de certa maneira enquanto grupos constituídos, enquanto corpos constituídos, através da alquimia da transubstanciação, toda constituição de um grupo enquanto grupo contém a ameaça, ou a possibilidade, ou até a probabilidade da usurpação. Se o que eu disse for verdade, os grupos se encontram colocados, especialmente quanto mais dominados forem, diante da seguinte alternativa: ou não existirem enquanto grupos, serem relegados ao estado atomizado de séries de indivíduos existindo *partes extra partes* na concorrência anômica, ou então existirem como uma única pessoa através da delegação, e assim estarem expostos ao desvio inerente à delegação. Voltarei a essa análise na próxima aula. Minha esperança era chegar num ponto onde poderia dizer, para causar um belo efeito: eu falei o suficiente, agora apliquem isso sozinhos para as classes sociais. Não poderei fazer isso porque não me sinto seguro de já ter chegado ao final; mas penso, apesar de tudo, que falei o suficiente para que vocês possam fazer o exercício. Na próxima semana tentarei concluir rapidamente esse problema do mistério e do ministério.

# Aula de 16 de junho de 1982

Agir "em nome de..." – Sobre a delegação – O Estado e o perspectivismo –
O problema da verdade sobre o mundo social – A validação pelo
consenso ou pelas provas objetivas

O que é um grupo ou, o que dá no mesmo, quais são os criadores de um grupo? A resposta é que os grupos se criam ao criarem os criadores do grupo. [...] Acho que seria inútil tentar sair desse círculo através de uma espécie de falsa gênese, ainda que as necessidades da explicitação conduzam à adoção de uma linguagem linear capaz de dar a aparência de uma estrutura explicativa. Portanto, os grupos se criam ao criarem os criadores do grupo, ou seja, ao atraírem uma concentração de capital simbólico. A lógica dessa acumulação reside no mistério do ministério segundo a equação totalmente determinista *ministerium = mysterium*. Assim, o grupo se cria pelo mistério do ministério, quer dizer, pelo mistério da procuração.

## Agir "em nome de..."

A palavra "procuração" mereceria uma análise etimológica. O procurador é aquele que age em lugar ou em nome de um grupo – a expressão "em nome de..." é a mais importante – e ao mesmo tempo ele faz o grupo existir pelo fato de agir ou de falar em seu nome. Poderíamos retomar aqui, mas numa lógica diferente, as célebres análises de Heidegger sobre a preocupação (*Fürsorge*) e a procuração. Existe toda uma tradição do pensamento da direita conservadora que enfatizou esse fenômeno da procuração, da delegação, imputando a ele essa espécie de abandono manifestado pelos fenômenos de assistência social – a palavra *Fürsorge* quer dizer "assistência social". Remeto aqueles interessados nisso ao artigo que escrevi há alguns anos no qual tentei mostrar o papel central dessas noções na construção da ontologia heideggeriana[190].

Essa procuração, cuja lógica tentarei descrever aqui, consiste essencialmente em duas coisas. Ela consiste em realizar o grupo nos corpos e nas coisas: seja um sindicato, um partido, um Estado, uma família, o grupo existe quando ele é objetivado nas coisas ou nas quase-coisas como os nomes, as siglas, os selos, as assinaturas, certamente o direito, ou nos corpos – o corpo do porta-voz, encarnação do grupo, aquele que pode dizer que é o grupo e que dá de alguma maneira um corpo ao grupo ao mesmo tempo que dá seu corpo ao grupo. Haveria aqui toda uma análise a fazer sobre os ritos de instituição, ritos pelos quais um grupo institui um indivíduo como seu mandatário, como membro encarregado. Esses ritos têm uma função eminente, que é de receber de alguma forma o corpo do mandatário designado, e não é acidente que os ritos que chamamos de ritos de passagem e que rebatizei – não para inventar coisas, mas porque acho que é melhor assim – como "ritos de instituição"[191] instituam uma pessoa como detentora de alguma autoridade social. Seja o herdeiro de uma família nobre, o professor nomeado, o presidente da República eleito etc., os ritos que instituem um personagem num papel social trabalham, de alguma maneira, o corpo do mandatário muito profundamente. Por exemplo, é impossível que um rito de instituição seja realizado por um procurador; é inconcebível fazer-nos representar no rito no qual seremos instituídos, e isso não é por acaso: é preciso que a pessoa pague com sua pessoa, que ela esteja lá em pessoa com seu corpo – como disse o outro: "Eu dei meu corpo para a França". Aquele que é designado e reconhecido por um grupo é de alguma maneira tomado em seu corpo, e as mutilações e os testes físicos que a maioria das sociedades causa aos iniciados nos ritos de passagem ganham completamente seu sentido na lógica que descrevo.

Assim, os ritos de instituição são os ritos através dos quais os grupos se constituem em instituições. "A instituição", essa palavra que é tão velha quanto a sociologia e que os durkheimianos utilizam muito[192], me parece merecer uma nova

---

190. BOURDIEU, P. *A ontologia política de Martin Heidegger*. Op. cit.

191. BOURDIEU, P. "Les rites d'institution". Art. cit.

192. Durkheim chegou a definir a sociologia como "ciência das instituições": "Com efeito, sem alterar o sentido dessa expressão, pode-se chamar *instituição* todas as crenças e todos os modos de conduta instituídos pela coletividade; a sociologia pode então ser definida como a ciência das instituições, de sua gênese e de seu funcionamento" (DURKHEIM, É. *As regras do método sociológico*. São Paulo: Martins Fontes, 2007 [Trad. de Paulo Neves] [Prefácio da segunda edição (1901)] [*Les Règles de la méthode sociologique*. Paris: PUF, 1981 (1895)]).

reflexão. Essa noção pouco a pouco se amoleceu nos usos sociais e um dos objetivos da reflexão deste ano consistiu precisamente em tentar reanimar essa noção um pouco morta (nas ciências sociais, podemos tentar criar palavras novas ou, e essa é uma outra estratégia de pesquisa, reanimar palavras antigas com o risco de que elas caiam num uso que apenas nós fazemos delas ou no estado sonolento em que estavam antes de nossa tentativa de reanimação). Poderíamos dizer que uma instituição existe numa forma dupla, na forma de características adquiridas em corpos socializados – o que chamo de *habitus* – e de coisas que podem ser objetos materiais. A Igreja, por exemplo, existe nas igrejas no sentido de objetos visíveis e em tudo que serve como aparelho (no sentido pascaliano) da religião: nas sobrepelizes, nas casulas, nos cibórios, nos missais, nos catecismos etc., todos eles tipos de objetos nos quais se objetiva toda uma história; e ela existe também nos corpos de todos os clérigos que são socializados e para quem esses objetos têm o valor de objetos da Igreja: é óbvio que um cibório, a partir do dia em que não existam mais cristãos para se servirem dele de maneira cristã, torna-se um objeto decorativo; assim, os museus estão repletos de objetos religiosos que, por não funcionarem mais como objetos religiosos, podem se tornar objetos de um novo culto, um culto estético[193]. Uma instituição como uma Igreja – a mesma coisa valeria para o Estado, a justiça etc. – supõe então ao mesmo tempo coisas que são uma forma de encarnação da instituição e corpos socializados para reconhecerem essas coisas como as coisas da Igreja, da justiça etc. O que faz a vida, a mudança e a existência das instituições é o encontro entre esses dois estados da história, o estado incorporado e o estado objetivado. O que faz com que uma missa possa acontecer, ou seja, que um ato que chamaremos de católico possa existir, é o encontro entre um *habitus* clerical treinado e os objetos da instituição, que serão utilizados conforme as regras que fazem a instituição. Podemos dizer a mesma coisa para uma aula magistral ou para qualquer fato social: é preciso um encontro entre as coisas e os *habitus*.

Será que essa análise consegue fazer desaparecer o círculo sobre o qual eu falava no começo? Uma dificuldade do fenômeno da instituição, que é talvez o ponto para além do qual não podemos regredir numa análise do mundo social, é

---

193. P. Bourdieu desenvolverá essa reflexão sobre a crença religiosa ou artística da qual as obras podem ser o objeto em épocas diferentes ou, num momento dado, por públicos diferentes, em "Piété religieuse et dévotion artistique – Fidèles et amateurs d'art à Santa Maria Novella" ["Piedade religiosa e devoção artística – Fiéis e amantes da arte em Santa Maria Novella"]. In: *Actes de la Recherche en Sciences Sociales*, 105, 1994, p. 71-74.

que o mistério da instituição tem a ver com o fato de que o grupo que se institui funda a instituição que faz o grupo. Em outras palavras, o grupo não se conhece nem se reconhece enquanto grupo e não existe de alguma maneira para si mesmo e para os outros grupos até que ele se encarne sob essas duas formas: é preciso que ele tome corpo e se reifique numa pessoa, num porta-voz, numa sigla (a CGT[194], Senhor X ou Y etc.), mas ao mesmo tempo essa encarnação só deve sua autoridade, sua existência enquanto instituição autorizada, ao grupo que está, digamos, por trás dela. Ao mesmo tempo existe, por assim dizer, uma espécie de relação de causalidade circular, ou um círculo vicioso, entre o procurador, o promotor, o delegado, o mandatário e o Estado, a Igreja, o grupo, o colégio que se expressa nele. É, assim, a mesma *fictio juris*, a mesma magia social – falo isso desde o começo desta aula: estamos sempre na lógica da magia –, a mesma ficção social que faz o grupo e que faz o procurador que faz o grupo. É o que dizia a fórmula inicial: os grupos se criam ao criarem os criadores do grupo.

Se estou insistindo bastante nesse círculo, é que ele me parece fundamental para entender as relações fetichistas que os grupos mantêm com sua própria realização nas coisas ou nas pessoas. É certo que o representante, o porta-voz, o mandatário é o substituto de um grupo que existe através dessa representação, ou, melhor, que só existe através dessa representação. No [livro] de Post cuja referência eu dei na última aula há mais uma citação tomada dos canonistas: "*Quod faciunt magistratus videtur ipsa universitas facere*"[195] – "O que fazem os magistrados, é a universidade [*universita* é o grupo] que parece fazê-lo". É a equação proposta por um outro canonista: *status est magistratus*[196]: o estatuto, a posição social é o ocupante dessa posição; o cargo é a função que é operacional, em atuação. É o que o policial diz quando tentamos comovê-lo dizendo: "Eu tenho três filhos etc."; e ele diz: "Regras são regras", e isso quer dizer: "Não tente encontrar em mim uma pessoa para comover, eu sou minha função". O funcionário é vítima da função. Essa equação absolutamente central entre a função e a pessoa indica que o grupo apreende a si mesmo enquanto grupo na representação que seus representantes

---

194. Confederação Geral do Trabalho, uma das maiores centrais sindicais francesas [N.T.].

195. JOÃO DE SALISBURY. *Policraticus* (c. 1159), apud POST, G. *Studies in Medieval Legal Thought*. Op. cit., p. 356.

196. "*Status, id est, magistratus*" (Ibid., p. 353).

lhe dão. Ele se reconhece enquanto grupo em seus representantes (é preciso entender o termo "se reconhecer" no sentido forte) e pode vivenciar essa experiência na forma da euforia: "Ele me expressa bem". Por exemplo, podemos analisar nessa lógica a relação que os telespectadores podem estabelecer com seu porta-voz numa entrevista.

Essa relação de delegação circular contém o princípio de um fetichismo. Como eu disse na última aula, as funções sociais (os cargos, profissões, estatutos sociais) são ficções sociais, são os produtos da crença coletiva que engendra a própria pompa, o próprio aparelho de cujos efeitos ela sofre. É a lógica característica do fetichismo. O *magistratus* pode se tomar por um *status*. Se o presidente da República pode se tomar pelo presidente da República, é porque o tomamos pelo presidente da República e até mesmo pela República, e, portanto, ele é não somente autorizado a essa espécie de loucura megalômana, mas convocado a se tomar pelo Estado e de realizar essa espécie de ultrapassagem de seus limites corporais de indivíduo singular para estar, como se diz, à altura de seu cargo. É cada vez mais comum que os presidentes da República digam: "o Estado decidiu", "a França decidiu". A fórmula me parece perigosa de um ponto de vista estritamente normativo, mas tento aqui analisar a lógica. Se os magistrados podem se tomar pela magistratura, e se essa usurpação legítima – Austin falava, a propósito dos performativos, de usurpação legítima[197] –, ou seja, desconhecida enquanto usurpação e reconhecida enquanto legítima, é possível e tem efeitos sociais, efeitos mágicos sobre as pessoas que a tornam possível, quer dizer, sobre os sujeitos, é que a relação de delegação é escondida pelo efeito do círculo: os sujeitos sociais acabam reverenciando, adorando ou respeitando o produto de sua própria reverência. Em outras palavras, o grupo, ao esquecer a lógica da delegação, adora a si mesmo em sua própria personificação. De certa maneira, a lógica da aclamação, cujo sentido indicarei daqui a pouco, é uma espécie de culto através do qual o grupo adora a si mesmo *in effigie*, numa realização imaginária de si mesmo, em sua própria personificação.

---

197. P. Bourdieu talvez aluda ao local que Austin reserva, em sua análise dos enunciados performativos, aos casos em que o locutor não tem a intenção de manter sua palavra (assim, o "vigarista" que aposta ou aquele que faz uma falsa promessa) ou não possui a autoridade necessária (evocando o caso do sujeito que, sem nem sombra do direito ao poder, batiza um navio de *Senhor Stalin*; ele ressalta que "parte do procedimento é a pessoa vir a ser designada para praticar o ato" (AUSTIN, J.L. *Quando fazer é dizer*. Op. cit., esp. p. 37 [56]).

# Sobre a delegação

Eu acho que o próprio movimento através do qual o grupo existe enquanto grupo contém o perigo do grupo ser expropriado de si mesmo. Essa talvez seja a ideia central que quero comunicar: os grupos só existem enquanto tais através da lógica do delegado, da objetivação da incorporação etc., e essa lógica contém desde o começo o perigo do desvio da delegação[198]. A lógica da aclamação através da qual o grupo reunido aclama os discursos de seu porta-voz é uma das ficções sociais através das quais os grupos dissimulam para si mesmos a ficção social e suas consequências. Quando o grupo reunido aplaude as frases de seu porta-voz, na realidade ele disfarça para si o fato da delegação, e passa a acreditar e faz acreditar que é o grupo que é o autor do discurso.

Eu desenvolvi – mas não estenderei muito essa análise aqui – a forma que essa lógica da delegação assume no caso das classes dominadas. Como é uma análise longa, há o risco de ela parecer um pouco inquietante se eu a oferecer em sua forma simplificada, mas acredito que ela seja importante e, como ela estava em minha cabeça durante toda esta exposição, seria desonesto não explicitá-la. Num texto que se chama "Questões de política"[199], analisei a relação que os meios cultos estabelecem com as questões de política. A partir de uma análise das não respostas a perguntas feitas pelos institutos de pesquisa, tentei mostrar que, quanto mais descemos na hierarquia social e na hierarquia dos níveis de instrução, para utilizar a linguagem mais simples, mais acontecia dos indivíduos questionados, em particular sobre questões políticas, sentirem-se desprovidos e refugiarem-se na não resposta, em alguma forma de abstenção ou na delegação. De alguma maneira, eles deixam a questão para os porta-vozes.

Isso é o que os teólogos da Idade Média chamavam de *fides implicita* (eles também diziam "fé do carvoeiro"): eles falavam que os crentes que não fossem capazes de chegar à *fides explicita* (ou seja, a fé capaz de se enunciar, de dar suas

---

198. P. Bourdieu desenvolverá a questão da delegação na política em "A delegação e o fetichismo político". In: *Coisas ditas*. Op. cit., p. 188-206 [259-280].

199. BOURDIEU, P. "Questions de politique". In: *Actes de la Recherche en Sciences Sociales*, n. 16, 1977, p. 55-89 (trata-se de uma primeira versão do capítulo "Cultura e política" de *A distinção*. Op. cit., p. 371-433 [463-541]). Cf. "Os doxósofos" (1972). In: THIOLLENT, M. (org.). *Crítica metodológica, investigação social e enquete operária*. São Paulo: Pólis, 1982 [Trad. de Ruth Joffily Dias, p. 153-168] ["Les doxosophes". In: *Minuit*, n. 1, 1972, p. 26-45].

próprias razões de ser, de se fundamentar na razão e no discurso) estavam destinados a uma "fé implícita". Os teólogos não desprezavam essa fé em que se pode confiar, que, apesar de ignorar suas próprias razões, não deixa de ser uma fé importante: eu escrevi em algum lugar de modo um pouco maldoso que os clérigos sempre adoraram a fé implícita porque ela deixa o discurso para eles, ou seja, o monopólio do discurso. Quando tratamos de fenômenos de estrutura como esses que descrevo, as aproximações não são de maneira nenhuma analogias superficiais, e sim homologias estruturais entre situações diferentes: entre os discursos dos teólogos falando da fé do carvoeiro e o discurso dos políticos falando das massas populares, existe uma analogia evidente que corresponde a homologias de estrutura e, portanto, de interesses. Se aproximamos a *fides implicita*, ou seja, a delegação cega, à lógica da delegação em virtude da qual os grupos, e sobretudo os grupos dominados, só existem através da intermediação dos processos que descrevi e que sempre contêm o perigo do desvio, podemos ver as consequências importantes para compreendermos as relações entre o partido e as massas que muitas vezes são descritas numa lógica idealista, ou ainda intelectualista, por toda a teoria da tomada de consciência. No fundo, um dos resultados das análises que fiz até hoje foi trazer um outro modelo das relações entre os mandatários e os mandantes nos movimentos que podemos chamar de populares.

Entre os efeitos da procuração, indiquei agora há pouco o fenômeno da concentração: onde o grupo é constituído, como diziam os canonistas, no estado de coleção de *personnarum plurium*, no estado de coleção de pessoas plurais, no estado de série, como Sartre teria dito, onde, portanto, o grupo existia *partes extra partes*, na lógica da recorrência, a delegação, a instituição de um delegado, de um mandatário ou de um grupo de mandatários provoca uma concentração. Ela permite uma representação e uma representação da unidade: os representantes, mandatários, podem representar o grupo e representar, no sentido teatral do termo, a unidade do grupo.

Enfim, na medida em que as instituições se realizam nos corpos e sobretudo, talvez, nas coisas, e nos mecanismos capazes de reproduzir o funcionamento dos corpos e das coisas, elas garantem ao grupo uma permanência que ele não tem em si mesmo. Esse é o problema que Sartre se colocava na *Crítica da razão dialética*: Sartre não conseguia imaginar outra existência do grupo que não a existência do grupo mobilizado, quer dizer, a manifestação, o grupo que se mobiliza para tomar a Bastilha, para usar o exemplo que ele menciona o tempo todo[200]. Se o grupo só existe enquanto grupo nesse gênero de circunstâncias, ele se arrisca a só existir mais ou menos uma vez a cada cem anos. Ora, o problema dos grupos é existir todos os dias, para poder responder a entrevistas, ataques etc., esteja a classe trabalhadora mobilizada ou desmobilizada, caia o preço do ouro por muito tempo ou suba o preço do pão. É a institucionalização sob a forma que analisei que permite ao grupo existir de maneira permanente, sob a forma de permanentes que garantem uma permanência nos locais, com um aparato permanente etc.

Eu deveria ter mencionado a permanência, essa propriedade inerente ao fenômeno da delegação, antes de listar os perigos do desvio: a concentração, o poder de agir como uma única pessoa em lugar do grupo oferece claramente facilidades do ponto de vista do desvio, mas se juntarmos a isso a propriedade da permanência em oposição à dispersão e à descontinuidade dos grupos representados, vemos que esse perigo é inerente à própria lógica das coisas. Ao mesmo tempo, o paradoxo da delegação faz com que o grupo que se afasta do serial e da recorrência através da delegação e da institucionalização encontra-se, diante de seus delegados, no estado de serial e de recorrente. Isso se vê claramente quando os membros de um grupo fazem petições – e a petição é o próprio tipo da lógica serial – contra seus próprios delegados. A petição significa 1 + 1 + 1 etc., tenta-se ganhar força numérica para tentar recuperar um pedacinho dos poderes que foram delegados ao delegado. Assim, essa lógica da solidão serial diante da força do corpo dos mandatários permanentes me parece inscrita numa reflexão sobre o que é a noção de instituição. É evidente que esse tipo de reflexão sempre está relacionado à conjuntura histórica[201]; jamais se deve esconder aquilo que as análises que podem parecer tratar apenas da essência podem dever a situações nas quais o problema se coloca de maneira particularmente viva, segundo a lógica da coruja de Minerva que todos conhecem[202].

---

200. SARTRE, J.-P. *Critique de la raison dialectique*. Op. cit. Sobre o exemplo da tomada da Bastilha como "regrupamento novo que dissolve uma serialidade costumeira na homogeneidade de uma cidade em fusão", cf. p. 386-394.

201. Para o contexto histórico no qual estão inscritas as pesquisas de Bourdieu, podemos nos referir a BOURDIEU, P. *Interventions 1961-2001* [Intervenções 1961-2001], textos escolhidos e apresentados por Franck Poupeau e Thierry Discepolo. Marseille: Agone, 2002.

202. Alusão à frase de Hegel no prefácio dos *Princípios da filosofia do direito*: "a coruja de Minerva somente começa seu voo com a irrupção do crepúsculo" (HEGEL, G.W.F. *Filosofia do direito*. São Leopoldo: Unisinos, 2010 [Trad. de Paulo Meneses et al., p. 44 [*Grundlinien der Philosophie des Rechts*, 1821]).

## O Estado e o perspectivismo

Uma outra conclusão que eu gostaria de oferecer: essa lógica da delegação assume uma forma bastante especial no caso da delegação ao Estado porque, certo ou errado, o representante do Estado aparece como um representante universal. Sua autoridade ou a verdade de suas ações fundamenta-se no *consensus omnium*: ele é, de alguma maneira, o depositário do senso comum. Por exemplo, no caso da nomeação (que eu retomo de maneira um pouco obsessiva e repetitiva, mas acho que é importante para fazer a ligação entre as diferentes análises que proponho), ele dá à pessoa nomeada uma perspectiva que não é um ponto de vista particular contestável a partir de um outro ponto de vista, e sim um ponto de vista que se pretende universal. Quando [o representante do Estado] diz: "Você é professor", diferente daquele que diz "Você não passa de um professor", ele premia com um título que tem valor em todos os mercados, e o melhor exemplo da nomeação universal em nossas sociedades é, acredito, o título acadêmico. É uma espécie de moeda que tem valor em todos os mercados sociais (com câmbio variável: tem seu valor máximo no mercado estritamente acadêmico, mas obviamente um valor muito menor no mercado mundano, ainda que a diferença seja maior ou menor dependendo das épocas e das sociedades); *grosso modo*, o título acadêmico é uma das nomeações que pode pretender ter chances razoáveis de sucesso, como diz Weber, de obter um valor em todos os mercados e submercados que pode-se encontrar num espaço social determinado. Portanto, é uma designação para todos, *omnibus*, em oposição às designações singulares como a injúria. Em outras palavras, o Estado poderia ser definido retomando o termo de Leibniz, de certa forma como o geometral reconhecido de todas as perspectivas, ou seja, como o lugar geométrico[203]. E o Estado, enquanto geometral reconhecido de todas as perspectivas, de alguma maneira detém o monopólio do ponto de vista legítimo sobre os sujeitos sociais.

(Não analisarei a palavra "legítimo", que pode ser entendida incorretamente por alguns, mas que, na linguagem técnica da sociologia, significa: "aquilo que é reconhecido como legítimo", "aquilo que, pelo simples fato de ser desconhecido em seu arbitrário, é reconhecido como digno de existir do modo como existe". Isso não é, de modo algum, um juízo de valor; trata-se de dizer que as pessoas reconhecem a legitimidade sem sequer precisarem fazer elas mesmas

---

203. Cf. supra, p. 62, nota 64.

uma declaração de aceitação ou de reconhecimento, basta aceitar as nomeações, chamar de "Senhor professor" as pessoas que são nomeadas como professoras, respeitar as pessoas respeitáveis.)

Aquilo que o Estado diz sobre os sujeitos sociais, através do intermediário de seus mandantes ou das instituições que o encarnam, é sua pretensão ao reconhecimento universal. E assim como Max Weber dizia que o Estado se define pelo "monopólio da violência legítima"[204], eu direi que o Estado se define pelo monopólio da violência *simbólica* legítima, quer dizer, que esses atos de violência simbólica – dos quais a injúria é uma forma – através dos quais buscamos a todo momento impor um ponto de vista sobre os outros, e ao mesmo tempo uma visão de mundo, tendem, quando são feitos pelo Estado, a ser reconhecidos universalmente, e podemos ver o sucesso dessa pretensão ao monopólio na própria luta que alguns agentes sociais precisam opor a esse monopólio[205]. Eu acho que seria preciso analisar dentro dessa lógica a relação que os intelectuais estabelecem com algumas formas de consagração em que, como no caso da Legião da Honra, o arbitrário da violência simbólica legítima revela-se particularmente: a relação dos intelectuais com a consagração naquilo que ela tem de ostentação, e assim de ridículo, pode ser compreendida como uma luta contra o monopólio da violência legítima. Ao recusarem consagrações externas desse tipo, em nome da ideia de que eles são capazes de se consagrarem apenas entre si mesmos – o que é seu interesse estratégico (se fosse sempre assim, eles se defenderiam bem melhor) –, os intelectuais afirmam que têm o monopólio da consagração das coisas intelectuais. Mas o fato de que eles precisam fazer isso, precisam recusar com barulho os títulos e honrarias temporais, prova que existem entre os intelectuais aqueles que aceitam serem reconhecidos com esses signos de reconhecimento. Não prolongarei a análise porque ela se tornaria dolorosa para todos aqui.

O Estado pode pretender ter o monopólio da violência simbólica legítima mas, obviamente, esse monopólio nunca se realiza completamente. No discurso, é preciso prestar atenção a esses deslizamentos, essas passagens ao limite que

---

204. Alusão à definição de Max Weber do Estado contemporâneo como "uma comunidade humana que, dentro dos limites de determinado território [...] reivindica o monopólio do uso legítimo da violência física" (WEBER, M. *Ciência e política*: duas vocações. Op. cit., p. 71). Cf. tb. WEBER, M. *Economia e sociedade*. Op. cit., vol. 1, p. 19-20.

205. P. Bourdieu voltará a analisar esse ponto com muito mais detalhes em seus cursos de 1989-1992, publicados sob o título *Sobre o Estado*. Op. cit., esp. p. 405-409 [314-317].

mudam tudo. O próprio Estado é contestado em seu monopólio que é ele mesmo um objetivo de lutas para as pessoas que pretendem se apropriar do poder do Estado, mas também no interior da sociedade como um todo. Isto posto, no terreno cultural, por exemplo, eu acho que o monopólio da violência legítima do Estado quase não é contestado. Esse monopólio se exerce através do sistema escolar, e mesmo que exista uma vaga contestação do título acadêmico, é certo que na prática cotidiana o título escolar recebe um respeito desmesurado e que a contestação do monopólio da violência simbólica é completamente irrisória.

Portanto, de alguma maneira, o Estado arranca os sujeitos sociais do perspectivismo (com "perspectivismo", evoco a teoria que Nietzsche desenvolveu em *A gaia ciência*: nessa espécie de luta de todos contra todos pelo conhecimento, cada indivíduo tende a impor a perspectiva mais favorável a seus interesses[206], e no fundo um aspecto daquilo que desenvolvi aqui poderia ser expresso de maneira nietzscheana: a injúria supõe uma filosofia perspectivista, ou seja, que cada um tenta impor sua própria perspectiva ao mundo social). De certa maneira, o Estado é então uma espécie de lugar neutro que dá a perspectiva autorizada sobre todos os agentes sociais, a perspectiva reconhecida socialmente. Não desenvolvo esse tema porque já o fiz em outra ocasião. Prefiro evocar uma análise de Spitzer em seus ensaios de sociologia e de história literária sobre *Dom Quixote* que está inteiramente na lógica do que desenvolvi durante todo o ano[207]. Spitzer observa que, em *Dom Quixote*, Cervantes muda constantemente o nome dos personagens. Mesmo em relação ao próprio Dom Quixote, ele utiliza nomes diferentes, como se deixasse a opção de escolha para o leitor. Spitzer observa que esse é um procedimento bastante comum que tende a criar um universo social no qual ninguém tem a última palavra sobre os outros. Não é acidente que encontremos essa espécie de indeterminação das designações num romance no qual o herói é um *idios*, ou seja, alguém que pretende ter razão contra o mundo social, que, portanto, está

---

206. NIETZSCHE, F. *A gaia ciência*. São Paulo: Companhia das Letras, 2001 [Trad. de Paulo César de Souza], esp. o § 333, p. 220-221 ("Antes que seja possível um conhecer, cada um desses impulsos tem de apresentar sua visão unilateral da coisa ou evento") e o § 374, p. 278 ("o intelecto humano não pode deixar de ver a si mesmo sob suas formas perspectivas e *apenas* nelas") [*Die fröhliche Wissenschaft*, 1882]. O perspectivismo não significa "cada um tem sua verdade", e sim que o pluralismo das perspectivas é uma condição para a manifestação da verdade.

207. SPITZER, L. "Linguistic Perspectivism in the *Don Quijote*" ["O perspectivismo linguístico em *Dom Quixote*"]. In: *Linguistics and Literary History*: Essays in Linguistics [Linguística e história literária: ensaios de linguística]. Princeton: Princeton University Press, 1948, p. 41-85.

na lógica da injúria solitária, que assume o risco de desafiar de alguma maneira o senso comum (aliás, eu poderia dizer: o Estado é o senso comum). Poderíamos pensar *O idiota* de Dostoiévski na mesma lógica. Mas só ofereço essas referências literárias pela virtude pedagógica daquilo que tento comunicar e que talvez não seja tão fácil quanto pareça. Ao oferecer vários sistemas de referência, acho que cada um pode agora tirar suas conclusões por conta própria.

## O problema da verdade sobre o mundo social

Essas reflexões sobre a lógica da instituição, da delegação e o desvio que está contido nela conduzem ao problema da verdade quando se trata do mundo social. Hesito em abordá-lo em apenas vinte minutos, mas apesar de tudo gostaria de dizer algumas palavras sobre isso. Por trás de tudo que disse durante estas aulas estava a seguinte pergunta: o que é dizer a verdade sobre o mundo social? Quem diz a verdade sobre o mundo social? Invoquei várias vezes Wittgenstein a respeito desse círculo: quem medirá o metro-padrão de Paris, quem dirá qual é o comprimento do metro-padrão de Paris, quem dirá qual sociólogo tem razão sobre as classes sociais, o capital ou a luta de classes? A comunidade científica, através de uma espécie de higiene salutar, esquiva-se dessa pergunta, porque acho que é muito difícil vivenciá-la. Os sociólogos, historiadores e etnólogos têm uma espécie de positivismo provisório e agem como se tivessem a resposta para a pergunta da verdade sobre a verdade, a pergunta da verdade das proposições sobre o mundo social. Se isso que tentei mostrar tiver um valor de verdade, parece-me que implica um certo número de consequências sobre os critérios de verdade na ciência social.

De certa maneira, quando se trata do mundo social, o perspectivismo como definido por Nietzsche é insuperável: cada um tem sua verdade, cada um tem a verdade de seus interesses. Nós não estamos acostumados a pensar assim, já que esse tipo de relativismo é desacreditado por toda uma tradição que chama de "erro" a expressão racionalizada dos interesses dos outros. De fato, eu direi que se existe uma definição rigorosa da tomada de consciência, ela é a que conduz à expressão do interesse propriamente dito: do ponto de vista dos dominados, pode-se dizer que o interesse propriamente dito é tomar consciência da dominação, denunciá-la, derrubá-la; do ponto de vista dos dominantes, ele consiste em tomar consciência da dominação e descobrir os fundamentos para conservá-la. Poderíamos assim colocar lado a lado Marx e Pareto, que as pessoas gostam de opor ao dizerem, por exemplo, que Pareto virou Marx de cabeça para baixo. Parece-me que eles concordam ao menos quando aceitam implicitamente essa teoria perspectivista da verdade. Por exemplo, quando Pareto descreve o que chama de "extinção das elites", ele invoca exatamente o fato de que as elites, ou seja, os dominantes, são conduzidas ao declínio por uma espécie de consciência infeliz de sua própria dominação que as proíbe de assumirem-se como dominantes e as conduzem a aceitar elas mesmas o ponto de vista dos dominados[208]. Em consequência, se o mundo social é o terreno do enfrentamento de grupos sociais que se conhecem ao se constituírem enquanto grupos e ao constituírem explicitamente aquilo que os constitui enquanto grupos, ou seja, um conjunto de interesses comuns, um capital a defender ou um não capital a promover, segue-se de certa maneira que no primeiro nível o perspectivismo radical é um momento inevitável da luta social. A verdade sobre o mundo social é necessariamente o objetivo de lutas entre grupos sociais antagônicos.

Eu recupero essa fórmula que repito um pouco obsessivamente, mas ela é cômoda e pode chocar: se existe uma verdade, é que a verdade está em jogo nas lutas. Isso resulta da proposição segundo a qual cada grupo tem interesse em sua própria verdade e que um grupo que assume para si a verdade do grupo antagônico de certa maneira comete suicídio enquanto grupo. Em outras palavras, a verdade não é única, ela é múltipla e quase não existem proposições universais sobre o mundo social. Remeto vocês a algumas análises que propus em *A distinção*, especialmente no que concerne o problema do estilo de vida – é um único exemplo, poderíamos citar milhares: onde as classes dominadas enxergam uma desenvoltura bem-humorada e informal, as classes dominantes enxergam uma falta de cuidado repreensível, uma falta de modos. É por isso que escrever sociologia é extremamente difícil, porque as palavras são constantemente clivadas – e remeto vocês a uma belíssima análise de Bakhtin, um dos grandes linguistas posteriores à Revolução Russa, que dizia que nos períodos revolucionários quase não há palavras que não se duplicam, que possam ser pronunciadas com o mesmo sentido por duas personagens situadas nos dois campos opostos[209]; em outras palavras, o

---

208. PARETO, V. *Traité de sociologie générale*. Vol. II. Paris: Payot, 1917, cap. 11 a 13.

209. VOLÓCHINOV, V. [círculo de Bakhtin]. *Marxismo e filosofia da linguagem*. São Paulo: Ed. 34, 2017 [Trad. de Sheila Grillo e Ekaterina Vólkova Américo], esp. p. 113ss. [*Марксизм и философия языка*. Leningrado: Прибой (Priboi), 1929].

consenso sobre a língua que está ligado ao Estado, à ordem do discurso de Estado, *omnibus*, o consenso sobre a língua [revela-se] fictício a partir do momento em que a verdade das relações sociais se declara, como é o caso nos períodos revolucionários. De certa maneira, como a verdade está em jogo, a tarefa da ciência social não é decidir onde está a verdade, mas saber que enfrentam-se duas verdades que não são relativizáveis entre si, tomando a palavra "verdade", repito, no sentido nietzscheano de perspectiva fundamentada em interesses vitais.

Isto posto, será que a ciência social pode e deve se contentar em constatar o que não pode ser decidido, essas verdades inultrapassáveis e também antagônicas? Com efeito, ela pode estabelecer as chances sociais de verdades diferentes na medida em que a força social de uma verdade social depende das relações de força materiais e simbólicas entre aqueles que se reconhecem nessas verdades e aqueles que as contestam. Uma verdade social dotada de uma grande força social é capaz de se impor universalmente, de obter o *consensus omnium*; isso é uma definição cômoda daquilo que chamamos de ideologia dominante. Uma verdade parcial [*partielle*] e enviesada [*partiale*] que consegue se fazer reconhecer como universal, ainda que através do desconhecimento da particularidade de seus fundamentos, torna-se uma verdade dominante, ou seja, uma verdade fundamentada naquilo que a lógica reconhece como um critério de verdade, a saber, a validação consensual. Neste ponto, poderíamos retomar a análise da língua: a gênese da língua francesa enquanto instituição é paralela à gênese do Estado[210], a língua se faz esquecer enquanto verdade parcial a partir do momento em que ela se impõe como a única língua legítima exatamente para aqueles que perdem a palavra porque não conseguem falá-la. Existem silêncios que são reconhecimentos absolutos da legitimidade: da mesma maneira, nos lugares onde é preciso tomar a palavra, o silêncio que não é de modo algum repartido ao acaso, mas varia de modo completamente previsível segundo o nível de instrução, sexo, idade etc., é uma forma de reconhecimento passivo, e muitas vezes inconsciente de si mesmo, da legitimidade.

Eu passo por uma série de definições da verdade que não acredito que sejam contraditórias. Essa verdade social fundamentada sobre o consenso é a verdade associada à perspectiva legítima, ou seja, a perspectiva dominante desconhecida enquanto tal e portanto reconhecida como universal. Eu poderia voltar aqui

---

210. Cf. BOURDIEU, P. "A produção e a reprodução da língua legítima". In: *A economia das trocas linguísticas*. Op. cit., p. 29-52, esp. p. 31-39 [67-98].

ao problema das classificações sociais que evoquei no começo; um dos objetivos da luta simbólica no mundo social é a posição da classificação legítima, e, por exemplo, poderíamos dizer que as classificações do Insee são para o problema das classificações aquilo que a língua é para o problema da linguagem, ou seja, que é uma classificação do Estado de alguma coisa que consegue se fazer reconhecer como legítima. Ela faz parte da base das convenções coletivas, os sindicatos a discutem, a negociam – acaba de ser negociada uma nova classificação do Insee com o consentimento dos sindicatos[211] etc. – e chegamos assim a uma espécie de classificação reconhecida por todos, *omnibus*, fundamentada num tipo de negociação coletiva: a representação/perspectiva deixa de ser percebida como perspectiva na medida em que recebe uma validação conceitual. Será que essa verdade dominante, fundamentada na validação conceitual, terá força de lei e funcionará de maneira performativa? Será que essa espécie de razão de Estado comandará as práticas? De fato, acho que sim, e de uma maneira muito maior do que gostaríamos de acreditar. Eu mencionei há pouco o exemplo da imposição, através dos títulos acadêmicos, de uma hierarquia da excelência humana que é reconhecida muito além do sistema escolar e que faz do título acadêmico a medida da humanidade em muitos universos: a perspectiva legítima, ou seja, dominante e desconhecida enquanto tal, ou seja, tacitamente reconhecida, impõe-se muito além do que imaginamos quando pensamos no direito (quando pensamos no estritamente legal, vemos com mais facilidade os elos entre os interesses de uma classe e de uma categoria com o poder). A verdade legítima com base consensual funciona com uma força que é exatamente a do performativo.

Gostaria de indicar rapidamente aqui uma análise que talvez explique melhor o que disse durante todo este curso a respeito do performativo. Trata-se da distinção feita por Kant sobre o entendimento divino – acho que a aproximação faz sentido. Ele distingue dois tipos de intuições que podemos designar a Deus: um *intuitus originarius* e um *intuitus derivatus*[212]. O *intuitus originarius* é uma percepção, uma intuição que cria, que faz surgir – *origo* – a coisa que vê: Deus cria o que vê, vê o que cria, e poderíamos dizer, na mesma lógica, que existem palavras performativas, palavras que fazem existir o que dizem, palavras que fazem chegar

---

211. A nomenclatura das categorias socioprofissionais do Insee, cuja primeira versão fora elaborada para o recenseamento de 1954, foi objeto de uma revisão que entrou em vigor em 1982.

212. KANT, I. *Crítica da razão pura*. Petrópolis: Vozes, 2015 [Trad. de Fernando Costa Mattos]. "Estética transcendental", § 8, IV, p. 94-95 [*Kritik der reinen Vernunft*, 1781].

à existência, palavras que fazem os grupos (são as palavras de ordem) ou palavras que fazem as coisas por procuração (são as ordens), são as palavras que são criadoras, que têm uma eficácia real. O *intuitus originarius* para Kant é o monopólio de Deus, enquanto o ser humano está destinado ao *intuitus derivatus*, quer dizer, uma intuição que não pode se dar o objeto, que não pode fazê-lo existir, produzi-lo, fazê-lo aparecer, revelá-lo, e pode apenas registrar uma realidade preexistente.

Essa distinção me parece corresponder com muita exatidão à distinção de Austin entre performativo e constativo[213]. A ciência social é constativa, ela se esforça em dizer aquilo que é, mas ela é constativa de ações entre as quais encontramos muitas performativas. O sociólogo é um classificador, ele deve dizer como as pessoas são realmente classificadas para compreender como elas agem e se distribuem, para prever quais serão suas atitudes a respeito da distribuição atual e sua ação sobre o futuro da distribuição. Mas ao mesmo tempo o sociólogo é aquele que observa pessoas que utilizam seu tempo para agir simbolicamente sobre a distribuição, dizendo: "Assim isso não está bom", "É preciso que isso mude", "Existem pessoas que têm demais aqui e outras que não têm o suficiente", "Precisamos fazer que os ricos paguem, precisamos fazer que os pobres paguem", "Precisamos dar aos pobres e fazer que os ricos paguem" etc.

## A validação pelo consenso ou pelas provas objetivas

O sociólogo pode resolver essa dificuldade, como indiquei no começo, agindo como se o problema da verdade não se colocasse. Ele pode propor que sua classificação, que constrói a partir de um conjunto de critérios, é a boa, opô-la às classificações nativas com base muitas vezes em apenas um critério, e dizer: "Existe uma, e somente uma classificação, que é a que proponho. Tenho um ponto de vista resolutamente constativo, digo o que é o caso, não entro nessa luta para dizer o que é o caso". Acredito que dizer isso é uma mistificação por duas razões. Primeiro, o jogo jogado por essas pessoas que se esforçam em classificar implica um trabalho permanente dos classificados para mudar a classificação, entre outras maneiras através de ações performativas que visam impor a boa classificação, o bom ponto de vista, a boa perspectiva ou a perspectiva legítima. Em segundo lugar, o sociólogo falta com a verdade científica ao deixar de levar em conta em sua

---

213. Cf. AUSTIN, J.L. *Quando dizer é fazer*. Op. cit.

constatação a constatação da luta performativa para mudar a constatação. Ele deixa [de incluir] em seu modelo que pretende ser verdadeiro o fato de que a verdade está em jogo na própria verdade cuja verdade ele pretende afirmar. E ele deixa de dizer – coisa fundamental – que, de certa maneira, existem necessariamente duas verdades que, em certos casos, podem parecer coincidir e que correspondem a duas definições antagônicas da verdade. Existe a verdade que ele pretende afirmar fundamentando-se na própria coisa: ele a produz e afirma encontrar sua verificação ao confrontá-la com o real. Ele proporá, por exemplo, um recorte com o qual ele se esforçará para mostrar que realmente leva em conta todas as diferenças e todas as distribuições, incluindo aquelas que ele não levou em conta no sistema diretamente em questão. Por exemplo, ele dirá que sua classificação é verdadeira porque está fundamentada na realidade.

Entretanto, ele poderá ver uma outra definição da verdade ser colocada em oposição a essa verdade, a verdade fundamentada sobre o *consensus omnium*, que é uma definição possível da objetividade e em nome da qual alguém poderá dizer a ele: "Existe uma verdade em algum tipo de Estado, e o Estado é uma instituição que, por definição, tem os meios de tornar verdadeira sua verdade" – já que o Estado, como eu o defini, pode obter um consenso sobre a representação oficial do mundo social. Um exemplo muito simples pode ilustrar o que digo: imaginem que, como um sociólogo, eu deseje criar um plebiscito sobre a verdade daquilo que consegui estabelecer sobre o sistema escolar, a saber, por exemplo, a existência de uma relação estatística muito forte entre a origem social e o sucesso escolar. Eu seria derrotado de antemão, porque eu conheço o resultado de uma pesquisa que perguntou às pessoas se elas acham que o sucesso escolar depende da origem social.

Portanto, existem duas formas de validação de uma verdade social: a validação pelo consenso e a validação pelas provas objetivas. E quando a verificação consensual serve de apoio a uma instância que, como o Estado, tem o poder performativo não apenas de dizer a verdade mas de fazê-la existir ao dizê-la, a verdade científica fica muito desarmada, muito enfraquecida. Assim, para dizer as coisas de maneira simples, existe um antagonismo fundamental entre a ciência e o Estado, e esse antagonismo torna-se ainda mais insuperável, quase trágico, quando essa verdade consensual encontra com muita facilidade os meios de se fazer consagrar por uma aparência de ciência.

Por exemplo, quanto ao problema das classificações sociais, o que faz a ciência? (Não tenho tempo para desenvolver este ponto como gostaria.) A ciência, nessa luta pela verdade, diz que existe uma luta pela verdade, ela descreve as tropas que se enfrentam (τάγμα, *tagma*; τάγματα, *tagmata*) pela *taxis* (τάξις)[214], que lutam para saber como se classifica. Ela descreve as posições dos diferentes campos e a lógica dessa luta, mas, não importa o que faça, ela será envolvida nessa luta através de seus produtos. Da mesma forma, ela não pode afirmar, como faz o positivismo, um estado da luta como sendo o alfa e o ômega da luta. O positivismo é a filosofia de todos os cientistas que não querem se aborrecer com a ciência, que querem paz. Todos os pesquisadores são positivistas em certos momentos (é muito cansativo...). Eles dizem: "Eu descrevo as coisas como elas são, eu utilizo critérios e, atualmente, as classes sociais são desse jeito, eis a distribuição num tempo *t* e, se vocês acreditarem em mim, conseguirão prever a partir da distribuição que eu proponho que as pessoas que estão neste ponto no espaço terão maiores chances de ler este jornal e não aquele, de serem religiosos ou não, de votarem mais na esquerda ou na direita etc." É isso que faz o sociólogo quando fica no nível positivista e quando quer acreditar que sua verdade sobre o mundo social é o alfa e o ômega. Mas se ele pensa estar envolvido, não importa o que faça, na luta pela verdade e na presença de um objeto que luta pela verdade e para falsear o que o sociólogo diz, entre outras coisas – existem pessoas que têm interesse em falsear o que o sociólogo diz – ele não pode deixar de adicionar a seu modelo de classificação que aspira à verdade um metamodelo da luta pela verdade que implica o falseamento possível de sua própria verdade, que implica que sua verdade será verossímil; eu acho que isso pode ser estabelecido sociologicamente e que as proposições mais verdadeiras cientificamente são as mais fracas socialmente. Eu poderia desenvolver este assunto por bastante tempo; acho que já disse muito e não o bastante, mas é tarde demais para mudar ou corrigir.

Para terminar, eu gostaria de dizer para vocês uma frase de Bachelard que encontrei completamente ao acaso: "Tudo o que é fácil de ensinar é inexato"[215]. Assim, tendo em vista a dificuldade subjetiva e, creio eu, objetiva do que ensinei, espero ter um pouco de exatidão.

---

214. A palavra τάξις significa organização ou arranjo e, com conotação militar, a disposição das tropas, o lugar reservado a cada um (enquanto τάγμα designa aquilo que é organizado e, particularmente, o corpo das tropas).

215. BACHELARD, G. "A filosofia do não". In: *Os pensadores*. Vol. 46. 2. ed. São Paulo: Abril, 1978 [Trad. de Joaquim José Moura Ramos], p. 14 [*La Philosophie du non*. Paris: PUF, 1940, p. 25].

# Situação do Curso de Sociologia Geral na obra de Pierre Bourdieu

Patrick Champagne
Julien Duval

Lecionado no Collège de France entre abril e junho de 1982, o curso publicado neste volume constitui o primeiro ano de ensino de Pierre Bourdieu nessa instituição, para a qual ele foi eleito na primavera de 1981. Junto com o segundo curso, oferecido depois de um curto intervalo[216], eles manifestam a preocupação de Bourdieu de apresentar as grandes linhas de sua teoria sociológica baseada nos conceitos de *habitus*, capital e campo. Se, durante as duas décadas em que foi professor no Collège de France, Bourdieu concentrou alguns anos de seu ensino num tema preciso (o Estado, o campo artístico, o campo científico), esse não foi o caso nos cinco primeiros anos, dedicados a uma apresentação dos conceitos fundamentais de sua sociologia. Ele escolheu chamar suas lições de "Curso de Sociologia Geral", com a intenção, expressa logo no começo da primeira aula, de apresentar os "esboços fundamentais" de seu trabalho de pesquisa.

O programa que ele anuncia para esses primeiros anos consiste em analisar o "funcionamento conceitual" das "noções-chave" e a "função técnica" que elas são capazes de desempenhar na pesquisa. Esse "trabalho de teorização" supõe como preliminar – o que é o objeto do primeiro ano do curso – fazer uma teoria da prática, ou seja, uma análise da "relação entre o sujeito científico e seu objeto" ou, de maneira mais precisa, uma análise da "relação entre a classificação que o cientista produz e as classificações que os agentes sociais empregam". Será apenas no

---

216. Os cursos anuais do Collège de France são concentrados em poucas semanas, e enquanto o primeiro ano do curso de Bourdieu ocorreu no final do ano universitário (entre abril e junho de 1982), o segundo foi oferecido no começo do ano universitário seguinte (entre outubro e janeiro). • O segundo curso será publicado no segundo volume desta série [N.T.].

segundo ano que ele começará a expor as razões pelas quais desenvolveu em suas obras os conceitos de *habitus* e de campo, e também as tradições, na filosofia e nas ciências sociais com (ou contra) as quais ele os criou, insistindo especialmente na "articulação entre os conceitos fundamentais e a estrutura das relações que unem os conceitos". Durante esse segundo ano de ensino, ele analisará longamente o *habitus* e o campo e também suas relações mas, por falta de tempo, adiará o exame da noção de capital em suas relações com a noção de campo para o ano seguinte.

Devido a seu título e ao objetivo que propõe, o curso pode ser lido como uma introdução à sociologia e à teoria de Bourdieu. Ele poderia quase parecer uma espécie de equivalente à obra póstuma de Max Weber, *Economia e sociedade*. Contra uma tal utilização do curso, os leitores familiares com a obra de Bourdieu invocarão as reservas que ele próprio expressou em várias ocasiões sobre a tentação da "apresentação global"[217] ou das sínteses teóricas. Eles também apontarão que, como Bourdieu jamais cessou, durante quarenta anos, de aprofundar sua reflexão, tornando-a mais complexa, encontramos neste curso um estado datado de suas análises. Entretanto, nessa lógica, há o risco de o curso ser lido apenas como um documento histórico capaz somente de fundamentar uma interrogação sobre a gênese e a evolução do pensamento de Bourdieu, quando na verdade ele corresponde também a uma atividade única: até esse momento, Bourdieu jamais tentara um tal exercício, e ele nunca mais foi realmente retomado[218].

É indiscutivelmente útil ler o curso tendo em mente o local e as circunstâncias nas quais ele aconteceu, assim como o momento na obra de Bourdieu e mesmo a época na qual ele se insere, mas fazer isso não significa relativizar sua importância. Pelo contrário, os elementos de contextualização podem ajudar a entender por que Bourdieu se deu esse objetivo que, por ser um tanto professoral e/ou um tanto "teoricista", pode surpreender, mas que ele se esforça para alcançar sem

---

217. Cf., p. ex., BOURDIEU, P. & DELSAUT, Y. "Sur l'esprit de la recherche – Entretien" ["Sobre o espírito da pesquisa – Entrevista"]. In: DELSAUT, Y. & RIVIÈRE, M.-C. *Bibliographie des travaux de Pierre Bourdieu, suivi d'un entretien sur l'esprit de la recherche* [Bibliografia das obras de Pierre Bourdieu, seguida de uma entrevista sobre o espírito da pesquisa]. Pantin: Le Temps des Cerises, 2002, p. 204-205. P. Bourdieu, nessa passagem, fala especialmente de sua reticência em "se tornar um manual", e, citando *Economia e sociedade* de Max Weber, diz "ter muitas vezes pensado [...] que [essa] é uma tentação perigosa à qual devo me precaver para não sucumbir".

218. A rigor, *Meditações pascalianas* parece uma empreitada do mesmo tipo, mas o objetivo desse livro é antes de mais nada explicitar as implicações filosóficas do pensamento de Bourdieu e não propor uma síntese teórica.

grandes concessões e que utiliza para desenvolver aspectos de sua reflexão menos visíveis em outros textos.

É preciso começar evocando aquilo que a retranscrição das aulas faz desaparecer: as condições concretas nas quais elas aconteceram. Dependendo da disciplina, mas também dependendo de seu grau de especialização e da notoriedade dos professores, os cursos do Collège de France assumem formas muito diferentes. Os cursos de Bourdieu foram imediatamente muito populares. Desde a primeira aula, o grande anfiteatro não foi suficiente para abrigar o público numeroso que veio assistir ao curso, e o Collège de France precisou abrir uma segunda sala na qual o curso era retransmitido em vídeo, uma situação que se tornou permanente já que o interesse que o público manifestou pelas apresentações de Bourdieu não se enfraqueceu. Ainda que os seminários que ele proferia na École Pratique des Hautes Études (Ephe) [Escola Prática de Altos Estudos] na década de 1970 também tenham atraído um grande interesse, o tamanho e a composição de seu público eram menos heterogêneos do que no Collège de France, composto de pesquisadores, estudantes, frequentadores habituais dos cursos do Collège, puros espectadores e curiosos, o que dificulta a transmissão do saber, ou, no mínimo, constitui uma situação que favorece qualquer mal-entendido. O autor de *Os herdeiros* e *A reprodução* que, desde a década de 1960, preconizava a instauração de uma pedagogia racional contra as desigualdades escolares, estava particularmente consciente dessa situação pouco racional que evocará longamente em várias ocasiões no começo dos cursos, esperando, sem grandes ilusões, fazer o problema desaparecer analisando-o sociologicamente e suscitando uma tomada de consciência da parte do auditório.

Pouco propícios a trocas intelectuais, os cursos do Collège de France constituíam uma verdadeira provação que Bourdieu ao mesmo tempo temia e desejava: ela devia ser produzida diante de um público numeroso e exigente que esperava dele uma verdadeira *performance*, mas o curso também era para ele uma ocasião de testar suas análises ao expô-las publicamente e ao esforçar-se para instaurar uma espécie de diálogo com a sala. Ainda que ele preferisse pequenas plateias de pesquisadores, é fato que o público do Collège, de composição mais heterogênea e número bem maior, não resultou em grandes mudanças na maneira muito particular que Bourdieu tinha de lecionar e apresentar suas pesquisas. Assim, aqueles que seguiam seus seminários não ficaram desorientados com seus cursos no Collège, ainda mais depois que ele avisou que "a maneira pela qual [ele tenta] funcionar [...] é a única possível para [ele]". Assim, seus ouvintes habituais reencontraram nele aquela maneira de improvisar com base em notas muito volumosas e jamais totalmente utilizadas, tantos eram os parênteses, as digressões, as precauções metodológicas, as mudanças de registro, as reformulações permanentes de um pensamento que se investiga e não apresenta somente aquilo que já foi pensado, e sim utiliza a situação de ensino como uma ocasião para continuar a refletir. E Bourdieu dirá desde a primeira aula que rejeita o "curso à francesa" encarnado pela aula de agregação e que, orientado para a busca da "elegância" e da valorização do orador, opõe-se à lógica da pesquisa, que não existe sem "pesos" e "vagares" aparentes, "hesitações" e "tropeços", sem riscos. Longe dos cursos acadêmicos formatados que expõem sem surpresas conhecimentos estabelecidos segundo um plano de exposição seguido rigorosamente pelo orador, os cursos de Bourdieu muitas vezes excediam o horário e eram em parte imprevisíveis, porque seu objetivo era mais transmitir um modo de pensamento em ruptura com os modos comuns do que um corpo de conhecimento estabelecido. Essa mistura de preparação com improvisação controlada produzia um discurso que, ainda que muito livre, mantinha-se estruturado num plano do qual Bourdieu afastava-se com muita regularidade, mas que nunca perdia de vista e que às vezes retomava ao término de digressões inesperadas.

O curso publicado neste volume não é o primeiro a ser editado, mas foi o primeiro que Bourdieu lecionou no Collège de France. Sua própria entrada nessa instituição apresenta um caráter paradoxal. Sua eleição pela assembleia dos professores do Collège de France é prova do forte reconhecimento científico obtido por sua obra. Mas sua nomeação tardia pela autoridade política manifesta a hostilidade latente provocada pela sociologia, ou pelo menos aquela que ele praticava. Christophe Charle enfatiza assim o contraste entre as duas fases do processo de nomeação. A etapa essencial da eleição pela assembleia dos professores do Collège de France acontece sem grande dificuldade: Bourdieu é eleito em sua primeira candidatura, e com vantagem clara sobre seu concorrente, Alain Touraine. Por outro lado, sua nomeação levou um tempo anormalmente longo. O voto consultivo da Academia das Ciências Morais e Políticas é desfavorável e, com a aproximação das eleições presidenciais de 1981 que resultarão na chegada da esquerda ao poder, a ministra no cargo prefere deixar a seu sucessor a preocupação

de proceder com uma nomeação que ela desaprova[219]. Assim, Bourdieu só ofereceu sua aula inaugural em 23 de abril de 1982[220]. Nela, ele fala do paradoxo que
constitui a presença da sociologia numa instituição como o Collège de France – e
em particular da sociologia como ele a concebe, essa "ciência da instituição e da
relação, feliz ou infeliz, com a instituição"[221].

Aos cinquenta e dois anos de idade, ele se tornou de fato o representante de
uma disciplina que até o momento não fora muito representada (e apenas de forma episódica) no Collège de France. O fundador da disciplina, Émile Durkheim,
fracassou em sua candidatura pois o ministro da Instrução Pública preferiu nomear Jean Izoulet, hoje praticamente esquecido, que defendeu entre 1897 e 1929
uma "filosofia social" de inspiração muito diferente, começando por sua dimensão literária e mundana. No começo da década de 1930, Marcel Mauss, sobrinho
e aluno de Durkheim, foi eleito. Ele queria, o que já era um risco, ocupar uma cátedra de "sociologia" (e não de "etnologia"[222]) e sua aula inaugural mostra que ele
pretendia dedicar seu ensino a uma "sociologia geral"[223]. Mas isso não aconteceu.
Seus cursos centraram-se sobre as obras que os membros do grupo durkheimiano
(além do próprio Mauss, Robert Hertz e Henri Hubert) dedicaram às sociedades
"arcaicas" ou "de tipo inferior" e tiveram uma repercussão limitada: a empreitada
durkheimiana passava por uma fase de refluxo e Mauss desistiu da fórmula do
curso magistral para praticar um seminário de leitura e comentário de textos num
círculo restrito como fazia na Ephe[224].

Em 1931, um outro ex-aluno de Durkheim, François Simiand, juntou-se a
Mauss, mas numa cátedra de "história do trabalho" que fora criada em 1907 pelo

---

219. Sobre esses pontos, e de modo mais geral sobre o professorado de Bourdieu no Collège de
France (e também sobre as análises que ele dedicou a essa instituição em *Homo academicus*), cf.
CHARLE, C. "Collège de France". In: SAPIRO, G. (org.). *Dictionnaire International Bourdieu* [Dicio-
nário Internacional Bourdieu]. Paris: CNRS, [no prelo].

220. Publicada com o título de *Aula sobre a aula*. Cf. *Lições da aula*. Op. cit.

221. Ibid., p. 4 [8].

222. Sobre a eleição de Marcel Mauss num contexto ainda marcado pela "prevenção contra a
sociologia durkheimiana", cf. FOURNIER, M. *Marcel Mauss*. Paris: Fayard, 1994, p. 563ss.

223. Essa aula (da qual perdeu-se uma parte) foi publicada recentemente, com uma apresentação de Jean-François Bert: "Un inédit: la leçon inaugurale de Marcel Mauss au Collège de France"
["Um inédito: a aula inaugural de Marcel Mauss no Collège de France"]. In: *Terrains*, n. 59, 2012,
p. 138-141.

224. Cf. FOURNIER, M. *Marcel Mauss*. Op. cit., p. 590ss. Encontra-se nas p. 592-593 a lista dos
cursos que Marcel Mauss ofereceu no Collège de France.

município de Paris. Seus cursos, sobre suas obras em economia[225], foram muito especializados e acabaram interrompidos após sua morte brutal em abril de 1935 aos sessenta e dois anos de idade. Em 1944, depois de Mauss ser aposentado prematuramente pelas leis antissemitas de Vichy, um terceiro aluno de Durkheim, Maurice Halbwachs, foi eleito e nomeado. No contexto da Ocupação [nazista], exigir a criação de uma cátedra de "sociologia" parecia destinado ao fracasso[226]. Halbwachs optou por uma cátedra chamada "psicologia coletiva", que implicou um ensino generalista que evocava as obras de Durkheim e os aprofundamentos que ele trouxe a elas (em direções que, para alguns, anunciam parcialmente as obras de Bourdieu: por exemplo, o interesse pelas classes sociais ou pela individualização do social)[227]. Entretanto, ele nunca conseguiu dar sua aula inaugural: ele foi preso pela Gestapo em julho de 1944, provavelmente devido às atividades de seus filhos na Resistência, e deportado para Buchenwald, onde morreu enfermo em 1945[228]. Por fim, Raymond Aron ocupou, entre 1970 e 1978, uma cátedra de "sociologia da civilização moderna". Entretanto, Aron sempre teve reservas quanto à tradição durkheimiana e estava engajado numa discussão crítica do marxismo. Dois dos doze cursos que ele deu chamaram-se, muito significativamente, "Crítica do pensamento sociológico"[229]. Suas lições voltaram-se para a

---

225. Entre os textos que François Simiand publicou no final de sua vida, e entre seus textos póstumos, temos alguns extratos de seus cursos no Collège de France, especialmente: *Inflation et stabilisation alternées* – Le développement économique des États-Unis des origines coloniales au temps présent [Inflação e estabilização alternadas – O desenvolvimento econômico dos Estados Unidos das origens coloniais ao tempo presente]. Paris: Domat-Montchrestien, 1934. • "La psychologie sociale des crises et les fluctuations de courte durée" ["A psicologia social das crises e as flutuações de curta duração"]. In: *Annales Sociologiques*, série D, fasc. 2, 1937, p. 3-32.

226. Sobre a eleição de Maurice Halbwachs (cujos apoiadores consideraram mais estratégico apresentá-lo como uma figura ecumênica e não como um herdeiro de Durkheim), cf. HIRSCH, T. "Psychologie collective et sociologie" ["Psicologia coletiva e sociologia"]. In: HALBWACHS, M. *La Psychologie collective* [A psicologia coletiva]. Paris: Flammarion, 2015 [1938], p. 38-40. Cf. tb. PLUET-DESPATIN, J. "Halbwachs au Collège de France" ["Halbwachs no Collège de France"]. • HALBWACHS, M. "Ma campagne au Collège de France" ["Minha campanha no Collège de France"]. In: *Revue d'Histoire des Sciences Humaines*, n. 1, 1999, p. 179-188 e p. 189-229.

227. Sobre esses pontos, cf. o curso que Halbwachs deu em duas ocasiões na Sorbonne (HALBWACHS, M. *La Psychologie collective*. Op. cit.) e a introdução de Thomas Hirsch a esse curso ("Psicologia coletiva e sociologia". Art. cit.).

228. Pierre Bourdieu dedicou um texto a Maurice Halbwachs e às circunstâncias de seu "assassinato": "L'assassinat de Maurice Halbwachs" ["O assassinato de Maurice Halbwachs"]. In: *La Liberté de l'Esprit*, n. 16, 1987, p. 161-168.

229. A lista dos cursos dados por Raymond Aron no Collège de France pode ser encontrada em BAVEREZ, N. *Raymond Aron*: un moraliste au temps des idéologies [Raymond Aron: um moralista no tempo das ideologias]. Paris: Flammarion, 1993, p. 411.

reflexão política, o estudo das relações internacionais e uma discussão do "historismo" ["*historisme*"], cujos representantes na sociologia pertenciam à sociologia alemã que Aron contribuiu para importar para a França[230]. Além disso, nesses anos pós-1968, ele endossa particularmente o papel de intelectual de direita, assumindo um papel ativo, especialmente com suas intervenções políticas e com a criação da revista *Commentaires*, na reação liberal que se produzia então. Assim, podemos dizer, levando tudo em consideração, que o "curso de sociologia geral" de Bourdieu foi o primeiro desse tipo oferecido nessa instituição.

De muitas maneiras, ele se oferece a tal leitura. Bourdieu certamente apresenta "sua" sociologia e ocupa-se regularmente durante seu curso em refutar as leituras mal-intencionadas que são feitas dela. Ele sem dúvida expressa algo de si mesmo quando evoca, numa digressão de uma aula e tomando o exemplo de Marx, os inovadores que, nos campos de produção cultural, aspiram não ao estatuto de clássico mas a "existir eternamente como um objetivo de lutas no campo". Ao mesmo tempo, ele enfatiza sem parar a ambição que existe em sua própria sociologia de integrar de maneira coerente os diferentes "pais fundadores" e as diferentes correntes da disciplina que costumeiramente são separadas e até opostas[231]. Esse curso, além disso, o conduz a formular perguntas fundamentais para

---

230. ARON, R. *Leçons sur l'histoire* – Cours du Collège de France [Lições sobre a história – Curso do Collège de France]. Paris: De Fallois, 1989. Esses cursos correspondem aos cursos "Do historicismo alemão à filosofia analítica da história" e "A edificação do mundo histórico" (o título refere-se a um livro de Dilthey), que aconteceram, respectivamente, em 1972-1973 e 1973-1974.

231. P. ex., numa entrevista dessa época (publicada em outubro de 1983), Bourdieu explica: "A oposição entre Marx, Weber e Durkheim, tal como ela é ritualmente invocada nos cursos e dissertações, mascara o fato de que a unidade da sociologia talvez esteja nesse espaço de posições possíveis, cujo antagonismo, apreendido enquanto tal, propõe a possibilidade de sua própria superação" ("Pontos de referência". In: *Coisas ditas*. Op. cit., p. 50-51 [49]). Os cursos põem em prática essa relação com os "fundadores". Bourdieu regularmente sublinha os pontos e os problemas comuns encontrados pelos três autores (o confronto com o direito, por exemplo). Recusando-se, segundo a imagem que emprega numa ocasião, a escolher entre as três "tribos" (marxistas, durkheimianos e weberianos), ele dá crédito a Durkheim por ter "nomeado" o problema da transcendência dos grupos, ainda que lamente que ele tenha "ao mesmo tempo [...] se livrado dele", ou por ter "posto o dedo" na noção de instituição, ainda que "bloqueando" seus usos. Com muita frequência, ele se utiliza de um dos autores para ir mais longe que ele – às vezes com a ajuda de um dos outros dois. O curso também demonstra o enraizamento de alguns dos pontos mais importantes da sociologia de Bourdieu nas origens da disciplina. Se ele lembra, por exemplo, das utilizações pontuais de Durkheim e Weber do conceito de *habitus*, evoca de maneira mais inesperada "a única vez que [Marx] evoca a noção de *habitus*". E se, como ele lembra em várias ocasiões no curso, a sociologia da religião de Weber desempenhou um papel fundamental na elaboração do conceito de campo, também insiste nos "esforços" realizados por Durkheim na direção da análise estrutural, e cita "um texto de Marx ao qual [...] poderia [ser] atribuída a paternidade da utilização científica da noção de campo".

uma disciplina ainda relativamente recente. Assim, durante o primeiro ano ele se interroga especialmente sobre a forma particular que tomam as operações de classificações numa ciência que tem como especificidade tratar de "sujeitos que também classificam" e, no começo do segundo ano, ele enfrentará o problema do objeto próprio da sociologia.

Talvez seja uma lógica comparável que o leve a dedicar uma sessão, no segundo ano, à questão da posição que a sociologia ocupa no espaço das disciplinas universitárias, entre as ciências e as letras. A aula faz parte da exigência de reflexividade que se tornou um imperativo do método de Bourdieu: o conhecimento das relações que unem ou opõem a sociologia às outras disciplinas é um meio de praticá-la melhor, já que a relação não controlada com as outras disciplinas (e com as tentações associadas a elas: o "cientismo", o culto da "boa escrita", a tentação do "filósofo-rei", por exemplo) é um princípio de erros na redação de um questionário, na realização de uma entrevista ou na própria escrita. Mas as circunstâncias de seus primeiros cursos no Collège de France talvez não sejam estranhas a essa operação reflexiva. Afinal, sua aula inaugural já abordava uma análise da aula. Tudo indica que o interesse particular que Bourdieu tinha nessa época pelos "ritos de instituição" e "atos de nomeação" procede sem dúvida em parte do cuidado de mobilizar os recursos da sociologia no momento em que ele é nomeado e instituído como professor no Collège de France, e essa interrogação sobre a posição da sociologia no espaço das disciplinas lhe é particularmente útil quando ele começa seu ensino num estabelecimento multidisciplinar onde o lugar da sociologia, de modo geral, ainda era algo a se fazer. A própria especificidade do Collège de France provavelmente o leva a intensificar a discussão com as outras disciplinas. Assim, longos desenvolvimentos tratam da linguística, da economia ou da filosofia, sem contar as afirmações mais incidentais, durante esses dois primeiros anos, sobre a história ou até a zoologia. Como observa Christophe Charle, Bourdieu seguirá esse caminho durante todos os seus cursos no Collège de France[232], até o curso dedicado a Manet que estabelece um diálogo com a história da arte e, certamente, o último curso dedicado à ciência, no qual, mobilizando o conceito de campo, ele questiona as condições sociais de possibilidade de um discurso científico de alcance universal, e especialmente de uma sociologia científica.

---

232. CHARLE, C. "Collège de France". Art. cit.

Mas se os primeiros cursos devem alguns de seus aspectos à instituição na qual ocorreram, eles também se inscrevem na obra de Bourdieu e, a esse respeito, situam-se num momento importante de sua trajetória intelectual. Ele publicara alguns anos antes duas obras fundamentais que marcam uma etapa importante na elaboração de sua teoria antropológica. Uma delas é *O senso prático* (1980), que retoma e desenvolve as implicações do conceito de *habitus* expostas parcialmente desde 1972 no *Esboço de uma teoria da prática*, e a outra é *A distinção* (1979), que sintetiza quinze anos de pesquisa sobre o capital cultural sob suas diferentes formas e sobre o local de destaque que a partir de agora ele deverá ocupar, especialmente devido ao desenvolvimento do sistema de ensino, em qualquer teoria das classes sociais. Ainda lhe faltava fazer um trabalho semelhante sobre o terceiro conceito de sua antropologia social, a saber o conceito de campo, que ele já especificara parcialmente mas sobre o qual concentrará seus esforços. Ele dedica seus cursos no Collège de France a esse conceito desde o segundo ano, como para impor a si mesmo o trabalho necessário de aprofundamento que ainda precisa realizar, ainda mais porque o conceito de campo lhe aparece cada vez mais como o principal conceito de seu trio conceitual, aquele que integra os outros dois. É assim que ele desenvolve a distinção fundamental entre campo de forças e campo de lutas e sobretudo as relações entre o conceito de campo e os conceitos de *habitus* e de capital. Ele multiplica as pesquisas sobre o campo, cujos indícios aparecem nos cursos, especialmente sobre o campo universitário, o campo jurídico[233], o campo estatal[234], e sobretudo o campo literário e artístico no século XIX, cuja aparição e estrutura ele estuda minuciosamente. Os cursos do Collège de France constituem uma espécie de momento provisório

---

233. P. Bourdieu dedicará todo um curso à análise do campo jurídico em 1987-1988 (depois de ter dedicado um artigo a "La force du droit". In: *Actes de la Recherche en Sciences Sociales*, n. 64, 1986, p. 3-19 ["A força do direito". In: *O poder simbólico*. Op. cit., p. 209-254]).

234. Cf. BOURDIEU, P. & CHRISTIN, R. "La construction du marché – Le champ administratif et la production de la 'politique du logement'". In: *Actes de la Recherche en Sciences Sociales*, n. 81-82, 1990, p. 65-85 (retomado como "O Estado e a construção do mercado". In: *As estruturas sociais da economia*. Porto: Campo das Letras, 2006 [Trad. de Lígia Calapez e Pedro Simões, p. 125-170] [*Les Structures sociales de l'économie*. Paris: Seuil, 2000, p. 145-194]). • BOURDIEU, P. "Esprits d'État – Genèse et structure du champ bureaucratique". In: *Actes de la Recherche en Sciences Sociales*, n. 96-97, 1993, p. 49-62 [retomado em "Espíritos de Estado: gênese e estrutura do campo burocrático". In: *Razões práticas*. Campinas: Papirus, 1996 [Trad. de Mariza Corrêa], p. 91-123 [*Raisons pratiques*. Paris: Seuil, 1994, p. 99-145]].

num trabalho de longo fôlego que encontraria sua realização no grande livro que ele preparava sobre a teoria dos campos.

Nesses dois primeiros anos de ensino, Bourdieu só retoma excepcionalmente suas obras dos anos de 1960. Ele se baseia principalmente nos livros que acabara de publicar (*A distinção*, *O senso prático* e também *A economia das trocas linguísticas*, que foi publicado em outubro de 1982) e nas pesquisas que tem em curso. Assim, ele fala em várias ocasiões do trabalho sobre os professores da Universidade de Paris que iniciou em meados dos anos de 1960 e está finalizando: o livro *Homo academicus* aparecerá em 1984. Ele também utiliza com frequência para exemplos uma pesquisa sobre o patronato que gerou um longo artigo em 1978[235] e também uma pesquisa sobre o episcopado que publica na edição de novembro de 1982 de sua revista *Actes de la Recherche en Sciences Sociales*[236]. Ele também se refere a duas pesquisas: uma sobre as *Grandes Écoles*, a outra sobre o campo literário. Em andamento desde o final dos anos de 1960, elas serão o objeto de livros publicados alguns anos depois dos cursos que publicamos aqui: *A nobreza do Estado* em 1989 e *As regras da arte* em 1992.

Como nesses cursos misturam-se pesquisas publicadas e trabalhos não concluídos, preocupações antigas e reflexões mais recentes, eles (e também os três anos seguintes que serão publicados em outros volumes) permitem ver concretamente uma maneira de trabalhar que Bourdieu comparará, em outra ocasião, a "[um] movimento em espiral que permite alcançar a cada vez um grau de explicitação e de compreensão superior"[237]. As aulas sobre o conceito de *habitus*, por exemplo, longe de serem uma repetição de *O senso prático*, retrabalham mais uma vez o conceito, particularmente através de uma (re)leitura de textos de Husserl que Bourdieu invoca com a expressão – que só é paradoxal na aparência – de "fonte *ex post*". Esse movimento de aprofundamento progressivo é também muito visível no retorno proposto no primeiro ano do curso às questões da classificação e das classes sociais. Esses problemas, que já estavam no centro de *A distinção*, são recolocados aqui à luz de reflexões que Bourdieu desenvolveu nesse meio-tempo. Nesse momento, ele mobiliza também as análises dedicadas, especialmente no

---

235. BOURDIEU, P. & SAINT MARTIN, M. "Le patronat". Art. cit.

236. Cf. BOURDIEU, P. & SAINT MARTIN, M. "La sainte famille – L'épiscopat français dans le champ du pouvoir". Art. cit.

237. *Meditações pascalianas*. Op. cit., p. 18 [19].

livro sobre a linguagem[238] e no artigo sobre a delegação política[239], aos discursos "autorizados" (que se beneficiam da autoridade e/ou da delegação de um grupo) e aos performativos que têm o poder, sob certas condições, de fazer existir aquilo que eles enunciam (mesmo quando estão relacionados a sujeitos que – como a "classe trabalhadora", por exemplo – quase se parecem com entidades metafísicas). Além disso, Bourdieu passa a insistir num aspecto das classes que foi pouco questionado em *A distinção*, a saber, a capacidade limitada mas jamais totalmente ignorável que os discursos científicos e políticos possuem para engendrar uma crença coletiva na existência de uma "classe". Em 1984, ele publicará um resumo dessa análise num artigo importante que é uma espécie de adendo a *A distinção*, "Espaço social e gênese das 'classes'"[240].

Esses dois primeiros anos de ensino no Collège de France fizeram aparecer outras orientações que, presentes de maneira quase implícita nas obras que Bourdieu publicou no início dos anos de 1980, esboçam análises que ele só desenvolverá plenamente nos anos seguintes. Assim, o curso sobre o Estado (1989-1992)[241] anuncia-se em parte no interesse que Bourdieu tem nessas aulas de 1982 e 1983 por uma questão como a da oficialização ou do contínuo que leva do insulto ao ato de nomeação realizado e garantido pelo Estado. Da mesma maneira, ainda que ele ainda não a utilize em 1982 e 1983, a expressão "viés escolástico" será o signo mais visível das reelaborações imperceptíveis que resultarão das reflexões sobre a diferença entre o conhecimento prático e o científico. Sem nenhuma dúvida, uma tendência é a extensão e o refinamento progressivo do conceito de campo. Por exemplo, nesses cursos a utilização da noção de campo do poder começa a se tornar sistemática. Pouco utilizada em *A distinção* (em que aparece apenas uma vez), ela será central em 1989 em *A nobreza do Estado*, e o curso permite ver que essa noção utilizada no livro sobre as *Grandes Écoles* apareceu na pesquisa sobre o campo literário. Se Bourdieu assinala num momento a vantagem que a sociologia pode obter ao retomar investigações vindas de tradições que, como a teologia ou a filosofia analítica, aparentemente são muito distantes de suas próprias preocupações, seu curso permite em vários momentos

---

238. *Economia das trocas linguísticas*. Op. cit.

239. "La représentation politique – Éléments pour une théorie du champ politique" ["A representação política – Elementos para uma teoria do campo político"]. In: *Actes de la Recherche en Sciences Sociales*, n. 36-37, 1981, p. 3-24 [reimpresso em *O poder simbólico*. Op. cit., p. 163-208].

240. "Espaço social e gênese das 'classes'". Art. cit.

241. BOURDIEU, P. *Sobre o Estado*. Op. cit.

que tomemos consciência de relações entre suas diferentes pesquisas, insuspeitas para um leitor que as tenha lido em momentos diferentes.

É claro que um último elemento de contexto deve ser lembrado: esses cursos, em certas alusões, carregam a marca da época em que aconteceram, o começo da década de 1980. A conjuntura política é marcada pela eleição, em maio de 1981, de François Mitterrand à presidência da República, que termina um longo período em que a esquerda ficara afastada do poder. Durante os primeiros anos de mandato de François Mitterrand[242], a única verdadeira intervenção pública de Bourdieu consistiu em interpelar em dezembro de 1981, com outros intelectuais (incluindo Michel Foucault), o novo governo que, sem dúvida devido ao fato de ter alguns ministros oriundos do Partido Comunista francês, não condenou o estado de sítio decretado na Polônia pelo regime comunista contestado pelo Sindicato Solidarność. O primeiro ano letivo de Bourdieu no Collège de France começa mais de quatro meses depois desse texto, e o segundo termina em janeiro de 1983, ou seja, poucos meses antes do governo francês decretar, no plano econômico, a *"tournant de la rigueur"*[243]. Bourdieu não faz referência à política implementada. Os cursos no máximo mencionam muito pontualmente a pergunta que Bourdieu propôs explicitamente em dezembro de 1981 sobre a atitude que os intelectuais devem adotar diante de um governo de esquerda. Evocando as relações entre o campo de produção intelectual e os poderes externos, ele chama rapidamente a atenção – "para colocar [a plateia] na realidade" – ao fato de que o problema não se coloca exatamente da mesma maneira quando o poder político é de esquerda ou de direita. Um argumento que ele dedica a uma declaração feita por Régis Debray em suas novas funções de conselheiro do presidente da República e que lhe pareceu muito distante de uma análise sociológica rigorosa talvez contenha uma crítica implícita dos intelectuais que se colocam a serviço do poder.

Mas se a "realidade" está presente nos cursos, isso ocorre sobretudo através dos fatos aos quais Bourdieu às vezes se refere em sua preocupação de não propor

---

242. Sobre este ponto, cf. a seção "1981-1986". In: BOURDIEU, P. *Interventions 1961-2001*. Op. cit., p. 157-187. Lembremos que, durante a campanha presidencial de 1981, Bourdieu declarou seu apoio à candidatura efêmera [do comediante] Coluche, uma ação que não era estranha à sua reflexão sobre a "representação política" (e cuja dimensão pessoal, no momento em que foi eleito para o Collège de France, Bourdieu destacou posteriormente – cf. *Esboço de autoanálise*. São Paulo: Companhia das Letras, 2005 [Trad. de Sergio Miceli], p. 130 [*Esquisse pour une auto--analyse*. Paris: Raisons d'Agir, 2004, p. 137]).

243. Literalmente, "curva do rigor" – nome pelo qual ficou conhecida a guinada econômica do governo de Mitterrand que, devido ao fracasso das políticas keynesianas que implementara, decreta uma volta às políticas de austeridade de caráter neoliberal que geraram muita oposição na França a partir de então [N.T.].

um ensino abstrato, como um acidente automobilístico que matou 53 pessoas, incluindo 44 crianças, no verão de 1982. Também são evocadas personalidades ou questões políticas da época. Desse ponto de vista, os cursos de Bourdieu diferem de seus artigos e livros: eles destinavam-se à recepção imediata, no próprio instante em que eram enunciados, por um auditório que tinha em mente esses eventos e personalidades que, no espaço de alguns dias, semanas ou meses estavam no centro da "realidade" ou das conversas no mundo intelectual ou universitário.

A ancoragem dos cursos no período particular em que ocorreram não se reduz a essas alusões. Por exemplo, nessas aulas Bourdieu propõe em várias ocasiões uma análise de uma lista dos intelectuais que a revista *Lire* publicou em abril de 1981[244]. Nesse caso, a invocação de um fato contemporâneo não é (ou não é apenas) um exemplo cômodo e rápido para oferecer porque seria familiar para o auditório. Bourdieu não trata essa "parada de sucessos" como uma pesquisa insignificante. Ele enxerga nela o anúncio de um grande descolamento do centro de gravidade da vida intelectual, com o rebaixamento dos intelectuais que possuíam uma obra e debatiam em revistas científicas em favor das paródias de intelectuais representadas pelos novos intelectuais midiáticos celebrados pelos jornalistas da grande imprensa que, desde o final da década de 1970, enchem o espaço público com seus discursos e problemáticas semicientíficas. Como resultado, pode-se dizer que sua análise da "parada de sucessos dos intelectuais" é menos "datada" do que parece por sua antecipação das transformações estruturais do campo intelectual.

No mesmo espírito, é preciso dizer uma palavra sobre suas numerosas propostas no primeiro ano letivo de questionar as frases ou fórmulas feitas que designam afirmações ou intenções para "a Igreja" ou "a classe trabalhadora". Vistas de relance, suas observações poderiam parecer superadas hoje em dia. As fórmulas mencionadas remetem a uma época na qual o peso social da Igreja Católica e a influência do marxismo (no discurso político e nas ciências sociais) eram mais importantes do que são atualmente. Por exemplo, no começo da década de 1980 o Partido Comunista ainda é uma força política significativa. As fórmulas citadas por Bourdieu não são mais tão onipresentes nos discursos políticos e nas manchetes da mídia. Os exemplos envelheceram, mas eles são apenas um material que permitiu a Bourdieu revisitar o problema permanente nas ciências sociais da personalização dos coletivos. Antes proposto pelos fundadores da sociologia

---

244. Bourdieu detalhará essa análise no ano universitário 1983-1984 (que será publicado no terceiro volume desta série).

no final do século XIX e começo do XX, ele continua a se colocar hoje em dia, e nada impediria que transpuséssemos as análises desenvolvidas nos cursos sobre "a Igreja" ou "a classe trabalhadora" para os coletivos que invocamos com mais frequência hoje em dia, como "o mercado", "as classes médias", "as classes populares", "a Europa", "o Islã" etc.

Bourdieu frequentemente antecipava as leituras que poderiam ser feitas de suas afirmações e textos. Ainda que ele tenha lecionado esses cursos no Collège de France sem imaginar que seriam publicados posteriormente, pode-se afirmar sem maiores riscos que ele teria desejado desarmar a tentação de ler as passagens de seus cursos inspiradas por uma realidade ou conjuntura hoje em dia com mais de trinta anos como análises datadas. De fato, aquilo que ele diz por exemplo sobre a relativa "antiguidade" de suas pesquisas sobre as *Grandes Écoles* (que datam da década de 1960) claramente desencorajam tais leituras, assim como os detalhes que ele acrescenta em suas descrições do campo do poder. Ele não esconde que elas correspondem a um estado da classe dominante que sofreu uma ligeira revolução: na década de 1980, a clivagem central não tomava mais exatamente a forma da oposição entre o "burguês" e o "artista" proposta por seu trabalho sobre o campo literário na segunda metade do século XIX. Se ele ainda assim apresentava essas análises, era para convidar o auditório a enxergar nelas não invariáveis nem, pelo contrário, especificidades históricas, mas sim um "caso particular do possível". E ele convidava explicitamente seus leitores a fazer o exercício de encontrar os equivalentes estruturais dos dados empíricos que mobilizou em suas análises quando elas estavam datadas. Para ele, a sociologia deve realizar uma análise precisa e profunda de fatos situados historicamente, mas numa perspectiva muito diferente de uma história que historiciza ou de um discurso jornalístico destinado a desaparecer junto com a realidade que suscita: aquilo que a sociologia investiga na evocação de estados históricos precisos é a descoberta de estruturas sociais profundas e das leis de suas transformações[245].

---

245. Bourdieu evoca esse ponto explicitamente no curso de 1982-1983. Como o caráter datado (ou, para estrangeiros, "franco-francês") de suas pesquisas era um argumento utilizado frequentemente para neutralizar ou ignorar suas análises, ele mencionou isso em outras circunstâncias, explicando, p. ex., que sua pesquisa sobre os professores da Universidade de Paris na década de 1960 "pode e [...] deve [ser lida] como um programa de pesquisa sobre *qualquer* campo universitário": "O modo de pensar relacional e analógico implicado pelo conceito de campo permite compreender a particularidade dentro da generalidade e a generalidade dentro da particularidade, forçando-nos a considerar o caso francês como um 'caso particular do possível'" (BOURDIEU, P. & WACQUANT, L. *Réponses* – Pour une anthropologie réflexive. Paris: Seuil, 1992, p. 54).

# Anexos
# Resumos dos cursos publicados
# no *Anuário do Collège de France*

## 1981-1982

Para começar, examinou-se uma das operações fundamentais da ciência social, aquela que consiste em nomear e classificar. O sociólogo encontra realidades já nomeadas, já classificadas, que portam títulos, signos, insígnias, siglas – e tudo isso são indícios de pertencimento a classes. Se ele não quiser reproduzir, sem perceber, os atos de constituição cuja lógica e necessidade ele ignora, precisará tomar como objeto a operação social da nomeação – em particular, a nomeação a uma função ou um posto – e os ritos de instituição através dos quais ela se realiza. Mais profundamente, ele precisará examinar o papel que cabe às palavras na construção das coisas sociais; ou, se preferir, a contribuição que a luta das classificações, dimensão de toda luta de classes, traz para a constituição das classes, classes etárias, sexuais ou sociais.

Para colocar a pergunta da especificidade da classificação científica no caso das ciências sociais, confrontou-se as operações de classificação que o sociólogo é levado a efetuar com aquelas realizadas por outras ciências como a botânica ou a zoologia por um lado, e pelo outro com as classificações que os agentes sociais efetuam na prática e que, do ponto de vista de sua eficácia simbólica, situam-se entre o insulto e a nomeação oficial. Como as classificações biológicas, as da sociologia levam em conta um conjunto de propriedades correlacionadas entre si e responsáveis pela maior fração da variação observada; nesse aspecto elas se distinguem das classificações práticas, da qual o insulto é um exemplo, e que, por serem orientadas por fins práticos, privilegiam um critério particular. Mas a análise das operações práticas de classificação nos lembra que, diferentemente da biologia, a sociologia trata de agentes que colocam a questão da classificação e não somente como um problema de conhecimento: as propriedades que o sociólogo trata como critérios de agregação e indicadores de distância objetiva entre os elementos ou as classes funcionam na realidade como poderes. É por isso que a hierarquia dos critérios que ele estabelece a partir de medidas objetivas é ao mesmo tempo resultado e objetivo de lutas que buscam conservá-la ou transformá-la. Existe uma luta das classes sobre a existência ou não existência das classes. E a ciência deve estabelecer as divisões objetivas sem esquecer que o estado observado dessas divisões depende em parte, em seu presente e futuro, das lutas pelas quais os indivíduos e os grupos esforçam-se para impor uma *representação* dessas divisões.

Quando se trata do mundo social, a teoria neokantiana que confere à linguagem e, de maneira mais geral, às representações uma eficácia propriamente simbólica de construção da realidade é perfeitamente bem-fundamentada: e a ciência social deve analisar a lógica da luta pelo poder simbólico de nomeação (ou de constituição, ou de instituição) que contribui para fazer a realidade social ao nomeá-la. Nesse contexto, podemos voltar ao exemplo do insulto, discutido recentemente pelos linguistas: ao contrário dos nomes comuns, e em particular dos nomes de profissões (guarda, professor etc.) que têm a seu favor o senso comum, o *consensus*, o *homologein* de todo um grupo, aquele que expressa o ato social de nomeação pelo qual um mandatário reconhecido concede um título, os "substantivos de qualidade" (idiota) aos quais o insulto recorre têm uma eficácia simbólica fraca por serem *idios logos*, que só engajam seu autor. Mas todos eles têm em comum uma intenção que podemos chamar de performativa ou, mais simplesmente, de mágica: o insulto, como a nomeação, pertence à classe de atos de instituição ou de destituição, mais ou menos fundamentados socialmente, através dos quais um indivíduo que age em seu nome ou em nome de um grupo indica a alguém que tem esta ou aquela propriedade, lhe dá o significado de ter esta ou aquela propriedade. Em outras palavras, tanto o insulto quanto a nomeação afirmam uma certa pretensão à autoridade simbólica como poder socialmente reconhecido de impor uma certa visão do mundo social, ou seja, as divisões do mundo social.

A ciência social deve englobar na teoria do mundo social uma teoria do efeito de teoria que, ao contribuir a impor uma maneira autorizada de enxergar o mundo social, contribui a fazer a realidade desse mundo: a palavra ou, *a fortiori*, o ditado, o provérbio, e todas as formas de expressões estereotipadas ou rituais são programas de percepção. Na luta pela imposição da visão legítima, na qual a própria ciência está inevitavelmente envolvida, os agentes detêm um poder proporcional a seu capital simbólico, quer dizer, o reconhecimento que recebem de um grupo: a autoridade que fundamenta a eficácia performativa do discurso é um *percipi*, um ser conhecido e reconhecido, que permite impor um *percipere*. É sempre o grupo que cria os criadores de grupos.

Para estabelecer como se constitui e se institui o poder simbólico de constituição e de instituição, podemos nos basear nas análises de historiadores do direito (Kantorowicz, Post etc.) que descrevem a operação mágica de transubstanciação pela qual os grupos constituem seus mandatários como depositários reconhecidos da autoridade do grupo. O mistério do ministério (seguindo o jogo de palavras apreciado pelos canonistas) só pode ser desvendado através de uma análise histórica da lógica da *representação* (nos diferentes sentidos do termo) pela qual o representante faz o grupo que lhe faz: o porta-voz dotado de plenos poderes para falar e agir *em nome* do grupo, e antes de mais nada sobre o grupo através da magia da palavra de ordem, é o substituto do grupo que existe somente através dessa procuração; enquanto grupo feito pessoa, ele personifica uma pessoa fictícia que retira do estado de simples série de indivíduos separados, permitindo-lhes agir e falar, através dele, como uma única pessoa. Em contrapartida, ele recebe o direito de "se tomar pelo" grupo, de falar e agir em nome do grupo: "*Status est magistratus*", "O Estado sou eu". Ele dá um corpo (seu corpo) a um corpo constituído.

O representante do Estado tem a seu favor o *consensus omnium*; ele é o depositário do senso comum. A nomeação oficial, por exemplo o título acadêmico, tem validade universal em todos os mercados. Poderíamos dizer que o Estado, como diria Leibniz, é o "geometral de todas as perspectivas": com efeito, a nomeação (como de bacharel, professor ou ministro) supera a luta simbólica de todos contra todos; ela dá aos agentes sociais a perspectiva autorizada, reconhecida, ou seja, desconhecida em sua verdade arbitrária. É nesse sentido que podemos enxergar no Estado o detentor do monopólio da violência simbólica legítima.

# Índice de nomes

Allais, Alphonse 25
Aron, Raymond 20, 63, 170-171
Augusto 53
Austin, John L. 29, 33-34, 36, 39, 128,
151, 162

Bachelard, Gaston 70, 164
Bacon, Francis 140
Bakhtin, Mikhail 159
Balzac, Honoré de 50
Baverez, Nicolas 170
Beauvoir, Simone de 63
Benveniste, Émile 18-19, 100-101, 107,
121-122, 128
Benzécri, Jean-Paul 67
Bergson, Henri 27
Bernard, Claude 49
Boltanski, Luc 134
Bony, Daniel 75
Boulard, Fernand 53
Bourdieu, Marie-Claire 50
Brunschvicg, Léon 89
Burke, Kenneth 99

Cassirer, Ernst 101
Cellard, Jacques 37
Cervantes, Miguel de 118, 157
César, Júlio 118
Chamboredon, Jean-Claude 20, 70
Charle, Christophe 168, 172

Chartrier, Roger 65
Christin, Rosine 173
Cipriano de Cartago 141
Coluche (Michel Colucci) 176
Comte, Auguste 127

Darnton, Robert 54
Debray, Régis 176
Delsaut, Yvette 83, 166
Dilthey, Wilhelm 171
Dostoiévski, Fiódor 158
Duby, Georges 123
Ducrot, Oswald 35
Durkheim, Émile 69-70, 75, 95, 108,
133, 142, 148, 169-171

Elias, Norbert 137
Elizabeth I da Inglaterra 140
Espinosa, Baruch 76
Eymard-Duvernay, François 75

Foucault, Michel 176
Fournier, Marcel 81, 169
Fridenson, Patrick 65

Garfinkel, Harold 34
Gaulle, Charles de 141
Goblot, Edmond 62
Goffman, Erving 50, 81
Goldmann, Lucien 71

Gouldner, Alvin W. 25
Guibert, Bernard 73
Gurvitch, Georges 20

Halbwachs, Maurice 170
Hegel, Georg Wilhelm Friedrich 62, 77, 154
Heidegger, Martin 35, 89-90, 133, 143, 147
Henrique IV da França 137
Hertz, Robert 169
Hirsch, Thomas 170
Hjelmslev, Louis 83
Hobbes, Thomas 113
Humboldt, Wilhelm von 101
Husserl, Edmund 174

Izoulet, Jean 169

João de Salisbury 150
Jussieu, Antoine-Laurent de 61

Kalinowski, Isabelle 60
Kant, Immanuel 135, 161-162
Kantorowicz, Ernst Hartwig 128, 133, 139-141, 144, 181
Karady, Victor 115
Kemeny, Istvan 115

Labov, William 55
Laganier, Jean 73
Lazarsfeld, Paul F 67.
Leibniz, Gottfried Wilhelm 62, 155, 181
Lévi-Strauss, Claude 26, 27, 102, 140
Lévy-Bruhl, Lucien 114
Lévy-Leboyer, Maurice 65
Lineu, Carl von 61
Luís XIV da França 137

Maldidier, Pascale 134
Mallarmé, Stéphane 104
Marchais, Georges 56
Maresca, Sylvain 52
Marx, Karl 63, 79, 80, 85-88, 91-93, 95, 159, 171
Matalon, Benjamin 67
Mauss, Marcel 169-170
Merleau-Ponty, Maurice 62, 89-90
Milner, Jean-Claude 28-29, 30, 31, 32
Mitterrand, François 176
Monet, Claude 89
Montesquieu, Barão de 130, 137

Napoleão I da França 124-125, 128, 141
Nicolau de Cusa 18
Nietzsche, Friedrich 52, 157, 158
Nizan, Paul 89

Panofsky, Erwin 49
Pareto, Vilfredo 159
Pascal, Blaise 109, 144-145
Passeron, Jean-Claude 20, 69-70
Platão 94, 116
Pompeia 118
Ponge, Francis 125
Post, Gaines 128, 139, 142, 150, 181
Poulat, Émile 51
Proust, Marcel 125, 134

Rousseau, Jean-Jacques 128, 129, 140
Ruwet, Nicolas 28-30, 31, 32-33, 34

Saint Martin, Monique de 44, 50-51, 174
Sapir, Edward 101
Sartre, Jean-Paul 63, 66, 87, 89-90, 143-144, 153

Schopenhauer, Arthur 134-135
Schramm, Percy Ernst 144
Simiand, François 169-170
Simônides de Ceos 37
Sócrates 117
Spitzer, Leo 157

Temístocles 117
Thévenot, Laurent 74, 101
Thompson, Edward Palmer 86
Touraine, Alain 168
Tyler, Stephen A. 81

Veyne, Paul 53
Vian, Boris 120
Volle, Michel 73

Wacquant, Loïc 139, 178
Weber, Max 38, 60, 95, 98, 104, 106,
    116, 122, 129, 136, 140, 155-156,
    166, 171
Whorf, Benjamin Lee 101
Wittgenstein, Ludwig 19, 64, 68, 158

# Índice de conceitos

Agregação
concurso 17, 43-44
efeito de - 87
*Allodoxa* 94, 95
Amostragem 47, 57, 65-66
Aparelho
- (no sentido de Pascal) 149, 151
- político 56
Apresentação de si 50-57
Aristocracia 116, 125
Arte 27
Artistas 91
Autonomia (relativa) 92-97, 110
Axiomatização 15

Botânica 21-22, 24
Burguês 127

Calúnia 118
Campo científico 73, 135
Campo intelectual 62-65, 117, 125,
135, 137
Campo religioso 117
Canonistas 139, 142, 144, 150, 153
Capital simbólico 111-115, 127-128,
130
Carisma 38, 122, 136, 140
Casamento 79, 99, 114, 133, 135
Categoremas 28, 30, 46, 48

Categorias socioprofissionais (CSP)
45-46; cf. tb. Classes sociais
Causalidade 150
Censura 134, 136
Certificação (efeito de -) 43
Ciência
- humana *vs.* - da natureza 16
-s sociais 96, 142
Círculo
efeito de - 151, 158
- hermenêutico 41, 68
Classe
- dominante 77
-s construídas 16, 24, 62, 67
-s estatísticas 69
-s latentes 67
-s sociais 19-20, 40, 45, 59, 80, 85-86,
107, 158, 164
Classificações 16, 21-28, 31, 35, 39,
48-66, 72, 87, 92, 93, 95-97, 102, 117,
123, 161, 164
Codificação 40-46
Comunicação de resultados científicos
20
Consagração 103-107, 109-110, 124,
156
Consciência 78, 92-94, 129, 142, 158
Consenso 29, 97, 126
*consensus omnium* 59, 106, 134, 144,
155, 160, 163

Constituição (atos de -) 71-72, 97, 105
Contínuo *vs.* descontínuo 101-102, 108
Coroa 144
Corpo 139-142, 145-146
Crédito 115
Crença 36, 90-91, 95, 147
Critérios 23-24, 25, 78, 119
Cumplicidade 37

Degradação (ritos de -) 34, 36
Delegação 128-129, 138-140, 142-143, 151-154
Desencantamento 90
Deus (pensar à imagem de -) 64
Direito 25, 95, 96-98, 100, 121, 140
Disciplinas (fronteiras, relações e hierarquias entre as -) 28, 33
Disposições 94; cf. tb. *Habitus*
Dominação 158
*Doxa* 94-95
Dualista (pensamento -) 112

Efeito (razão dos -s) 145; cf. tb. Círculo; Certificação; Instituição; Legalização; Oficialização
Encarnação 140
Ensino; cf. Pesquisa, Sistema escolar
Entrevista (nas ciências sociais) 32, 49, 55, 56, 80
Epistemologia 21, 41, 47, 56, 70, 97
Erros 158
 - nas ciências sociais 48, 57, 71, 78-79, 88
 - sociais 115, 124
Esboço (como representação científica) 76, 81, 91
Escrita nas ciências sociais 160
Espaço social 93, 108

Espontaneísmo 86-87, 88, 159
Esquerda (*vs.* direita) 29, 63, 84, 97, 99, 133
Estado 132-133, 155, 156, 163
 ciência de - 74
 golpe de - 144
 verdade de - 163
Estatística 67-68
 - *vs.* etnografia 58
Estilo de vida 159
Estratégia
 - do retorno às fontes (ou da reforma) 117
 -s de blefe 113, 136
Etnocentrismo (de cientista) 88, 129
Etnologia 140
Etnometodologia 81
Evolução (esquema da -) 130, 138, 140
Excelência 116-117, 161

Família 114, 130
Fetichismo 142-143, 151
*Fides implicita* 152-153
Filosofia 128
 - analítica 64
 - e sociologia 18
Fisicalismo 85-88
Formalismo 104
Fronteira 105, 107, 108, 115-116
Funcionário 129, 140-141, 150

Geometral 62, 155
Gíria 99
Gosto 36, 55, 87, 93
Grupo 56, 57, 69, 107, 123, 141, 142, 143, 147, 152, 153, 154
 nome do - 131
 -s estigmatizados 44, 111

*Habitus*
- como mediação e forma de ajuste 93
- como memória ou social incorporado 149
Herança 131
Homologação 58
Honra 55, 113-115, 118, 125, 137
Humanismo 50

Idade (e grupos etários) 44, 117
Identidade 107
Ideologia 119
Igreja 52, 53-54, 57, 139, 149
Imaginação 144
Indicadores 42-44
Ingenuidade 91
Injúria (e insulto) 28-40, 123, 124, 157
Insee (Instituto nacional de estatística e estudos econômicos) 22, 25, 45, 69, 101
Institucionalização 130
Instituição 32-36, 53, 103, 105-106, 148
Intelectuais 63, 91, 119, 156
Intelectualismo 78, 129

Jornalistas 135

Legalização 136
Legitimação 64, 104, 123, 124
Legitimidade 123, 136, 155, 160
Língua 160
Linguagem; 101, 145 cf. tb. Filosofia analítica; Palavras
Luta(s)
- feminista 44, 107
- linguísticas 120

- regionalista 44, 93, 107, 110-111, 133; cf. tb. Occitânia

Magia 34, 36, 38, 43, 99, 127, 133, 138, 140, 142, 146, 150
Marxismo 20, 85-88, 92, 93
Masculino/feminino 25
Meia-idade (crise da -) 122
Metafísica 121, 142
Mistério do ministério 139, 147
Modalização 89
*Modus operandi* 19
Monopólio 106, 124-125, 138, 143, 155-157
Mulheres 34; cf. tb. Luta(s); Masculino/feminino

Neutralidade axiológica 60
Nome 114, 130-131, 157
Nomeação 18-19, 115, 123, 124, 132
Nomenclaturas 96
Nominal (e -ismo) 85, 130
*Numerus clausus* 115, 116, 117

Objetivação 90, 130-136
Objetividade 48-64
Objetivismo 75, 76, 85-88, 90-91, 95, 124
Occitânia 44, 110, 111
*Öffentlichkeit* 100, 133
Oficialização 99, 133-136
Ontologia 26
Origem social 69, 80, 163
Ortodoxia 95, 99-100

Palavras 99-102
- de ordem 99, 101, 127, 162
uso das - em ciências sociais 103, 149, 159-160

Patronato 50, 65, 68, 174

Pequena burguesia 113

Percepção 27, 51-53, 111-112

*Percipi* 111, 112

Performativo 29, 30, 32, 33, 35, 36, 37, 39, 40, 96, 100, 112, 128, 161, 162

Perspectivismo 157, 158-159

Pesquisa (ensino da -) 16-21, 164

Petição 154

Poder 138
  - simbólico 96, 110, 129, 144

Poesia (nas sociedades arcaicas) 37, 104

Política 22, 47, 93, 98, 104, 106

Porta-voz 45, 56, 69, 142, 150, 151

Posição (e tomada de posição) 93

Positivismo 158, 164

Pré-capitalistas (sociedades -) 131

Predição 98

Pretensão (da pequena burguesia) 113

Previsão 27, 102, 106

Processo (lógica do -) 49

Procuração 147-148, 153

Profeta 30, 98, 104, 129

Proletariado 94, 129

Provérbios 99, 101

Psicanálise (e sociologia) 146

Publicação (efeito de -) 99-100, 134

Público (tornar -) 28, 34-36, 100, 133-136

Questionário (em ciências sociais) 32, 42, 43, 79

Reconhecimento 106, 111-114, 135-136, 155-156, 160

Recuperação 89-90

Reificação 150

Relação pesquisador e pesquisado 49, 79, 83

Relativismo 158, 160

Representação 51, 87-89, 91-92, 94-97, 103, 111-118, 138, 142, 146, 153, 161, 162

Representatividade estatística 57

Repressão 134

Respeito 27, 51

Ritos de instituição 132-133, 48

Ruptura (nas ciências) 87-88

Sagrado 105, 107-108

Salões (literários ou mundanos) 125

Senso
  - comum 99-102
  - de classificação 80-81

Sigla 131

Simbólico 105, 112; cf. tb. Capital simbólico, Poder; Violência simbólica

Sistema escolar 43

Sociolinguística 55

Sociologia
  autonomia científica da 60
  - conservadora 96
  - e direito 95
  - e etnologia 140
  - e tentação do sociólogo-rei 64

Sotaque (dicção) 52, 112

Subjetivismo 93

Taxonomias; cf. Classificações

Teoria (efeito de -) 88-89, 92, 98, 100, 103, 122

Tipologias (na sociologia) 25-26

Título (como performativo e como moeda) 131, 155

Tomada de consciência 129, 143, 158

Trabalho 87-88

Universalização 119
Usurpação (legítima) 108, 146, 151

Verdade 106, 158-164
Verificação (*vs.* validação) 22, 40, 107
*Vielseitigkeit* 98
Violência simbólica 51, 156
Virtuosismo 38
Vocação 87

Conecte-se conosco:

 facebook.com/editoravozes

 @editoravozes

 @editora_vozes

 youtube.com/editoravozes

 +55 24 2233-9033

www.vozes.com.br

Conheça nossas lojas:
www.livrariavozes.com.br

Belo Horizonte – Brasília – Campinas – Cuiabá – Curitiba
Fortaleza – Juiz de Fora – Petrópolis – Recife – São Paulo

EDITORA VOZES LTDA.
Rua Frei Luís, 100 – Centro – Cep 25689-900 – Petrópolis, RJ
Tel.: (24) 2233-9000 – E-mail: vendas@vozes.com.br